KB268197

유아를 위한
자연친화교육 프로그램

자연과

친해지고 교감하며
탐구하기

조형숙 · 이기범 · 홍은주 · 김현주

머리말

　예로부터 자연은 우리 삶의 터전이며 아이들의 놀이 공간이었습니다. 자연에서 먹거리와 놀이, 그리고 문화를 찾고 생성해 가는 것이 우리네의 삶이였기에 자연은 곧 예전 사람들의 삶 그 자체였다고 하겠습니다. 유아교육에 소중한 철학적 근간을 제시해 준 교육철학자들은 아이들을 자연에서 살고 자라며 배우도록 하는 것이 가장 의미 있는 교육이라고 하였습니다.

　그러나, 자연을 보다 풍족하고 편안한 삶을 위한 개발의 대상으로만 바라보는 기술 중심의 자연관은 우리 생활에서, 아이들의 놀이 공간에서 자연을 점점 멀리 하게 하였습니다. 아파트 생활과 자동차 문화에 익숙한 우리 생활 속에서 아이들은 무한한 상상력과 놀이의 가능성을 주는 자연물을 접할 기회를 갖기 어렵게 되었습니다. 따라서, 이제 보다 의미 있는 교육을 위해 아이들에게 자연을 가져다주는 노력이 필요하게 되었습니다.

　몸을 부대끼는 만남의 즐거움, 오감각을 일깨우는 감흥, 열려진 자연물로 빚어내는 다양한 아이디어와 사고의 자유가 자연 속에 존재합니다. 아이들은 자연 속에서 무한한 그들의 가능성을 펼쳐 보일 수 있습니다. 이러한 자연을 우리 유아들이 몸과 마음으로 경험하도록 하는 것은 커다란 교육적 의미를 갖습니다.

　오래전부터 교사들을 만나면 자연과 함께, 자연으로 하는 교육의 필요성을 이야기해 오면서 교사들이 자연친화교육을 어려워하는 이유가 쉽게 적용해 볼 수 있는 안내서가 부족하기 때문이라는 것을 알았습니다. 또한 아름다운 자연환경이 근처에 없다는 환경적 제약 때문에 시도해 보려는 의지를 갖지 못하고 있음을 알았습니다. 따라서, 자연환경이 풍부하지 않아도, 적용하는 데 번잡함이나 어려움이 없는 보다 현실적이면서 자연친화교육의 의미를 잘 살릴수 있는 안내서를 만드는 일이 필요하다고 생각하게 되었습니다.

　이러한 깨달음에서 자연친화교육에 대해 연구하고 있는 선생님 두 분과 현장에서 자연친화교육을 실천하고 있는 원장선생님, 교사들과 힘을 모아 자연물을 주제로 "자연과 친해지고, 교감하며 탐구하기"로 접근하는 자연친화교육 활동을 연구, 개발하여 실제 적용해 본 결과를 본 책으로 엮어 보았습니다. 모든 과정을 함께한 공동 저자분들과 현장에서 활동을 적용하고 평가해 준 교사분들, 그리고 소중한 반응을 보여 준 유아들에게 감사의 인사를 전하고 싶습니다. 본 책의 원고를 오랫동안 기다려 주시고 세심하게 편집해서 출간해 주신 다음세대 관계자 분들께도 감사의 마음을 전합니다.

　이 책이 유치원, 어린이집에서 많은 유아들과 만나 자연을 알고 사랑하는 사람으로 자랄 수 있는 토대가 될 수 있길 기대해 봅니다.

중앙대 유아교육과 조형숙

목 차

I

유아를 위한 자연친화교육의 의의

자연과 인간과의 관계의 측면에서

사회 변화의 측면에서

자연이 갖는 특성의 측면에서

유아의 발달적 특성의 측면에서

Ⅰ. 유아를 위한 자연친화교육의 의의

　최근 들어 유아교육 분야에서 자연친화교육이라는 용어는 그리 낯설지 않다. 1980년대 들어 생태 중심 세계관으로의 변화와 함께 교육 현장에서는 자연친화교육, 생태교육, 환경교육이라는 개념으로 자연에 대해 알기, 자연을 위하는 방법 인식하기, 그리고 자연과 인간과의 관계에서 일어나는 문제를 해결하기 위해 사고하고 실천하는 능력을 기르는 교육의 중요성에 대한 인식과 함께 교육적 실천이 이루어져 왔기 때문이다. 그런데, 초기에 유아교육에서는 환경적 문제를 해결하고 예방하기 위한 소양을 기르는 데 중점을 둔 문제 해결 중심의 환경교육 중심으로 교육적 접근을 해 왔다. 그러나, 2000년대 들어 환경문제 해결 이전에 자연이 왜 소중하고 가치로운지를 체험하고 직접 인식할 수 있는 경험의 장을 제공하는 것이 보다 본질적인 접근이 되어야함을 강조하게 되었다.

　이러한 자연 세계에 대한 직접적 경험의 강조를 통해 자연을 교육의 중심이며, 교육 매체로 적용하는 교육적 접근을 포괄적으로 자연친화교육이라는 용어로 사용하고 있다. 자연친화교육의 교육적 의미와 가치를 구체적으로 논하기 전에 먼저 자연친화교육의 개념을 정리해 보는 일이 필요하다.

　이를 위해 '자연'이라는 말의 본질적 특성을 분석적으로 검토해 봄으로써 자연친화교육의 개념과 방향을 구체화해 보자. '자연'이라는 말은 우리 생활 속에서 다양한 의미로 쓰인다. 민성길(2001)은 자연의 의미를 다섯 가지로 나누어 설명하였다.

　첫째는 '환경'으로서의 자연 즉, 물리학적 또는 생물학적 자연으로서 식물, 동물, 흙, 해, 달, 별 등을 말한다. 이것이 우리가 자연이라는 말을 떠올릴 때 가장 보편적으로 갖는 개념이다.

　둘째로는 '본성'을 일컫는 의미로서 교육에 의해 변화되기 이전에 타고난 고유한 기질과 특성을 의미한다.

　셋째로는 '원래의 모습'으로서의 자연을 말한다. 이는 인위적인 것이나 문명과는 반대로 옛것, 원시적인 것이라는 의미를 갖는 것으로 흔히 우리가 모성이라든지, 어린이, 고향, 전통 사회를 떠올릴 때 자연이 갖는 의미를 말한다.

넷째로는 '자연적'이라는 뜻으로 외부적인 통제나 압력 없이 내버려 두어도 스스로 알아서 행위하고 변화하는 것이라는 의미를 나타낸다.

마지막으로 종교적 의미의 자연이 있다. 이것은 자연을 신격화하여 고대인들이 자연에 감정이입하고 의인화하여 자연물로 신을 상징화하는 것으로서의 의미이다.

유아를 위한 자연친화교육에서 사용하는 자연이라는 말은 일차적으로는 위에서 제시한 첫 번째 의미인 환경으로서의 생물학적, 물리학적 대상을 말한다. 말하자면 유아들에게 해, 달, 별, 민들레, 흙, 하늘과 같은 자연물을 교육적으로 경험할 수 있도록 하는 것에 관심을 갖는 것이다. 그런데, 유아들은 이러한 자연을 체험하는 가운데, 생명체로서의 자연에 내포된 다양한 의미를 내면화할 수 있다. 우선, 자연은 그 자체로 심미감과 감각적 즐거움을 주기에 굳이 자연을 경험하면서 더 이상의 인공과 통제를 가하고자 하지 않는다. 자연 속에서 아이들은 본성과 원래의 모습이 갖는 가치를 인식하게 된다. 또한 자연 속에서 아이들은 자신이 좋아하는 것에 집중하고 접근하며 자발적 행위를 즐기는 가운데 자유로움을 얻는다. 결국 유아에게 물리적 환경으로서의 자연을 체험하는 기회를 줌으로써 물리적 자연물을 경험하고 이해하는 것과 함께 '자연'이라는 말이 갖는 본성, 순수, 모성, 자발성과 자유 등의 개념에 친화되고, 이를 심상화할 수 있다는 의미를 찾아볼 수 있다.

이러한 의미에 기초하면, 자연친화교육은 자연과의 교류와 체험을 일상화하는 교육적 접근을 통해 자연의 가치를 인식하고 인간과 자연, 자연개체물 간의 관계를 이해함으로써 공존적 삶의 태도와 실천 능력을 기르는 인성교육을 근간으로 하는 통합교육이라고 하겠다. 이러한 자연친화교육의 교육적 의의를 구체적으로 살펴보면, 인간과 자연과의 관계의 측면에서, 사회 변화의 측면에서, 자연이 갖는 특성의 측면에서, 그리고 유아의 발달적 특성의 측면에서 살펴볼 수 있다.

※ 본 책의 이론 부분에 기술한 내용은 한국유아교육학회 학술지에 실린 조형숙(2006) "유아를 위한 자연친화교육 프로그램 개발 및 평가"와 한국유아교육협회지에 실린 조형숙(2004) "자연과 친해지고 교감하며 탐구하기"를 기초로 재구성하고 보완한 것임.

자연과 인간과의 관계의 측면에서

사람에게 있어 자연은 생명줄이며, 자유로운 사고와 표현의 터전이고 희노애락의 더함과 덜함을 가져다주는 동반자와 같은 존재이다. 자연이 없이는 한순간도 우리의 생명을 유지할 수 없다. 탯줄을 끊고 독립된 개체로 태어나는 순간 우린 자연이 준 산소에 의지해 생명력을 갖기 시작하며 자연에서 섭생을 해결하며 성장과 변화를 거듭하며 생명체로서의 모습을 만들어 간다. 또한 우리의 기쁨을 자연물을 대신해 표현하고 슬픔과 삶의 애환을 자연에 묻으며 또다시 고개 들고 살아갈 힘을 얻기도 한다. 그러나 현대인들은 이러한 자연의 가치를 쉽게 잊어버리고 살아간다. 때문에 자연에 대해 소유 의식을 갖고 언제나 자연은 우리가 필요하면 그 자리에 있을 것이라는 잘못된 인식을 갖는다.

그러나 1972년 로마클럽보고서에서 지적한 대로 자연은 성장의 한계를 갖고 있으며, 사람의 인식과 행위에 따라 자연 성장의 범위와 가능성이 달라진다는 점을 인식해야 한다. 예전처럼 자연에 대해 우위를 자랑하는 개발 중심의 세계관으로는 지속 가능한 발전적 미래 모습을 기대할 수 없다. 따라서, 자연과 인간이 상호 불가분의 관계로 손을 맞잡아야 한다는 생태 중심의 세계관이 등장하였고, 교육 현장에서는 이를 바탕으로 생태주의적 교육접근의 중요성을 제시하게 된 것이다.

생태주의 교육은 세계란 모든 생명체와 비생명체가 함께 구성하는 복합체로서 전체란 단순히 부분들의 합이 아니라 전체 구성을 위한 불가분의 관계성을 가진 의미의 구성체라고 보는 생태학의 원리에 기초한 교육을 말한다(신종수, 1999). 생태주의 교육은 인간과 자연의 일치를 주장한 중세의 우주론에 반하여 제시된 데카르트의 이원론적 세계관에 의해 인간과 자연, 이성과 감성, 남성과 여성을 대립되는 대상으로 봄으로써 지배와 피지배의 관계로 설정해 온 근대 자연과학적 페러다임의 극복을 위해 형성된 생태 중심적인 패러다임에 이론적 근거를 두고 있다.

생태주의 교육에서는 이러한 대립을 극복하고 개체들 간의 '관계성'을 중시하며, 여성학과 환경문제를 접목하여 새롭게 등장한 여성학의 한 분야인 에코페미니즘에서 강조하는 '보살핌'의 윤리를 강조한다(김복영, 1998; 명지원, 2000). 이러한 관계성과 보살핌의 윤리를 실현할 수 있는 구체적인 방법을 생태주의 교육에서는 바로 자연을 교육 현장에 끌어들여 오는 것이라고 본다(김현재, 1999; Fjortoft, 2001).

생태주의 교육철학을 실천하는 교육적 접근은 크게 두 가지로 나누어 질 수 있다. 하나는 문제 해결 중심의 환경교육이며, 다른 하나는 자연친화교육이다(Hansen-Moller & Taylor, 1991). 환경교육은 보다 풍요로운 삶을 위해 개발에만 정진해 온 인간에 의해 인공화되어 지고 파괴되어가는 자연환경의 문제를 인식하고 어떻게 생태계를 보전할 것인지에 대해 문제 해결할 수 있는 능력을 기르는 데 중점을 둔다. 반면에 자연친화교육은 자연과의 교류를 일상화하고 자연 속의 개체들과의 체험을 통해 인간과 자연의 관계를 이해하고 자연의 가치를 인식할 수 있도록 하는데 중점을 둔다. 생태주의 교육접근은 초기에는 생태계 문제를 환경교육으로 해결하는 것에 초점을 두었으나 최근에는 자연친화교육의 가치가 더욱 강조되는 경향이다(한정숙, 2002; Capra, 1993; Bowers, 1995; Caduto, 1998). 왜냐하면 생태주의 교육이 지향하는 보살핌의 윤리의 내면화는 바로 생명체의 가치를 존중하는 데에서 시작될 수 있으며, 관계를 중시하는 태도는 개체들이 어떻게 상호 간에 얽혀져 있는지 그 본질을 체험하는 데에서 형성될 수 있기 때문이다.

생태주의 교육에서는 자연친화교육의 방법을 통해 우리 사회가 직면하고 있는 생태계의 위기, 전쟁, 지나친 경쟁심과 이기심, 개인주의, 개인의 도구화 등이 가져온 비인간적 폐해를 극복하고 인간 상호 간에, 인간과 자연 간에 보살핌과 배려를 근간으로 하는 관계망을 형성함으로써 공동체적 삶의 공간을 형성할 수 있으리라고 보는 것이다(오복희, 2000; 이영환, 2003; Miller, 1972; Hickling & Gelman,1995; Moore, 1997). 그러므로, 유아를 위한 자연친화교육은 자연과 인간 간의 공존의 관계를 인식하고 실천하는 기초 능력을 키우는 것을 목적으로 실행되어야 할 중요한 교육적 의미를 갖는다.

사회 변화의 측면에서

인식하든 하지 못하든 인간은 자연과 함께 살아왔으며, 자연과 어울어지는 삶을 살 수 밖에 없는 존재이다. 그러나, 사회의 변화에 따라 사람에게 자연의 의미는 달라져 왔다. 전통 사회에서 사람들은 온 몸으로 인공화되거나 통제되지 않은 그대로의 흙과 물, 바람을 몸으로 느끼며 살았고, 생활의 필요를 자연 안에서 해결하며 살았다. 말하자면 전통 사회에서 자연은 모든 사람의 삶의 터전이었다.

그러나, 현대에 들어 우리는 자연과 거리를 두는 생활에 익숙해지게 되었다. 과학 기기를 이용해서 자연을 변형시켜 생활의 편리를 누렸고, 현대 문화라는 이름으로 자연에서 멀어지게 되었다. 그러다 과학과 현대 문화에서 오는 건조함에 심신이 메마르면 자연을 찾아가곤 한다. 말하자면 현대인들에게 자연은 삶의 속도를 조절할 필요가 있을 때 가까워지는 쉼터이다.

사람의 입장에서 자연을 접하는 방식은 사회 변화에 따라 달라져 왔지만 인간의 삶에 있어서 자연의 존재가 갖는 본질적인 의미는 달라질 수 없다. 그만큼 자연은 우리 삶의 기본이며 필수적인 대상이다. 따라서, 자연과 거리를 두고 현대의 과학기술 시대를 살아가는 유아들에게 자연이 존재하는 모습, 그들의 역동성과 자신의 삶에서 자연이 갖는 가치를 실질적으로 체득하고 이해할 수 있는 교육적 기회를 주는 일이 중요하다.

자연과 인간의 삶의 불가분적 관계를 어린 시기부터 체험하고 인식하는 것은 중요한 일이다. 이와 관련하여 많은 연구들이 어린 시절의 자연 체험의 양과 질에 따라 행동 특성이나 가치관, 자연에 대한 인식 등에 차이가 나타난다는 것을 밝히고 있다(Moore, 1986; Moore, 1994; Fjortoft & Sageie, 2000).

전통적으로 유아교육에서도 자연을 가치로운 교육 매체로 인식해 왔다. 감각교육을 강조한 코메니우스, 직관교육을 중시한 페스탈로치, 유치원을 창시한 프뢰벨, 교육적 경험이 인간의 경험보다는 자연에 더 많이 존재하고 있음을 제시한 듀이 등의 교육 이념과 원리를 통해 유아교육에서 자연이 갖는 가치와 중요성에 대한 교육적 신념과 실제가 펼쳐진 것을 볼 수 있다(홍은주, 2003).

그런데, 이러한 자연에서의 교육적 경험을 중시하던 유아교육의 방향은 과학적 합리성과 구조화된 환경을 중시하는 행태주의의 등장으로 변형되었는데, 최근 들어 새롭게 강조되고 있는 생태주의 교육의 등장으로 유아교육에서 자연이 갖는 교육적 의미를 새롭게 논의하게 되었다(이영, 2001; Wu, 2002). Wilson(1995)이 환경적으로 적합한 유아교육의 실제(Environmentally appropriate practice)라는 개념으로 자연을 중심으로 하는 교육을 제안한 것은 유아교육에서의 생태주의적 교육접근의 중요성을 제시한 것이다. 따라서, 전통 사회를 살아가던 유아들에게는 생활 그 자체였던 자연과의 관계 형성을 현대를 살아가는 지금의 유아들에게는 보다 적극적인 교육적 시도를 통해 지원해 주어야 하는 필요성이 강조됨을 알 수 있다.

자연이 갖는 특성의 측면에서

"자신의 몸보다 몇 배가 무거운 먹이를 등에 지고 많은 개미들이 줄지어 기어가고 있다. 어디로 가는 걸까? 참으로 열심히 삶을 살아가는 모습이 아닌가?...

북극에서 여름을 맞은 어미 곰은 얼음이 녹아 새끼들에게 먹일 수 있는 먹이 동물들이 줄어드는 것이 못내 불안하다. 어느 날 눈에 띈 물개 가족을 잡으러 그 커다란 몸을 움직여 뛰어가지만 물개 어미는 어느새 새끼들을 끌어 당기며 북극 차가운 바다 속으로 들어갔다. 자신의 불안함을 달래기도 전에 물개 어미는 새끼들을 품안에 안고 차가운 북극 바다 속에서 젖을 먹인다...

슈퍼마켓에서 사오던 방울토마토를 베란다에서 키워 보았다. 지루한 물 주기를 기다리고 기다린 끝에 초록 방울토마토가 열렸다. 이제 먹으면 되나? 그래도 아직 기다려야 한단다. 또다시 시작된 기다림의 시간 끝에 세상에서 가장 맛있는 방울토마토를 한입 가득 넣고 해맑은 웃음을 지어 보인다...”

자연의 특성을 몇 가지로 말한다면 다양함, 변화, 역동성이라고 할 수 있을 것이다. 이러한 특성을 가진 자연 세계 안의 개체들은 나름대로의 방식과 메커니즘에 의해 삶을 꾸려 나간다. 그들이 살아가는 삶의 장면 속에서 성숙한 사람에게 요구되는 교육적 덕목을 본능적으로 실천하는 모습을 발견할 수 있다. 자신의 몸무게의 몇 배가 넘는 먹이를 가져가는 개미의 부지런한 모습에서 풍요의 바탕에는 근면과 노력이 필요하다는 가치를 엿볼수 있을 것이다. 차가운 북극 바다 속에서 자신에 대한 보신을 뒤로 한 채 새끼들을 보듬은 물개의 모습에서 모성의 희생적 사랑이라는 한없는 배려의 가치를 느낄 수 있을 것이다. 슈퍼마켓에 가면 늘 보던 방울토마토 한 알을 얻기 위해 이어지는 시간과 지루함을 인내한 끝에 무엇과도 비교할 수 없는 상큼한 방울토마토를 입에 넣어 보는 경험을 통해 얻고자 하는 것은 기다림 없이는 그 무엇도 내 손 안에 올 수 없다는 절대 진리를 마음에 담을 수 있을 것이다.

유아를 위한 자연친화교육은 사실 교사들의 머리에서 창의적인 활동거리를 다양하게 제시하려고 노력하지 않아도 자연의 세계를 그대로 접하는 기회만으로도 의미가 있다. 자연 안에는 그들이 살아가면서 보여 주는 소중한 삶의 가치들이 녹아 있고, 그것을 발견하는 일이란 그리 어렵지 않기 때문이다. 따라서, 유아를 위한 자연친화교육은 우리 삶에서 소중하게 다루어야 할 가치를 유아들이 체험하며 인식할 수 있는 교육적 기회를 제공한다는 데에서 그 의의를 찾을 수 있다.

유아의 발달적 특성의 측면에서

“거울에 담긴 하늘 앞에 서니 내가 달나라에 사는 토끼가 된 것 같아요...
달팽이야, 나처럼 퍼즐을 가지고 놀아. 너무 심심하잖아...
이 흙과 돌을 가지고 내가 갖고 싶은 정원을 만들고 싶어요...”

아이들의 눈과 손에 자연이 다가가는 순간, 무생물은 생명력을 품게 되고, 자신과 같은 생각주머니를 갖게 된다. 발달 심리학자들에 의하면, 유아들은 물활론적 사고를 하며, 현실과 가상 세계에 대한 변별력이 발달하는 과정에 있으며, 창의성이 활발하게 발달하는 시기이다. 이러한 유아들의 특성은 자연에 대해 보다 개방적이고 자유로운 접근을 가능하게 한다. 자연물에 대해 나름대로의 경험과 생활 방식에 따라 선개념이나 편견을 갖고 있는 성인들에 비해 유아들은 보다 개방되고 열린 마음으로 자연에 접근할 수 있다. 그래서 자연 속에 자리한 아이들은 보다 자유롭고 적극적인 모색과 탐험을 즐기는 것을 볼 수 있다.

조형숙, 김현주, 김민정(2006)은 자연놀이 공간에서 나타난 유아의 놀이 양상의 변화를 살펴보았는데, 초기에는 거친 신체놀이나, 병행놀이를 중심으로 하던 유아들이 점차 사회극놀이를 즐기며 창의적인 아이디어를 공유하고, 적극적으로 상호작용하며 다양한 생각을 표현하는 양상을 보여 주었다고 밝히고 있다. 즉, 놀잇감으로서의 자연물은 비구조적인 특성을 가지고 있어서 유아들의 자유롭고 창의적인 놀이와 표현을 격려할 수 있으며, 유아들은 구조화된 실내놀이에 비해 실외놀이를 더 즐긴다는 점을 두고 볼 때, 자연과 함께하는 교육적 경험은 유아교육과정에서 중요한 교육적 의의를 갖는다고 하겠다.

Ⅱ
자연과 친해지고 교감하며 탐구하기 접근의 개요

Ⅱ. 자연과 친해지고 교감하며 탐구하기 접근의 개요

1. 자연과 친해지고 교감하며 탐구하기 접근의 개념 및 이론적 기초

　자연과 친해지고 교감하며 탐구하기 접근은 자연물의 존재를 발견하고 인식하는 친해지기 활동에서 출발하여 오감각을 활용하여 적극적으로 자연물과 놀이하고 공감하는 활동으로 심화하고, 발현적 질문에 대해 과학적으로 탐구하는 과정이 순환적으로 이루어지는 주제 중심의 자연친화교육이다.

　본 책에서 제시하고 있는 자연과 친해지고 교감하며 탐구하기 접근을 통한 자연친화교육의 방향을 설정하고 개념화하는 데 있어 가장 밀접한 이론적 근거를 제시해 준 Cornell(1996)과 Janssen(1988)의 이론과 접근에 대해 요약하여 제시하면 다음과 같다.

　자연주의자로서 미국의 환경교육단체인 Earth Sky를 설립한 Cornell(1996)은 자연과 교감하는 놀이를 통해 자연을 친숙하게 받아들이고 올바르게 이해할 수 있는 능력을 길러 주기 위한 자연놀이 프로그램을 개발하였다. 그는 자연놀이를 위한 접근으로 자연의 본연적 흐름 자체를 따르는 방법을 제시하였는데, 이를 '플로러닝'이라고 하였다. 플로러닝은 4단계로 이루어지는데, 1단계는 열의를 일으키는 과정으로 자연물을 흥미롭게 접하도록 하여 관심을 불러일으키도록 한다. 2단계는 감각을 다듬는 과정으로 오감각을 열어 자연에 몰입하고 자연물과 정적, 활동적으로 놀이하도록 한다. 3단계인 자연을 직접 느끼는 과정에서는 2단계에서와 마찬가지로 자연에 몰입하여 감각적으로 받아들이는 것이지만 여기서는 눈 또는 코 등의 한 가지 감각을 차단하고 집중하여 자연을 느껴 보는 놀이로 이루어진다. 4단계는 감동을 나누는 과정으로 자연과의 체험을 자연과 감정이입하거나 스스로 자연물이 되어보는 역할놀이를 통해 자연과의 일체감을 경험하고 공존적 삶의 지혜를 이해하도록 한다. Cornell의 접근은 자연을 온 감각으로 체험하고 마음을 나누는 과정을 중시한다. 또한 Cronell은 자연친화교육이라고 해서 무작정 자연을 접하게 하는 것만으로는 효과적이지 않다고 지적한다. 자연을 소재로 놀이를 통해 유아의 주의와 관심을 모으고 차분하게 관찰하고, 자연과 일체감을 맛볼 수 있도록 하는 것이 중요하다고 하여 계획적이고 구조화된 접근의 필요성을 제기하였다. Cornell의 이론과 접근을 통해 본 책에서는 특정 자연물을 주제로 하여 유아들이 자연에 친근하게 다가가고 교감을 나눌 수 있는 활동을 구조화하여 경험할 수 있도록 하므로써 자연물의 이름이 무엇인지, 무엇에 사용하는 것인지와 같이 개념적, 과학적으로 접근하기 전에 자연 세계와 밀접한 관계를 형성하는 것에서부터 자연친화교육이 이루어 질 수 있어야 한다는 방향을 설정하였다. 구체적으로는 본 책에서 우선 자연물과 친해지고 교감하기로 접근하여 자연스러운 탐구의 기회로 이어지도록 교수과정을 설정하게 된 근거를 제시해 주었다.

Janssen(1988)은 자연친화교육은 환경에 대한 의식과 행동의 발달을 위한 감성 센터이며, 감성과 합리성 사이의 상호 작용을 통해 환경의식을 갖고 자연을 이해하는 과정을 통해 이루어진다고 하였다. Janssen은 감성적인 자연체험교육은 자연에 대한 태도의 변화를 위해 자연을 체험함으로써 자연을 표현하고, 설명하며 이해하는 토대가 되지만 자칫 감각에 의한 낭만적 감상과 경험의 영역에 머물게 될 가능성이 있으며, 자연에 대한 이해 중심의 교육은 자연을 도구적 대상으로만 인식하는 현상을 강화할 수 있는 문제점을 갖고 있다고 지적하였다(남효창, 1994, 재인용).

이러한 문제 의식에 기초하여 Janssen은 자연친화교육의 내용과 실천 방법의 차원을 자연체험, 자연표현, 자연설명, 자연이해, 환경의식의 차원으로 나누어 위계적이면서도 통합적인 구조를 나타내는 모형을 〈그림 1〉과 같이 제시하였다. 자연체험의 과정은 자연의 미를 감상하고 개방적인 감각 활동이 주가 되는 단계(예를 들어, 라일락 꽃의 향기를 비교한다)이며, 자연표현은 자연체험에서 얻은 정보를 바탕으로 자연을 보다 감성적 차원에서 표상하는 과정(예를 들어, 파란 하늘은 행복한 내 마음 같다고 웃는 얼굴을 그린다)이다. 자연설명은 보다 인지적 과정으로 자연에 관해 관찰, 지각한 정보를 바탕으로 구체적인 사실의 수준에서 설명하는 과정(예를 들어, 하늘의 모습은 매일 다르다. 달팽이는 채식을 한다와 같은 사실 설명)이며, 자연이해 단계는 개개 정보를 엮어 자연의 생태적 관계 등을 추상적으로 개념화하는 단계(예를 들어, 자연 세계 속의 다양성, 변화, 공생과 같은 메커니즘을 추상화하여 이해한다)이다. 이를 바탕으로 환경이라는 거시적 대상과 공존해야 하는 가치 인식이 이루어지고 해결 방안을 모색하고 실천하는 환경의식 단계(예를 들어, 환경문제는 과소비를 줄이는 데에서 시작된다고 판단한다)가 된다. 이 가운데 초등학교 저학년까지는 자연체험을 주로하며 자연설명까지의 과정이 주가 되는 것이 바람직하다고 하였다.

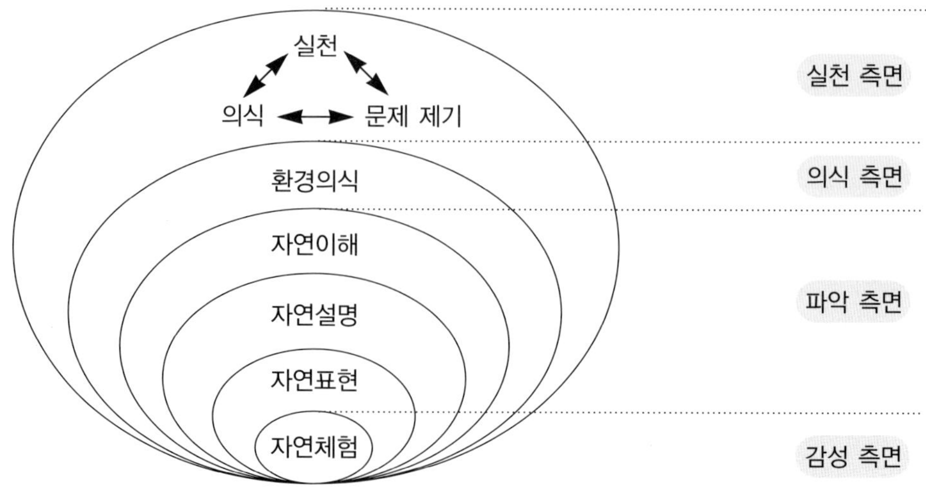

그림 1 자연친화교육 실천 모형

　Janssen의 모형은 유아를 위한 자연친화교육의 교수 과정으로 특정한 자연물과의 감각적 경험을 시작으로 감성적으로 교류하는 과정, 그리고 인지적으로 탐구하는 과정이 연속적, 순환적으로 전개되는 것이 필요하다는 방향을 제시해 주었다. 이를 바탕으로 본 책에서는 자연과 친해지기, 교감하기, 탐구하기가 순환적으로 이루어지는 자연친화교육의 교수-학습 모형을 설정하게 되었다. 이는 흔히 사람들이 자연에 접근하는 자연스러운 과정과도 흐름을 같이하는 것으로 자연스러운 교수 과정이 될 것으로 기대하였다.

　자연을 즐기는 보통 사람들이 자연에 어떻게 접근해 가는가를 면밀히 살펴보자. 우선 우리는 자연을 바라보거나, 냄새맡거나, 자연의 소리를 들으면서 자연의 존재를 발견하게 된다. 이 과정은 자연이 주변에 있다고 해서 그냥 이루어지는 것은 아니다. 한 음악가는 자신의 음악을 소개하면서 청중들에게 잠시 근처 숲에 다녀오도록 했다. 돌아온 사람들에게 새소리를 들었느냐고 묻자 아무도 듣지 않았다고 했다. 음악가는 다시 사람들을 숲으로 보내면서 새소리를 들어보라고 했다. 다시 돌아온 모든 사람들이 다양한 새소리를 들었다고 하였다. 이처럼 자연을 발견하는 과정도 우리 인식의 눈이 얼마 만큼 열려져 있느냐에 따라 달라진다. 하늘은 늘 우리 머리 위에 존재하지만 어제와 다른 오늘의 하늘을 묘사할 수 있는 사람은 많지 않다. 따라서, 자연의 존재를 발견하는 것으로 시작하는 자연과 친해지기가 우선되어야 한다.

　그 다음으로 우리는 자연을 발견하고 친숙해지는 과정을 거쳐 익숙해진 자연을 자꾸만 찾아가고 적극적으로 놀이하고 교감하게 된다. 나무 주변에 떨어진 나뭇잎, 나뭇가지 등을 주워 관찰도 하고, 나뭇가지나 돌멩이로 땅바닥에 그림을 그리기도

하고, 하늘의 구름 모양을 보며 친구의 얼굴을 떠올리기도 하고 화난 고양이를 비유하기도 한다. 이 과정에서 우리는 자연을 의인화하기도 하고 오감으로 흠뻑 체험한다. 바로 자연과 교감하는 과정이 이어지는 것이다. 자연에 대한 몰입의 과정은 우리로 하여금 많은 것들을 마음에 담게 한다. 하늘의 구름 모양이 왜 모두 다를까, 나뭇잎에 있는 잎맥은 모두 다르게 생겼나 등의 질문들이 자발적으로 차오른다. 만나면 즐겁고 흥미로운 자연에 대해 우리는 이제 알고 싶고, 알게 되면 더 많은 정을 나누게 된다. 그러나, 이러한 친해지기, 교감하기, 탐구하기의 과정이 늘상 단일적인 구조와 순서로 진행되는 것은 아니다. 그러므로 유아를 위한 자연친화교육 활동의 구성 원리는 자연과 친해지고 교감하며 탐구하기 과정이 순환적으로 이루어질 수 있는 방향이 되어야할 것이다.

2. 자연과 친해지고 교감하며 탐구하기 접근의 교육 목표 및 내용

자연과 친해지고 교감하며 탐구하기로 접근하는 자연친화교육은 기본적으로 자연의 본질적 특성을 이해하고 자연의 생명력을 인식하여 가치롭게 여기며 일상적 교류의 대상으로 받아들이고 공존을 위한 문제 해결 능력을 기르는 데 있다. 이러한 교육 목적을 구체적인 교육 목표와 내용으로 정리하여 제시하면 〈표 1〉과 같다.

자연에 대한 태도	자연에 대한 지식 이해	자연친화적 문제 해결 능력
① 자연에 대해 호기심을 갖고 접근한다. ② 자연물과 친숙하게 놀이한다. ③ 자연물의 생명을 존중한다. ④ 자연의 아름다움을 즐긴다. ⑤ 사람도 자연의 일부임을 이해하고 자연의 가치를 인식한다.	① 사람과 자연과의 상호의존적인 관계를 이해한다. ② 동물의 생태학적 특성을 이해한다. ③ 식물의 성장 과정에 대해 이해한다. ④ 무생물 자연물의 과학적 특성을 이해한다. ⑤ 동·식물을 잘 기르고 가꾸는 방법을 이해한다. ⑥ 자연물의 변화에 영향을 주는 요인에 대해 이해한다.	① 인간의 생활을 위해 자연을 합리적으로 활용하는 방법을 안다. ② 주변에서 일어나는 환경 문제에 대해 관심을 갖는다. ③ 자연에 대한 인간의 행위에 있어 옳고 그른 것을 변별할 수 있다. ④ 더불어 살아가는 즐거움을 알고 실천한다.

표 1 자연과 친해지고 교감하며 탐구하기로 접근하는 자연친화교육의 목표 및 내용

3. 자연과 친해지고 교감하며 탐구하기 접근의 교수-학습 원리

자연과 친해지고 교감하며 탐구하기로 접근하는 자연친화교육은 일상적 체험, 자연에 대한 본질적 이해, 자연에 대한 정서적, 인지적 접근의 통합을 주요 개념으로 하고 있다. 이를 구체적으로 실천하기 위한 지침으로 다음과 같은 교수-학습 원리를 제시하였다.

1) 친해지고 교감하며 탐구하기로 접근하는 자연친화교육의 세부적인 목표를 인지하고 활동 속에서 외현적으로 또는 내재적으로 드러날 수 있도록 계획한다.

자연친화교육의 궁극적인 목적은 친환경적이고 친사회적인 태도와 실천 능력을 가진 사람을 기르는 것이다. 이러한 목적은 자연친화교육 활동에 내재된 구체적인 목표에 의해 실현될 수 있다. 교육 활동 계획과 실행에 있어서 교사가 세부적인 목표를 인지하는 것은 활동의 방향을 설정하고 상황적 판단을 하는 데 중요한 근거가 된다. 자연과의 특정한 놀이를 계획하거나 진행하면서 이 놀이가 유아들에게 어떤 교육적 의미를 갖는지를 검토하고 궁극적 목적에 부합하는 목표를 실천할 수 있는지에 대해 주의를 기울여야 한다.

2) 접근이 쉬운 특정한 자연물을 주제로 선정한다.

자연친화교육의 교육적 의미를 제대로 구현하기 위해서는 유아들이 주변에서 쉽게 접근할 수 있는 작은 자연물을 일정 기간 동안 다양한 방법으로 접하고 놀이하며 탐구하는 경험이 중요하다. 이를 위해서는 주제와 상관없이 간헐적인 나들이를 비형식적으로 반복하거나 간접적인 교수 매체로 하는 교육은 효과적이지 못하다. 예컨대, 식물 가운데 유아교육 기관 주변에서 흔히 볼 수 있는 라일락, 민들레, 국화, 장미라든지, 동물 가운데 유아교육 기관 바깥 놀이터에서 발견할 수 있는 무당벌레, 콩벌레라든지 교실에서 키울 수 있는 달팽이, 주변에서 볼 수 있는 까치, 참새 등도 좋은 주제가 될 수 있다. 흙, 바람, 하늘, 물, 눈, 비 등과 같은 무생물은 주변에서 쉽게 접근할 수 있는 좋은 주제가 된다. 주제 선정에 있어 식물, 동물 등과 같이 범위가 큰 것을 주제로 하지 말고 주변에 있는 구체적인 자연물을 선정한다. 이러한 구체적인 주제에 관해 활동하다 보면 다른 자연물과의 관계에 대해서도 자연스럽게 연결되어 활동이 이루어지게 되므로 주제가 작은 범위라 해서 연간 많은 주제를 다루어야 한다는 부담을 가질 필요는 없다.

그런데, 구체적인 자연물을 주제로 교육 계획을 하는 데 있어 일반적인 생활주제와 같이 모든 영역별 활동을 교사가 결정적으로 계획하는 것이 아니라 우선적으로 그 자연물과 친해지고, 교감을 나눌 수 있는 체험적 활동을 다양하게 계획하여 전개하면서 상황적으로 발현되는 탐구 활동거리를 전개한다. 일반적인 생활주제 전개의 경우 주로 이야기 나누기를 시작으로 주제 관련 활동이 시작되지만 본 연구에서 제시한 접근에서는 자연물과의 다양한 놀이 경험을 갖는 것으로 시작한다.

3) 친해지기, 교감하기 활동이 우선되고 탐구하기로 연결되도록 하되 세 과정을 융통성있게 순환적으로 진행할 수 있다.

자연과 친해지고 교감하며 탐구하기로 접근하는 자연친화교육은 자연을 도구적으로 탐구하는 대상으로 보는 관점과는 달리 우선적으로 유아가 자연과 오감각을 통해 즐거운 경험을 갖고, 적극적으로 교감하는 가운데 자연에 대해 보다 상세히 알고 싶은 욕구를 갖고 접근할 수 있도록 하는 것을 중시한다. 따라서, 구체적인 자연물을 주제로 전개하는 데 있어 우선적으로 자연과 친해질 수 있는 놀이에 중점을 두고 활동이 전개되도록 한다. 친해지기, 교감하기, 탐구하기 활동의 특성이 무엇인지에 대해 설명하면 다음과 같다.

(1) 자연과 친해지기

자연과 친해지기 단계는 평상시에 유아의 생활 주변에서 멀리 있거나, 가까이 있어도 관심을 두지 않아서 인식하지 못했던 자연물의 존재를 확인하고 지각할 수 있도록 하는 과정이다. 자연과 친해지도록 하기 위해서 자연물의 특성에 따라 다양한 방식으로 자연물의 존재와 특성을 발견할 수 있도록 한다. 우리 머리 위에 늘 존재하는 하늘도 우리가 인식하고 올려다보지 않으면 우리 안에 들어오지 않는다. 때로는 약하게 때로는 강하게 우리 곁을 지나가는 바람의 존재도 눈을 감고 한껏 느껴보려고 하지 않으면 우리 감각 안에 들어오지 않는다. 친해지기는 이렇게 우리 주변에 널려 있는 자연을 우리의 감각 안으로, 인식 안으로 들여오기 위해 자연을 찾고 감각으로 받아들이는 과정이다. 예컨대, 자연으로 나가 조사하는 방법(예: 흙 찾기, 흙 지도그리기), 그림이나 사진에서 자연물을 찾아보고 실물과 비교하기(예: 명화 속 자연물 찾기), 자연물의 존재 인식하기(예: 바람의 방향을 알려 주는 깃발 만들어 세우기), 관심갖기(예: 구름의 모양 관찰하고 그리기), 자연물의 물리적 특성 발견하기(예: 여러 곳의 흙의 특성 비교하기, 달 모양 관찰하기, 나뭇잎 물감으로 찍기) 등의 방법으로 활동을 계획할 수 있다.

(2) 자연과 교감 나누기

교감하기는 친해지기 단계에서 인식한 자연물의 특성을 고려하고 활용하여 자연물과 적극적으로 놀이하는 과정이다. 또한 오감으로 자연물을 깊이 있게 체험(예: 나무 껴안고 느낌 이야기하기, 라일락과 장미 꽃 냄새 비교하기, 금붕어의 입 모양 보고 마음 이해하기, 민들레 홀씨 불기 등)하고 정신적으로 교류(예: 고치 속의 애벌레에게 편지쓰기, 날아가는 민들레 홀씨의 기분 예측하기, 흙 속에 다리를 묻고 나무가 되어보기)하는 과정이다. 자연물을 의인화하거나 감정이입하여 적극적인 교감을 나누는 활동이 포함된다.

(3) 자연을 탐구하기

탐구하기란, 특정 대상이나 현상에 대해 갖고 있는 의문을 해결하기 위해 다양한 사고와 행동 방식을 활용하는 것을 말한다. 탐구하기는 친해지기, 교감하기 과정을 거쳐 친숙해진 자연물을 보다 세부적으로 들여다보고, 생태적 특성에 대해 갖는 의문에 답하기 위해 탐구하는 과정이다. 탐구 과정에서는 관찰, 조사, 실험하기 등이 이루어지며, 유아들이 자연물에 대한 전문적 지식을 얻고 개념을 형성할 수 있는 과정이다. 탐구하기는 유아들이 활동 과정에서 자발적으로 제기하는 질문 가운데 다른 유아들도 흥미를 보이고 쉽게 접근할 수 있는 것을 선정하거나, 교사가 유의미하다고 생각하는 것을 질문해서 유아들이 관심을 갖도록 격려하여 진행할 수 있다. 예컨대, 햄스터는 언제, 얼마나 잠을 잘까? 금붕어는 어떻게 잠을 잘까? 민들레는 아침, 저녁으로 꽃의 모양이 달라질까? 미나리를 마른 흙에 심어도 잘 자랄까? 등과 같은 질문에 대해 관찰, 실험, 조사 등의 탐구 양식을 활용해 문제를 해결하는 과정이다.

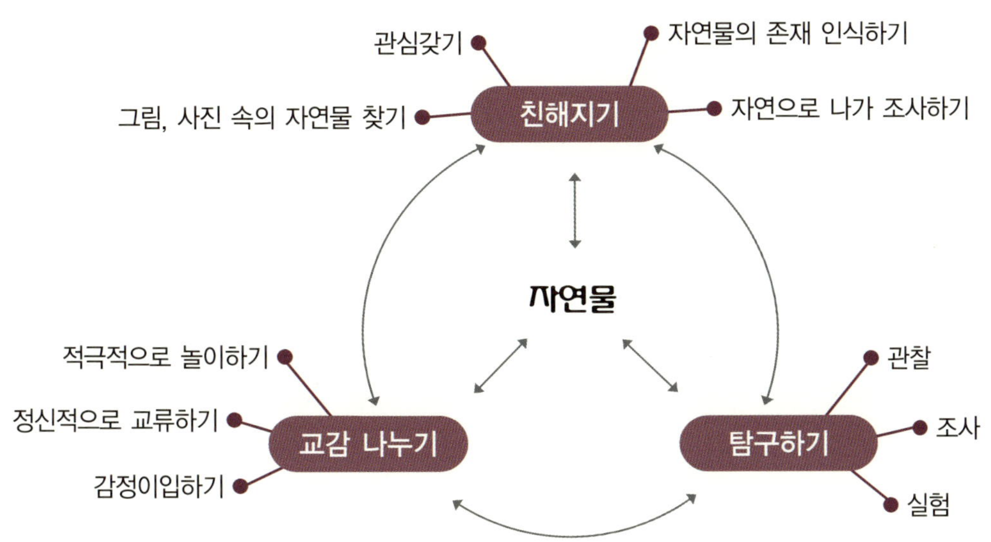

그림 2 자연과 친해지고 교감하며 탐구하기 접근의 교수 모형

4) 활동 방법은 체험 위주로 진행하지만 다양한 자료를 활용한다.

자연과 친해지고 교감하며 탐구하기 접근으로 하는 친화교육에서는 자연과의 일상적이고 지속적인 만남과 교류가 중요하다. 따라서, 자연과 친해지고 교감하며 탐구하기로 이어지는 활동을 전개하는 데 있어서 가능한 교실 내외에서 자연물을 구체적으로 접하고 다루어 보는 체험 중심의 활동이 풍부하게 이루어지도록 한다. 그러나, 자연과 친해지기 활동의 도입으로 자연물에 대한 유아들의 관심을 모으기 위해 자연물을 주제로 한 명화, 동화, 시, 사진 등과 같은 간접적인 자료를 활용하는 것도 좋다. 예컨대, 유아들의 눈높이에서 볼 때 멀리 떨어져 있는 하늘에 대해 관심을 갖도록 하기 위해 하늘을 쳐다보고 있는 사람들의 모습이 담긴 명화를 보고 사람들이 왜 하늘을 보고 있는지에 대해 이야기를 나눈다면 이후 직접 하늘을 관찰할때 유아들이 보다 집중할 수 있을 것이다. 이러한 간접적인 자료를 활용한 활동은 반드시 체험 활동과 연계되어지도록 해야 한다.

5) 자연에 대한 유아들의 자유로운 탐색을 격려한다.

자연은 기본적으로 사람에게 능동적으로 행동할 수 있는 자유를 주는 공간이다. 교육적 공간으로써 유아들에게 열어 놓은 자연이지만 교사가 계획한 활동 방향에 지나치게 집착하여 유아들의 자유로운 탐색을 제한하지 말고 개방적인 태도를 갖는 것이 중요하다. 같은 자연물을 대하고 있더라도 아이들에 따라 접근하는 방법이 다르고 집중하는 부분이 다를 수 있다. 때로는 이러한 특성 때문에 교사가 계획한 방향보다 더 의미 있는 활동의 실마리가 제기될 수도 있다. 이러한 상황에 대해 교사는 융통성 있게 반응하는 것이 필요하다.

4. 자연과 친해지고 교감하며 탐구하기 접근의 환경 구성 원리

본 프로그램은 다음과 같은 환경 구성의 원리를 갖는다.
첫째, 체험 중심의 프로그램 운영을 위해 교실 내 또는 교실 밖에 주제 관련 자연물을 재배, 사육, 또는 전시할 수 있는 공간을 마련한다. 자연친화교육을 위해 전면적인 환경의 재구성이나 조경이 필요한 것이 아니라 주제 관련 실물을 유아들의 주변 환경에 들여놓을 수 있는 차원에서 공간을 조성하고 재배치하는 것이 필요하다.
둘째, 과학 영역만이 아니라 전체 영역이 주제에 따른 실물 자료를 구비할 수 있는 공간임을 인식하고 적극적으로 활용한다.
셋째, 유아들의 관련 작품이나 자연물을 활용한 구성물을 교실 벽, 천장 등에 적절히 구성하여 전시함으로써 교실 내에서 자연이 중심이 되는 분위기를 느낄 수 있도록 한다.

Ⅲ

자연과 친해지고 교감하며 탐구하기
접근의 활동 실제

Ⅲ. 자연과 친해지고 교감하며 탐구하기
접근의 활동 실제

1. 활동 구성의 개요

자연과 친해지고 교감하며 탐구하기 접근을 통한 자연친화교육 활동의 구성 방향은

첫째, 자연친화교육의 교육적 의미를 과학적 사고, 환경 소양 증진 이상의 전인적 발달을 도모하기 위한 것으로보고 활동을 구성하였다.

둘째, 주변 자연환경이 풍부하지 못한 유아교육 기관에서도 쉽게 실제 체험할 수 있는 자연물을 주제로 선정하여 실천할 수 있는 내용으로 구성하였다. 특히, 자연물의 세 가지 형태인 무생물, 식물, 동물을 고르게 분배하였다.

셋째, 자연물 가운데 교사들이 두려움을 갖거나 관련 개념을 이해하는 데 어려움이 있는 것을 피하고, 친밀하게 느끼며 교사 스스로 편안하게 접근할 수 있는 자연물을 주제로 선정하였다.

넷째, 실제 활동을 운영하는 데 있어서 관련 자료의 활용이 용이한 것을 중심으로 구안하였다.

다섯째, 본 프로그램에서 제시한 주제별 교육 활동을 각 교실에서 유아들과 진행하면서 자연스럽게 발현되는 유아들의 관심과 경험에 따라 친해지고, 교감하며, 탐구하기 단계가 순환되는 과정에 새로운 활동들을 상황에 따라 포함할 수 있고 단계를 오고갈 수 있는 개방적인 체제로 구성하였다.

본 책에 제시한 활동의 구성 체제와 내용을 제시하면 〈표 2〉와 같다.

자연의 유형	주 제	과 정	활 동 명
동 물	달팽이	친해지기	· 달팽이는 무엇을 먹을까? · 달팽이는 어떤 곳에서 살까? · 달팽이의 집 꾸며 주기 · 달팽이가 먹는 모습
		교감 나누기	· 골고루 먹어야지 · 알면 사랑해요 · 하양이와 까망이 · 심심한 달팽이에게 무엇을 해 줄까?
		탐구하기	· 먹이에 따라 달팽이 똥의 색깔이 다를까? · 달팽이의 걸음걸이는 모두 같을까? · 달팽이는 빛을 좋아할까? · 정말 꽃잎을 먹을까? · 달팽이는 어떻게 태어났을까?
	토끼	친해지기	· 토끼야, 만나서 반갑다! · 토끼처럼 움직여 보아요 · 토끼장 청소하기 · 생활 속의 토끼 그림 찾기
		교감 나누기	· 토끼털을 만져 보아요 · 토끼는 어떤 소리를 낼까? · 토끼 눈을 살펴보아요 · 토끼를 목욕 시켜요 · 손으로 토끼의 심장 박동을 느껴 보아요
		탐구하기	· 토끼는 둥근 풀, 잎을 좋아하고 뾰족 한 풀, 잎을 싫어할까? · 토끼도 발가락이 있나요? · 토끼의 앞다리와 뒷다리 중 어느 다리가 길까?
	장수 풍뎅이	친해지기	· 장수풍뎅이를 만나요 · 장수풍뎅이가 좋아하는 음식을 알아봐요 · 장수풍뎅이에 관한 동시를 지어요
		교감 나누기	· 장수풍뎅이의 움직임을 표현해요 · 장수풍뎅이를 느껴 보아요 · 장수풍뎅이를 목욕 시켜요
		탐구하기	· 장수풍뎅이는 몇 개의 알을 낳을까? · 흰색 알과 주황색 알은 어떤 차이가 있을까? · 애벌레가 톱밥 속에서 어떻게 부딪히지 않을까? · 애벌레의 키는 얼마나 커질까?

자연의 유형	주 제	과 정	활 동 명
동 물	거미	친해지기	· 거미줄 무늬 찾기 · 거미가 나오는 동화책을 찾아요 · 거미를 찾아요 · 반짝이는 거미줄 · 거미처럼 움직여요 · 철사로 거미줄 만들기
		교감 나누기	· 거미를 가까이서 보아요 · 거미와 같은 색깔 만들기 · 거미 냄새를 상상해 보세요 · 거미 소리도 들려요?
		탐구하기	· 거미는 어디에 살까? · 거미도 알을 낳을까? · 거미는 어떻게 먹이를 먹을까? · 거미줄은 어떻게 만들어지는 것일까?
식 물	미나리	친해지기	· 미나리를 자세히 보아요 · 미나리 강회 만들기 · 미나리 즙 땀띠에 발라 보기
		교감 나누기	· 미나리가 자라요 · 미나리에서 물이 나와요 · 미나리 차를 마셔요
		탐구하기	· 미나리의 맛은 어떤 맛과 같은가요? · 미나리는 어디에서 제일 잘 자랄까? · 미나리가 어떻게 변화할까?
	국화	친해지기	· 국화 꽃잎 콜라주 · 물 위의 국화꽃 · 수묵화 감상하고 그려 보기
		교감 나누기	· 국화차 마시기 · 노란색을 찾아라 · 국화꽃 향 맡아 보기
		탐구하기	· 국화꽃은 어떻게 물을 빨아들일까? · 국화꽃의 향은 종류마다 다를까? · 국화꽃 안에 무엇이 있을까?
	장미	친해지기	· 누구의 꽃잎일까? · 꽃잎 불어 움직이기 · 장미 꽃잎 장식 만들기
		교감 나누기	· 온몸으로 장미 꽃잎 느끼기

자연의 유형	주 제	과 정	활 동 명
식 물	장미	교감 나누기	· 장미꽃 향기 · 장미마다 다른 색과 향이 있어요
		탐구하기	· 장미꽃에는 왜 가시가 있을까? · 장미 꽃잎도 물이 들까? · 장미 꽃잎으로 향수를 만들 수 있을까?
무생물	흙	친해지기	· 흙을 찾아요 · 걸러진 흙으로 그림을 그려요 · 우리 동네 흙 지도를 그려요 · 흙으로 구성해 보아요
		교감 나누기	· 흙으로 소리를 만들어요 · 흙과의 인터뷰 · 흙을 느껴요 · 비 오는 날 흙냄새를 맡아 보아요 · 흙을 반죽해요
		탐구하기	· 어느 천에 흙물이 잘 들까? · 과일 껍질 흙거름을 만들려면? · 물에 가라앉는 흙과 뜨는 흙의 차이는?
	하늘	친해지기	· 하늘의 표정을 지어 봐요 · 우리 동네 하늘을 봐요 · 거울 속 하늘과 만나요 · 하늘로 작품을 만들어요
		교감 나누기	· 물속 하늘을 느껴 보세요 · 작품 속 하늘과 이야기해요 · 하늘에게 편지를 보내요
		탐구하기	· 하늘 속에 숨어 있는 색깔은? · 하늘 높이 띄워 보내려면? · 하늘에는 언제나 구름이 있을까?
	비	친해지기	· 비오는 날 달라진 모습을 찾아요 · 빗물을 모아요 · 빗속 생물을 찾아요
		교감 나누기	· 빗물에 비친 세상 풍경과 만나요 · 빗소리를 감상하고 만들어 봐요 · 빗물이 만들어 내는 파장을 살펴봐요
		탐구하기	· 땅에 떨어진 빗물은 어디로 가는 것일까? · 빗물에만 물이끼가 생길까? · 빗물을 빨리 사라지게 하려면?

동물을 알고 사랑하기

달팽이

토끼

장수풍뎅이

거미

달 팽 이

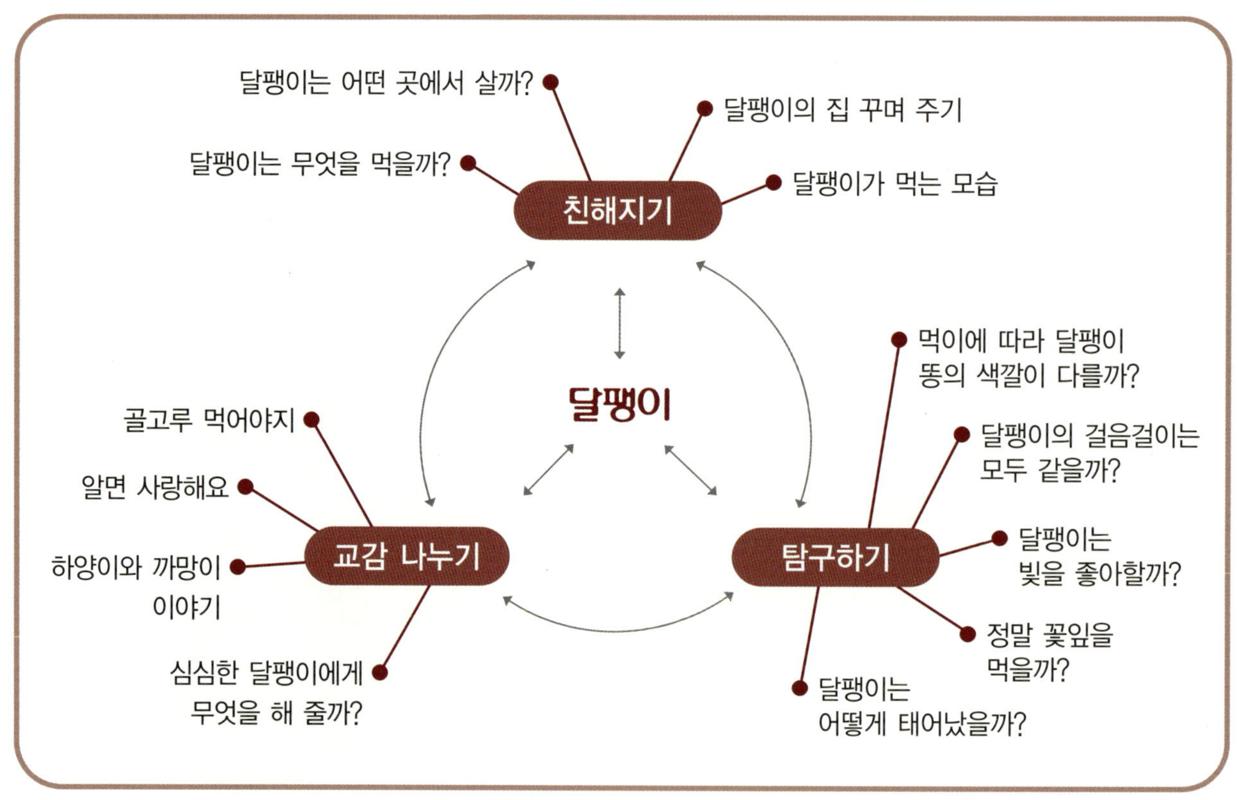

달팽이는 어떤 곳에서 살까?
달팽이의 집 꾸며 주기
달팽이는 무엇을 먹을까?
친해지기
달팽이가 먹는 모습
달팽이
먹이에 따라 달팽이 똥의 색깔이 다를까?
골고루 먹어야지
달팽이의 걸음걸이는 모두 같을까?
알면 사랑해요
교감 나누기
탐구하기
하양이와 까망이 이야기
달팽이는 빛을 좋아할까?
정말 꽃잎을 먹을까?
심심한 달팽이에게 무엇을 해 줄까?
달팽이는 어떻게 태어났을까?

'달팽이'를 주제로 한 활동 계획

달팽이는 소라·우렁이와 같은 연체동물로, 물속에서 사는 소라나 우렁이가 아가미로 숨을 쉬는 것과는 달리 어파로 호흡을 합니다.

달팽이의 몸은 뼈가 없고 말랑말랑한 근육으로만 이루어져 있으며 소용돌이 모양의 껍데기는 뼈가 없는 몸을 적으로부터 지켜줄 뿐 아니라, 건조한 공기로부터 달팽이를 지켜주기도 합니다. 달팽이의 머리끝에는 두 개의 더듬이가 있으며, 더듬이 끝에 눈이 달려 있습니다. 껍질 속에는 내장이 있는데, 어파 호흡을 하는 구멍이 달팽이 껍질 입구에

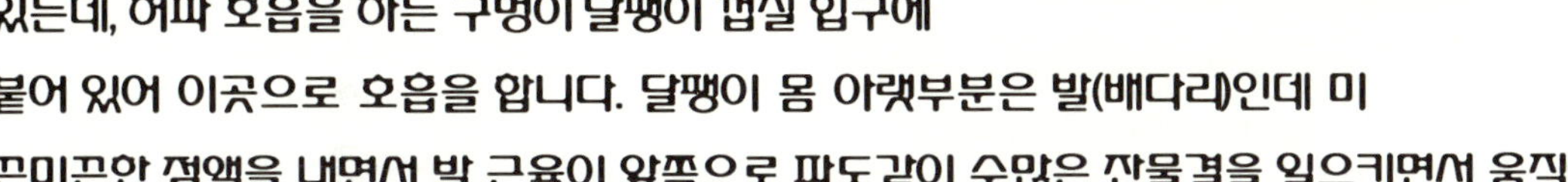

붙어 있어 이곳으로 호흡을 합니다. 달팽이 몸 아랫부분은 발(배다리)인데 미끈미끈한 점액을 내면서 발 근육이 앞쪽으로 파도같이 수많은 잔물결을 일으키면서 움직여 몸을 밀고 나갈 수 있습니다. 달팽이는 입에 있는 치설을 내밀어 먹이를 먹으며 주로 나뭇잎, 꽃잎, 채소의 싹, 버섯 등을 갈아 먹습니다. 과일도 먹을 수 있습니다.

달팽이는 주로 해가 진 뒤와 해가 뜨기 전에 활동을 하며, 습기가 없으면 움직일 수 없습니다. 그렇기 때문에 기온이 높아지는 여름이나 건조한 겨울에는 나뭇잎 뒤나 수풀, 가랑잎 등에서 움직이지 않고 쉽니다. 쉴 때는 몸을 껍질 안에 집어넣고 껍질 입구에 점액을 발라 속이 마르지 않도록 막을 칩니다.

달팽이의 몸은 수컷과 암컷 양성의 구조를 지니고 있는 암수 한 몸이며 달팽이 두 마리가 짝짓기를 하여 정자를 교환한 후 5~8월경에 축축한 흙 속에 약 20~40개 정도의 알을 낳습니다.

새끼 달팽이들은 대개 약 2~4주일이 지나면 알에서 깨어나며, 비가 오는 날 축축해진 흙을 파고 땅 위로 기어 나옵니다. 땅속에서 갓 깨어난 새끼 달팽이들은 처음에는 알의 껍질을 먹지만, 나중에는 풀의 싹을 먹으며 성장하여 몇 달이 지나면 어미와 똑같은 크기로 자라납니다. 달팽이의 수명은 약 1년 반에서 4년 정도인데 알 낳기가 끝나면 몇 달 만에 죽습니다. 달팽이의 활동 온도는 20~35℃이며, 습도는 70~90%입니다. 먹이는 오후에 한 차례 주는 것이 좋습니다.

달팽이는 무엇을 먹을까?

▶ **활동 목표**   달팽이를 관찰하고 달팽이에 대해 궁금한 점을 나누면서 달팽이가 좋아하는 음식에 대해 알아보고 이야기 나눈다.

▶ **활동 자료**   달팽이, 달팽이 관련 책, 아이들이 가져온 달팽이 먹이(오렌지, 수박 등)

▶ **활동 방법**   ① 달팽이가 좋아하는 음식에 대해 알아보고 이야기 나눈다.

- 여기 무엇이 보이니?

  달팽이요.

  달팽이가 움직여요.

  (사육 상자 천장에 붙어 있는 달팽이를 가리키며)이 위에 있는데도 안 떨어져요.

- 이것이 바로 달팽이야. 예전에 달팽이를 본 적 있니?

  옛날에 본 적 있어요.

  얘가 살아 있어요.

  그런데 움직이지 않는 것 같아요.

  달팽이 어디서 잡았어요?

- ○○이 할머니가 시장에서 이 달팽이를 사셨단다. 그런데 유치원 교실에서 잘 길러 보라고 주셨대. 지금 달팽이는 뭐하고 있는 것 같니?

  선생님, 배가 고픈 것 같아요.

  입을 오물거렸어요.

- 달팽이는 어떤 음식을 좋아할까? 달팽이가 무슨 음식을 좋아하는지 어떻게 알아볼 수 있을까?

  책을 찾아봐요.

  책에 보니까 달팽이는 채소를 좋아한대요.

  당근이요. 오이도요.

  나뭇잎을 먹기도 한대요.

  어떤 달팽이는 꽃도 먹을 것 같아요.

〈 달팽이는 무엇을 먹을까? 〉

② 달팽이가 좋아하는 음식 중에서 뭘 가지고 올 것인지에 대해 이야기 나눈다.

- 우리가 먹는 밥을 주면 달팽이가 먹을까?

  아니요, 안 먹어요, 달팽이가 먹는 밥을 주어야 해요,

- 달팽이가 좋아하는 음식이 뭘까?

  달팽이가 좋아하는 음식은 풀이에요,

  달팽이는 상추를 좋아해요,

  달팽이는 당근을 좋아해요, 동화책에서 봤어요,

- 풀을 먹을 것 같니? 달팽이는 또 어떤 것을 잘 먹을까?

  풀 먹어요, 풀, 또 꽃을 먹어요, 거미하고,

  이렇게 큰 달팽이는 개미 잡아먹어,

  우리 빵 주면 안 될까요?

- 달팽이가 빵을 먹을 수 있을까?

  딱딱해서 어떻게 먹어?

  개미처럼 작게 주면 되잖아, 입에 쏙 넣어 주면 되지,

  (간식 영역에 가서 소보로빵 부스러기를 가져와서 먹이며) 와! 먹는다, 먹어,

- 달팽이를 위해 달팽이가 좋아할 것 같은 음식을 집에서 가져와 보자.

  싱싱한 야채로 가져와야 돼요,

  농약이 있는 건 안 돼요, 달팽이가 아파요,

  달팽이는 많이 먹을 것 같아요,

  입이 조그맣기 때문에 조금만 있으면 될 것 같아요,

  사과 가져올래요,

  당근 가져올래요,

③ 달팽이에게 음식을 주기 위한 계획을 세운다.

- 어떤 음식들을 가져왔니?

- 너희들이 가져온 음식을 한꺼번에 다 주면 어떤 일이 일어날까?

- 달팽이에게 음식을 줄 때 어떤 순서로 주면 좋을까?
  분단별로 돌아가면서 줘요.
  한꺼번에 조금씩 주고 무엇을 제일 좋아 하나를 보고 싶어요.
  과일이 달콤하니까 제일 좋아할 것 같아요. 좋아하는 걸 먼저 줘요.
  ※ 달팽이가 좋아하는 색깔이 다른 과일을 한 가지씩 차례로(오렌지, 수박, 딸기) 주기로
     정함.

 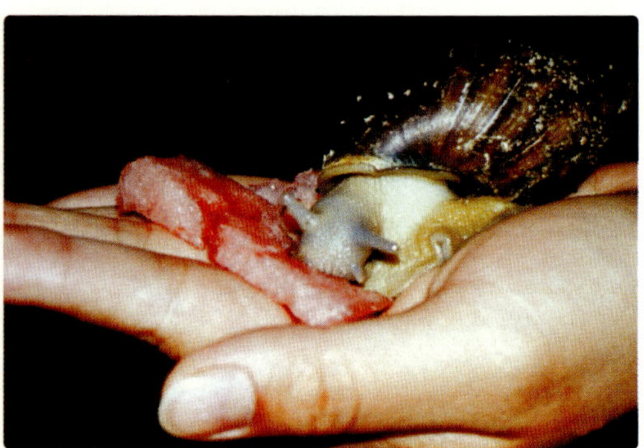

〈 오렌지와 수박을 먹는 달팽이 〉

④ 아이들이 가져온 음식을 주며 먹는 모습에 대해 이야기 나눈다.

- 달팽이에게 음식을 주고 먹는 모습을 관찰해 보자. 어떻게 음식을 먹니?
  음식 위에 올라가서 먹기도 해요.
  천천히 오물거리면서 먹어요.
  안 먹는 것 같은데 많이 먹어요.
  갉아먹으니까 자국이 남아요.
  굉장히 많이 먹고 오랫동안 먹어요.
  또 뿔난다 얘 얼굴 쏙 들어갔는데 다시 나오네.
  왜 이렇게 안 먹어? 많이 줘서 그런가?
  너무 딱딱해서 그래.
  딸기 좋아해.

〈 달팽이가 먹이 먹는 모습을 봐요 〉

▶ **참고 사항**

　넓은 쟁반에 달팽이를 꺼내 놓고 먹이를 먹는 모습을 관찰하면, 아이들이 더욱 실감 있게 관찰할 수 있습니다.

　달팽이를 채집하기 위해서는 5월에서 9월 사이 비온 뒤에 나뭇잎 뒤나 돌 밑, 또는 수풀을 잘 살펴보면 먹이를 찾아 돌아다니는 달팽이나 껍데기 안에 들어가 꼼짝도 않고 가만히 있는 달팽이들을 찾을 수 있습니다. 식용 달팽이의 경우 몸집이 커서 관찰하고 활동하는 데 좋습니다.

　그런 다음 달팽이를 찾아내면 껍데기를 손으로 가만히 쥐어 천천히 떼어 내는데, 달팽이의 껍데기는 얇고 잘 부수어지므로 조심스럽게 다루어야 합니다. 잡은 달팽이는 물로 안을 조금 적신 빈 깡통이나 빈 병에 넣어 가지고 와야 하며, 달팽이가 물에 잠기면 숨을 쉴 수 없으므로 물을 많이 담지 않습니다. 직접 잡을 수 없는 경우에는 근처의 채소 가게에 부탁하여 채소에 붙어 있는 달팽이를 얻을 수도 있습니다.

　달팽이가 좋아하는 먹이로는 채소류(상추, 배추, 양배추), 과일류(수박, 참외, 오이, 호박, 복숭아, 사과, 귤), 농작물류(보리쌀, 고구마, 감자, 당근), 잡초류(아주까리잎, 뽕잎, 칡잎) 등입니다. 달팽이 구입처는 http://www.paenga.com을 참고하십시요.

달팽이는 어떤 곳에서 살까?

▶ **활동 목표** 달팽이에 대해 궁금한 점을 나누면서 달팽이가 사는 곳을 알아보고 그곳을 그림으로 그려 본다.

▶ **활동 자료** 달팽이 관련 책, 사진, 종이, 크레파스, 물감, 색종이, 풀 등

▶ **활동 방법** ① 달팽이를 구할 수 있는 곳에 대해 알아본다.

- 달팽이는 어디서 잘 살까?

  달팽이는 집을 지고 다녀요.

  물이 있는 곳에서 살 것 같아요.

- 달팽이가 어디서 잘 사는지 어떻게 알아볼 수 있을까?

  책을 봐요!

- 책에서 보면 달팽이가 잘 사는 곳은 어떤 곳이니? (시원한 곳일까? 더운 곳일까?/ 밝은 곳일까? 어두운 곳일까? 등)

  달팽이는요, 물이 없으면 살 수 없대요.

  나뭇잎 뒤에 숨기도 해요.

  가랑잎이나 수풀 속에서 산대요.

  축축한 늪이나 호수나 개울가에 살아요.

  어두워야 해요.

  달팽이는 해가 진 다음에 돌아다닌대요.

  비 오는 날을 제일 좋아해요.

  시원한 곳을 좋아한대요.

  달팽이는 야채를 좋아하니까 야채를 먹을 수 있는 곳에서 살 거예요.

〈 주변에서 달팽이를 찾아요 〉

■ 달팽이가 지고 다니는 등껍질은 어떤 때 필요한 것일까?

　달팽이가 들어가기도 해요,

　달팽이가 그 속에서 쉬는 거예요,

　달팽이는 그 안에도 축축해야 좋아한대요,

② 달팽이가 사는 곳의 특징을 알아보고 그림으로 그려 본다.

■ 우리들은 어떤 곳에서 살고 있니?

　아파트요,

　방이 많은 집이요,

■ 우리가 사는 집은 어떤 집이 좋은 집일까?

　따뜻한 곳이요,

　넓고 조용한 곳이요,

　식구들이 같이 사는 곳이요,

■ 달팽이가 사는 집은 어떤 집이 좋은 집일까?

　싱싱한 야채가 많은 텃밭이요,

　친구들이 많은 곳이요,

■ 달팽이가 좋아할 만한 곳을 상상해서 그림으로 그려 보자. 무엇으로 그려 볼까?

　크레파스로 그릴래요,

　잡지를 오려서 붙일래요,

③ 달팽이가 좋아하는 집을 그려 보고 함께 보며 이야기 나눈다.

■ 달팽이를 그린 그림을 보자. 달팽이가 어떻게 생겼니?

　귀여워요,

　TV에서 본 것하고 똑같이 그렸어요,

　더듬이가 길어요,

　작고 귀여워요,

　더듬이 끝에 눈이 있어요,

■ 달팽이에게 좋은 집은 어디에 있는 집이라고 생각했니?

　나무 밑에요,

　텃밭이요, 거긴 물도 있고 음식도 있으니까요,

　비가 많이 오는 곳이요,

　풀숲이나 나무숲에 축축한 데서 살아요,

자연과 친해지기

달팽이의 집 꾸며 주기

▶ **활동 목표** 달팽이는 어떤 곳에 사는지에 대해 알아보고 달팽이의 집을 꾸며 준다.

▶ **활동 자료** 투명한 상자, 모래, 달걀 껍질, 랩

▶ **활동 방법**

1 달팽이는 어떤 곳에서 사는지에 대해 알아본다.

- 달팽이가 잘 사는 곳은 어떤 곳이었니?

  달팽이는요 축축한 곳을 좋아해요.

  달팽이는 낙엽이 많이 쌓이고 물이 있어야 해요.

  달팽이는 물을 많이 주는 텃밭에서 살기도 해요.

2 달팽이 사육 상자를 꾸민다.

- 우리 교실에서 달팽이를 키우려면 무엇이 필요할까?

  달팽이가 들어가 살 수 있는 통이 필요해요.

- 달팽이가 살 수 있는 상자에 무엇무엇이 필요할까?

- 상자를 어떻게 꾸미면 좋을까?

  바닥에 모래를 깔아야 돼요.

  물도 뿌려 줘요.

  달팽이가 좋아하는 먹이통에 먹이도 넣어요.

  달팽이 놀이터도 꾸며 줘야 해요.

- 달팽이 상자를 잘 만들기 위해 도움을 얻을 수 있는 곳은 어디일까?

> ### 달팽이 사육 상자 꾸미기
>
> ㉠ 투명한 상자를 준비한 다음 3cm정도 두께로 젖은 모래를 깐다.
> ㉡ 모래 위에 잘게 부순 달걀 껍질이나 굴 껍질을 깐다(달팽이들은 이 껍질을 먹고 튼튼한 껍데기를 만들 수 있으며, 이 껍질들이 흙에 영양소를 줄 수 있다).
> ㉢ 상자 안에는 달팽이가 기어오를 수 있도록 나뭇가지나 작은 판자를 넣는다.
> ㉣ 상자 위를 랩으로 덮고 구멍을 뚫어 주며, 자주 물뿌리개로 물을 뿌려 촉촉하게 해 준다.
> ㉤ 사육 상자는 바람이 잘 통하고 서늘한 그늘에 놓아둔다.

③ **달팽이를 직접 길러 본다.**

- 우리 반 어디에 달팽이 상자를 두면 좋을까?

  햇빛이 비치는 곳은 안 돼요, 싫어한대요,

  너무 시끄러운 곳도 안 돼요,

  그늘진 곳이 좋아요,

- 달팽이를 잘 키울 수 있는 방법을 알아보자.

〈 달팽이집 〉

〈 달팽이 기르는 곳 〉

▶ **참고 사항**

　달팽이의 먹이로 오이나 당근, 양배추 등의 채소 종류나 사과 등의 과일을 얇게 잘라 줍니다. 먹고 남은 먹이는 매일 치워 주고 새 먹이로 갈아 줍니다. 상자 안쪽 면은 달팽이가 기어 올라갈 때 나오는 점액으로 지저분하게 되므로, 매일 물에 적신 천으로 닦아 줍니다. 모래는 늘 젖어 있는 상태가 되도록 물뿌리개로 자주 적셔 주고 모래는 1주일에 한 번 정도 햇볕에 말리거나, 새 모래로 갈아 줍니다. 기온이 떨어져 겨울이 되면 달팽이가 겨울잠을 잘 수 있도록 적당한 환경을 만들어 주는 것이 좋습니다. 상자 안에 흙을 넣고 그 위에 가랑잎을 두껍게 깔고 가끔 물을 뿌려 흙을 촉촉하게 적셔 주고, 상자는 얼지 않는 곳에 두어야 하며 5도 이상으로 기온이 올라가면 달팽이가 겨울잠에서 깨어 버립니다.

골고루 먹어야지

▶ **활동 목표** 달팽이가 좋아하는 음식을 알아보고, 달팽이에게 음식을 골고루 먹이기 위한 방법을 찾아본다.

▶ **활동 자료** 꽃, 채소, 과일 등

▶ **활동 방법** ① 달팽이가 좋아하는 음식과 골고루 먹이기 위한 방법에 대해 이야기 나눈다.

■ 달팽이가 무엇을 먹고 있니?

사과요,

달팽이는 과일을 좋아해요,

■ 달팽이가 일주일 동안 어떤 음식을 가장 많이 먹었는지 알아보자.

오렌지를 많이 먹었어요,

달팽이는 채소도 먹는데 과일만 준 것 같아요,

■ 과일만 먹는 달팽이에게 무슨 말을 해 주고 싶니?

다른 것도 주어야 해요,

골고루 먹어야 돼요,

채소가 몸에 좋으니까 달팽이에게 채소도 먹여요,

■ 달팽이가 채소를 좋아할까? 달팽이에게 어떤 채소를 주면 좋을까?

당근을 줘요, 오렌지랑 같은 색이라 잘 먹을 것 같아요,

상추 잎을 줘요,

배추 잎을 줄래요,

하루는 과일을 주고, 그 다음 날에는 채소를 줘요,

■ 과일과 채소를 하루씩 번갈아 주어 보자. 달팽이가 어떻게 할 것 같니?

■ 달팽이는 우리가 주는 과일, 채소 말고 다른 것을 더 잘 먹지는 않을까? 어떻게 알아볼 수 있을까?

밖으로 데리고 나가서 마당에 있는 풀도 먹여 볼래요,

텃밭에 있는 총각무도 좋아할 것 같아요,

꽃도 먹을지 모르니까 꽃잎도 줄래요,

〈 상추 먹는 달팽이 〉

② 달팽이를 바깥놀이에 데리고 나가 채소와 꽃잎 등을 먹여 본다.

- 바깥 놀이터에서 어떤 것들을 먹여 보기로 하였니?
- 풀, 상추, 꽃이 있는 곳으로 가서 먹여보자.
- 달팽이의 먹는 모습을 자세히 보자. 어떤 것을 좋아하는 것 같니?
  밖에 나오니까 채소를 잘 먹어요.
  꽃은 안 먹어요. 꽃잎 위에서 가만히 있기만 해요.
  풀도 주니까 잘 안 먹어요. 그냥 냄새만 맡는 것 같아요.

〈 달팽이는 꽃잎을 먹을까? 〉

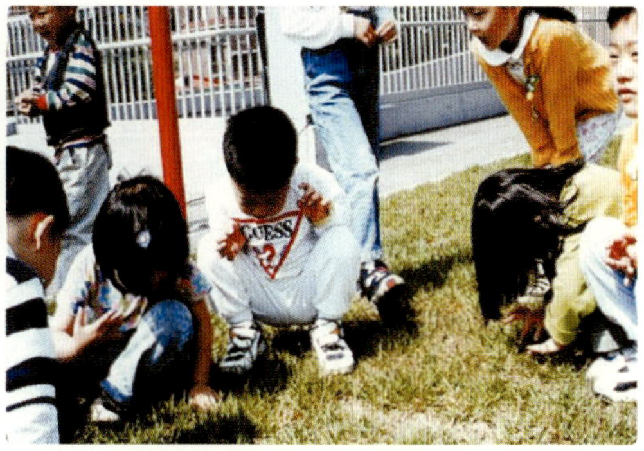

〈 달팽이는 풀도 먹을까? 〉

③ 달팽이의 먹는 모습을 보고 이야기 나눈다.

- 달팽이가 채소와 과일을 먹는 모습을 보니 제일 좋아하는 것은 무엇인 것 같니?
  채소예요.
  몸에 좋은 것을 다 잘 먹어요.
  그래서 많이 큰 것 같아요.

▶ **참고 사항**

　달팽이는 뿔처럼 생긴 두 쌍의 더듬이가 있습니다. 눈은 긴 위 더듬이 끝에 동그랗게 붙어 있는데, 빛의 밝기를 느낄 뿐 보는 힘은 없습니다. 작은 앞 더듬이로는 냄새를 맡습니다. 달팽이의 입속에는 둥근 혀가 있으며, 혀에는 '치설'이라고 하는 줄처럼 생긴 이가 빽빽이 나 있습니다. 달팽이는 치설로 먹이를 깎아 내듯이 먹습니다.

하양이와 까망이 이야기

▶ 활동 목표   달팽이의 이름을 짓고, 달팽이 사이의 우정과 사랑에 대해 이야기 나눈다.

▶ 활동 자료   달팽이

▶ 활동 방법   ① 달팽이의 촉감을 느껴 보고 이야기 나눈다.

- (달팽이를 손으로 들고 가까이에서 달팽이를 마주 보며) 달팽이에게 하고 싶은 이야기가 있니?

  달팽아, 너는 어제 먹은 딸기가 좋으니? 왜 오이를 안 먹니?

  (더듬이를 후우 불며) 야, 먹어, 오이.

  나도 들어 보고 싶어요.

- 이번엔, 달팽이 껍질을 잡고 살짝 들어 보자.

  (달팽이를 들고) 자동차 같다.

- 껍질을 잡아 보니까 어떠니?

  딱딱해요.

  야, 달팽이 머리가 들어갔어. 놀랐나봐.

  아이 더러워.

  나 이 달팽이 만질래.

  이건 늙은 달팽이야.

  징그러워.

  야, 잠꾸러기 달팽이야!

  나 여기 만졌다.(껍질을 두드리며)

  야, 자는데 냅둬.

② 달팽이 두 마리를 비교해 보고 각각의 특징을 이야기하고 이름을 지어본다.

- 두 달팽이를 살짝 만져 보자. 등, 배를 만졌을 때 어떤 느낌이 드니?

  축축해요.

  말랑말랑해요.

  물기가 있어요.

- 두 마리 달팽이의 다른 점은 무엇일까?

  하나는 껍질 색이 진해요.

  다른 하나는 색이 흐려요.

  둘 다 껍질은 딱딱하고 안에는 말랑말랑해요.

■ 두 마리 달팽이의 같은 점은 무엇일까?

■ 두 달팽이가 모두 가지고 있는 등껍질을 만져 보니까 어떠니?

　딱딱해요.

　동그랗게 튀어나온 부분도 있어요.

　장난감 같아요.

　작은 공 같아요.

　풀 뚜껑 같아요.

■ 같은 점도 있지만 다르게 생긴 두 달팽이에게 어울리는 이름은 무엇이라고 생
　각하니?

　하나는 하얀색이니까 하양이라고 해요.

　다른 건 검은색이니까 까망이!

　난 하양이가 좋아! 나는 까망이!

③ 두 마리의 달팽이가 왜 매일 붙어 있을까를 상상하여 이야기 나누고 관찰한다.

■ 하양이랑 까망이는 매일 어떻게 지내고 있니?

　하양이랑 까망이는 매일 붙어 있어요.

　몸을 대고 있어요.

　기대고 자나 봐요.

　몸이 끈적끈적해서 그러는 것 같아요.

■ 두 달팽이, 하양이랑 까망이가 왜 붙어 있을까?

　하양이랑 까망이가 서로 사랑해요.

　둘이서 기대고 자나 봐요.

　재밌는 이야기를 하고 있는 것 같아요.

　둘이 너무 좋아서 떨어지기 싫어하는 것 같아요.

　꼭 붙어 있으니까 재미있을 것 같아요.

■ 늘 붙어 있는 하양이와 까망이에게 해 주고 싶은 말은 무엇이니?

〈 서로 사랑하나 봐요 〉

심심한 달팽이에게 무엇을 해 줄까?

▶ **활동 목표**   아이들이 달팽이를 위해 해 줄 수 있는 일에 대해 이야기 나누고 다양한 방법을 시도해 본다.

▶ **활동 자료**   달팽이, 지점토, 물감, 붓

▶ **활동 방법**

① 달팽이 사육 상자를 보며 달팽이의 생활 습관에 대해 아는 것을 함께 나눈다.

- 우리 교실에서 살고 있는 달팽이를 보고 새롭게 알아낸 것은 어떤 것이 있니?

  달팽이의 똥은 노란색인 것 같아.

  어디? 좀 하얀데.

  달팽이는 뭐든지 잘 먹어요.

  알도 낳는 것 같아요.

  둘이 착 달라붙어 있어요.

  가만히 있을 때도 있어요. 심심한가 봐요.

② 달팽이를 위해 놀아 줄 수 있는 방법에 대해 토론한다.

- 달팽이가 우리 교실에 온지 얼마나 되었니?

- 달팽이가 원래 살던 곳과 우리 교실에 있는 달팽이 상자는 어떤 점이 다를까?

- 달팽이는 요즘 무슨 생각을 하고 있을까?

  심심한가 봐요.

- 왜 그렇게 생각했니?

  답답한 상자에 있으니까요.

- 달팽이를 즐겁게 해 줄 수 있는 방법은 무엇이 있을까?

  놀잇감을 보여 줄래요.

  재밌게 놀아 주고 싶어요.

  내 손 위에 올려놓고 기어가게 해요.

  달팽이 친구를 만들어 줘요.

  내 화분 위에 올려놓아 재밌게 해 줄래요.

〈 달팽이야 심심하지? 놀잇감 봐봐 〉

〈 손 위에서 기어가게 해요 〉

〈 화분에 올려놓아 재미있게 해 줘요 〉

③ 지점토로 달팽이의 가족을 만들어 주고 이름을 지어 준다.

■ 달팽이 친구를 만들어 주기로 했던 것 기억나니? 무엇으로 달팽이 친구를 만들기로 하였니?

■ 지점토로 달팽이 친구를 만들 때 어떤 점을 잘 알아야 할까?
달팽이랑 똑같이 만들어야 해요.

■ 달팽이를 자세히 보면 어떤 걸 알 수 있니?
정말 귀여워요.
작은 몸이 꿈틀거려요.
이거 더듬이래요. 알아봤어요. 작고 귀여워요.

■ 더듬이는 어떻게 생겼니?
길고 가늘어요.
끈적끈적한 것 같아요.
구부러졌다 펴지기도 해요.

■ 달팽이 색은 무슨 색이니?

흰색이요.

아니예요. 회색도 있어요.

살색이에요.

■ 달팽이의 등에 있는 모양은 어떠니?

줄이 있어요.

동글동글한 모양이에요.

■ 멋진 달팽이의 모습을 지점토로 만들어 보자.

> **지점토로 친구나 가족 달팽이 만들어 주기**
>
> ㉠ 지점토에 물감을 섞어 골고루 반죽하여 여러 색의 색지점토를 만든다.
>
> ㉡ 지점토의 색깔을 선택한 후 달팽이 몸의 형태(머리와 배다리)를 빚는다.
>
> ㉢ 지점토를 떼어 책상 위에 놓고 손바닥으로 밀어 뱀처럼 길게 늘인 다음, 아래서부터 원을 그리며 위로 돌려 붙여 소용돌이 모양의 껍질을 만든다.
>
> ㉣ 만들어 놓은 달팽이 몸 위에 껍질을 얹고 다양한 재료로 더듬이, 눈, 입 등을 표현한다.
>
> ㉤ 스티로폼에 락카를 뿌리거나 색지 등을 붙인 후 지점토로 만든 달팽이를 올려놓고 아이들과 나뭇잎, 꽃, 버섯 등을 만들어 입체로 전시해 볼 수 있다.

〈 네 친구 만들어 줄게 〉

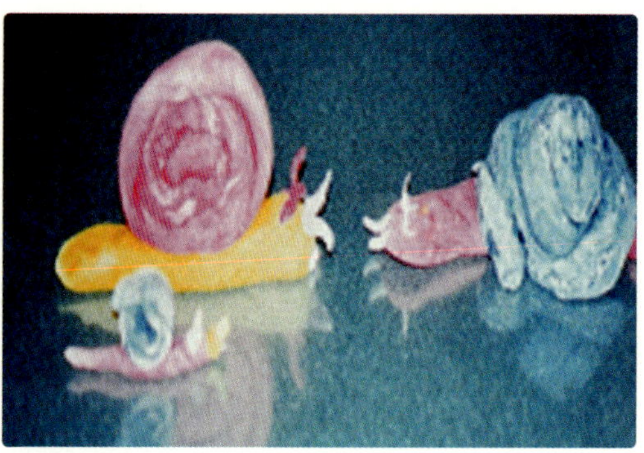

〈 달팽이 가족 〉

먹이에 따라 달팽이 똥의 색깔이 다를까?

"달팽이랑 같이 자니깐 기어가는 소리가 막 들리는 것 같아", "달팽이는 똥도 자주 싸", "나랑 있을 때도 똥 누었는데" "노란색 똥?", "아니, 난 풀색 같았는데", "당근 색 똥 아니야?" 아이들은 달팽이와 하룻밤을 함께 지내면서 더욱 친밀감을 느끼게 되었고, 보다 상세히 달팽이의 모습을 관찰하였다. 여럿이 모여 달팽이와 함께 지낸 경험을 나누는 과정에서 각자 본 달팽이 배설물의 색깔이 다른 것을 발견하였고, 그 원인을 추론하고 실험해 보게 되었다.

▶ **활동 목표** 달팽이가 좋아하는 먹이에 관심을 갖고, 달팽이 먹이와 달팽이 배설물 색깔의 관계를 이해한다.

▶ **활동 자료** 딸기, 당근, 상추, 투명 그릇

▶ **활동 방법** ① 주말에 달팽이를 집으로 가져가서 하룻밤 지낸 경험에 대해 이야기 나눈다.

- 달팽이와 하룻밤을 지내본 기분이 어떠니?
  동생 같았어요,
  내 옆에 있으니까 기어가는 소리가 들리는 것만 같았어요,

- 달팽이와 하룻밤을 지내면서 가장 좋았던 것은 무엇이니?
  달팽이가 옆에 있으니까 기분이 좋아요,
  달팽이가 먹는 거도 다 볼 수 있었어요,

- 새롭게 발견한 것도 있었니?
  달팽이도 똥을 눠요,
  나도 봤어, 까만색…
  초록색 아니었어?
  내가 본 건 갈색 같은데…

- 친구들마다 달팽이 배설물의 색깔이 다르구나. 왜 그럴까?
  달팽이 기분이 달라져서 그런가?
  똥은 먹은 것이 나오는 거잖아!
  그럼 먹이가 달라서 그런 건가?

- 너희들이 궁금해 하는 것을 어떻게 알아볼 수가 있을까?

❷ 먹이에 따라 달팽이 배설물의 색깔이 달라지는지 조사해 본다.

- 달팽이 배설물의 색깔이 달랐던 이유를 무엇이라고 생각했었니?
  먹이 색깔이 달라서 그런 것 같아요.

- 정말 그런지 아닌지 어떻게 알아볼 수 있을까?
  먹이를 다르게 주고 기다렸다가 똥 색깔을 비교해 봐요.

- 어떤 먹이를 주면 좋을까?
  먹이 색깔이 확~ 다른 걸 줘야죠.

- 달팽이가 좋아하는 먹이 중에 색깔이 확실히 다른 것은 무엇이 있을까?
  딸기를 좋아하니까 딸기를 먹여요.
  그럼 빨간색 똥을 누는 거야?
  그다음 당근?
  초록색 상추도 먹여요.

- 먹이를 어떤 순서로 얼마나 먹일까?
  순서는 마음대로 해도 괜찮을 것 같은데..
  그냥 주면 달팽이가 먹고 싶은 만큼 먹겠죠.
  하루에 한 가지 먹이만 주고 똥 눌 때까지 기다려요.
  똥 누고 나면 색깔 보고 다른 먹이를 줘요.
  뭐 먹고 무슨 색깔 똥 누었는지 적어 놔야겠다.

- 어떻게 하면 달팽이 배설물 색깔을 잘 구별할 수 있을까?
  똥 눴는지 안 눴는지 알 수 있게 다 보이는 그릇에 둬요.
  하얀 종이 위에 누면 색깔 더 잘 보이는데...
  그럼 똥 누고 난 다음에 하얀 종이를 대어 보자.

- 계획한 대로 알아보자.
  첫째 날은 딸기, 둘째 날은 오렌지색 당근, 셋째 날은 상추.
  진짜 색깔이 다른 똥을 눌까?
  어~ 정말 당근 먹고 오렌지 똥 누었다.
  정말 똥 색깔이 다르네.

- 조사해 보니 어떤 결과가 나왔니?
  진짜 똥 색깔이 달라요.

- 왜 이런 결과가 나왔을까?
  똥은 먹은 음식의 찌꺼기잖아요. 그러니까 먹이 색깔과 같은 거지요.
  그럼 우리도 그런가?
  다른 동물들도 다 그런가?

〈 달팽이의 배설물 관찰 〉

③ 다른 동물의 경우에 관해 인터넷을 찾아 조사해 본다.

■ 먹은 음식의 색깔이 배설물로 나온다고 한다면 다른 동물들도 그와 같을까?

■ 어떻게 알아볼 수 있을까?

인터넷에서 찾아봐요.

다음에 다른 동물을 기르면서 실험해 봐요.

달팽이의 배설물 색깔이 먹은 음식과 같은 이유

사람들이 무엇을 먹든지 결과적으로 대변색이 갈색인 이유는 음식물에 담즙이 섞여 그렇습니다. 간에서 생성되는 담즙에는 빌리루빈이라는 성분이 있는데 이것 때문에 인간의 변은 황금색 또는 갈색을 띠는 것이지요. 그런데 달팽이의 경우 이러한 담즙을 분비하지 않습니다. 또한 소화기관도 매우 단순하기 때문에 섭취하는 음식물의 색소를 그대로 변으로 내보냅니다.

달팽이는 빛을 좋아할까?

"달팽이 움직이는 거 봤지?", "느릿느릿 기어가지?", "지나간 길이 꼬불꼬불해", "내가 부르면 잘 오는 것 같아. 나 좋아하나 봐" 달팽이와 친해지고 교감을 나누는 과정에서 달팽이가 지나간 길에 관심을 갖게 되었다. 달팽이가 움직인 방향에 대해 이야기하면서, 달팽이도 인간과 마찬가지로 의도를 가지고 이동할 수 있는 능동적인 존재임을 발견하였다. 결국 싫고 좋음에 따라 이동할 것이라는 추측을 가지고 좋아하는 장소와 싫어하는 장소를 구체적으로 탐구하게 되었다.

▶ **활동 목표**   달팽이의 생태 습성에 대해 관심을 갖고, 빛과 달팽이의 움직임 간의 관계를 이해한다.

▶ **활동 자료**   사육 상자(사육 상자의 1/2 정도의 옆면, 윗면을 검은 종이로 감싼 것), 달팽이가 그린 그림, 손전등, 기록지

〈 사육 상자 〉

▶ **활동 방법**   ① 달팽이가 그린 그림을 보며 이야기한다.

■ 달팽이가 지나간 자국은 어떤 모양이니?
라면 같지 않아?
꼬불꼬불 시골길 같아요.
달팽이가 지나간 거니까 길이네 길!

■ 달팽이는 어디에서 어디로 움직였던 것 같니?
여기에서 저기 아래로
달팽이들이 전부 아래로 갔던 것 같아.

〈 달팽이가 식용색소를 밟고 지나간 흔적 〉

- 왜 그랬을까? 달팽이가 특별히 가고 싶어 하는 곳(싫어하는 곳)이 있을까?
  땅 속을 좋아하지 않을까요? 어두운 곳,
  달팽이 몸도 젖었으니까 축축한 곳을 더 좋아할 것 같아,
  아니야 햇빛이 있어야 잘 사니까 밝은 곳을 더 좋아할지도 몰라,

- 어떻게 알아볼 수 있을까?
  달팽이가 좋아하는 곳과 싫어하는 곳을 만들어 놓고 어디로 가는지 봐요,

2️⃣ **달팽이가 빛을 좋아하는지 싫어하는지 탐구한다.**

- 달팽이가 빛을 좋아하는지 싫어하는지 알아볼 수 있는 장치는 어떻게 만들까?
  깜깜하게 어두운 상자랑 다 보이는 상자를 만들어요, 그 안에 넣어 주면...
  그럼 어떻게 좋아하는지 싫어하는지 알아?
  상자에 달팽이가 많이 움직이면 좋아하는 거고, 아니면 안 좋아하는 거지,

- 일단 생각한 방법으로 해 보자.
  이상하게 둘 다 잘 안 움직여요,
  달팽이가 자는 거 아니야?
  맞다! 달팽이가 잠들면 어느 상자에서 더 많이 움직이는지 잘 알 수 없잖아,
  어떻게 하지?

- 보다 정확히 알아볼 수 있는 방법은 무엇이 있을까?
  달팽이가 안 잘 때 하면 되잖아,
  둘 다 안 자야지,
  달팽이가 두 마리면 다를 수도 있잖아,
  아~~그럼 달팽이한테 고르라고 하면 되잖아,
  어두운 곳으로 갈지 밝은 곳으로 갈지...
  가운데에 달팽이를 놓고 가고 싶은 곳으로 가라고 하자,

■ 달팽이가 선택할 수 있는 상자는 어떻게 만들까?

상자 한쪽은 어둡게 하고 다른 한쪽은 빛이 들어오게 해요.

(달팽이 사육 상자의 1/2 정도의 옆면, 윗면을 검은 종이로 감싼다.)

■ 빛이 비춘다는 것을 확실하게 할 수 있는 방법도 있을까?

빛을 비춰 줘요. 손전등으로 비추면 좋겠다.

③ 원하는 모양의 상자를 만들고, 달팽이를 가운데 부분에 놓아 어느 쪽으로 움직이는지 살펴본다. 여러 번 반복해 보고 결과를 기록한다.

④ 결과에 대해 토의한다.

■ 달팽이가 어느 쪽으로 많이 갔니? 왜 그럴까?

어두운 쪽으로 더 많이 갔어요.

밝은 쪽은 눈이 부셔서 그런 게 아닐까요?

달팽이는 원래 어두운 곳을 좋아하는지도 몰라.

몸을 감추려고 그런 거 아니야?

달팽이 만져 보면 차갑잖아. 차가운 걸 좋아해서 그런가 봐.

■ 너희들이 생각한 이유가 정말 그런지 아닌 것인지 알아볼 수 있는 방법은 무엇이니?

눈이 부셔서 그런 것인지를 알아보려면, 달팽이 눈을 가리고 해 보면 될 것 같아요.

몸을 감추려고 그러는 것인지를 알아보려면, 나뭇잎이나 뭐 덮을 것을 놓아 주면 알아볼 수 있을 것 같아요.

차가운 곳을 좋아하는 것이면 바닥을 차가운 곳과 뜨거운 곳으로 나누어서 알아볼 수 있어요.

■ 여러 가지 방법들이 있구나! 이 중에서 어떤 것부터 해 볼까? 순서를 정해서 하나씩 하나씩 알아보자.

※탐구 과정에서 아이들이 제시한 아이디어를 근거로 새로운 가설을 세워 보면서 지속적으로 탐구한다.

달팽이는 어떻게 태어났을까?

"그런데 달팽이도 엄마, 아빠 있어요?", "어디서 태어났어요?", "당연이 달팽이도 엄마, 아빠가 있겠지, 안 그럼 어디서 태어나냐?", "그럼 달팽이 아기 때 모습은 어땠을까?" 아이들은 달팽이도 생명을 가진 존재라는 점에서 성장과 탄생의 과정이 있을 것이라 추측했고, 달팽이 알이 어떻게 태어나는지, 또 어떻게 성장해 가는지에 관심을 갖게 되었다.

▶ **활동 목표**   달팽이의 탄생 과정에 관심 갖고, 달팽이 알의 특징을 탐구한다.

▶ **활동 자료**   사육 상자, 달팽이 두 마리, 달팽이 알

▶ **활동 방법**   ① 달팽이의 모습을 탐색한다.

- 달팽이의 모습 중에서 가장 맘에 드는 부분은 어디니?
  아이스크림 같이 생긴 꼭지,
  꾸불꾸불 흘러가는 물결무늬 같은 거요, 껍질...

- 너희 모습 중에 가장 맘에 드는 부분은 어디니?
  눈, 코, 다요!

- 이렇게 예쁜 너희들을 낳아주신 분은 누구니?
  엄마, 아빠요,

- 달팽이도 엄마, 아빠가 있을까?
  당연히 있죠, 안 그러면 어떻게 태어나요?

- 달팽이의 아기 때 모습은 어떻게 생겼을까?
  지금보다 작은 달팽이가 아닐까?
  달팽이는 알을 낳는데... 아기였을 때는 알이야,

〈 달팽이 알이에요 〉

② 달팽이의 알을 탐구한다.

- 달팽이 알을 본 적이 있니?

  알은 다 동그란 거 아니에요?

  큰 것인지 작은 것인지가 다르잖아.

- 달팽이는 언제 알을 낳을까?

  5월~8월에 낳아요.

  지금이 7월이니까 낳을 수 있겠네.

- 우리 반에 있는 달팽이도 알을 낳았을까?

  찾아봐요.

- 알을 다치지 않게 하면서 찾아볼 수 있는 방법은 무엇이니?

  살짝 살짝 살펴봐요.

  와~ 이거 달팽이 알 아니야?

  몇 개냐? 세어 보자!

  하나 둘 셋...10개도 넘는다!

  조금 반짝반짝하는 것 같다.

- 얼마나 지나면 달팽이 알이 깨어날까?

  100일?

- 어떻게 알아볼 수 있을까?

  우리가 매일 매일 관찰해 봐요.

  알이 어떻게 달라지는지 사진을 찍어요.

- 몇 개의 알이 달팽이로 깨어날 것 같니?

  모두 다 깨어나야죠.

  그럴려면 알이었을 때 잘 보살펴 줘야 하지 않을까?

  어떻게 해 주면 알이 잘 자랄까?

  알은 따뜻하게 해 줘야 한다고 그랬어.

  달팽이는 축축한 곳을 좋아하니까 알도 그렇게 해 주자.

- 알이 잘 깨어나게 도와줄 수 있는 방법을 조사해서 그 방법대로 해 보자.

- 알의 모습이 어떻게 달라지는지 잘 살펴보자.

  조금씩 커지는 것 같아요.

  속이 보이는 것 같아.

③ 부화된 달팽이를 관찰하고 키운다.

- 알에서 깨어난 달팽이의 모습이 어떠니?

  아기 달팽이!

- 아기 달팽이는 큰 달팽이와 무엇이 다른 것 같니?

  더 작아요.

  껍질도 약한 것 같아.

- 태어난 아기 달팽이가 가장 많이 하는 것은 무엇일까?

  잠만 자는 거 아니야?

  계속 먹을지도 몰라.

  움직일 수 있으니까 많이 돌아다닐 걸.

- 아기 달팽이가 하루 동안 가장 많이 하는 것을 조사해 보자.

  관찰 당번 정해서 뭐하는지 살펴보고 적어 둬요.

▶ **참고 사항**

달팽이가 흙 속에 알을 낳으면 작고 투명한 통을 마련하여 스펀지를 깔고 알을 올려 놓아주며, 따뜻한 온도를 유지합니다.

토 끼

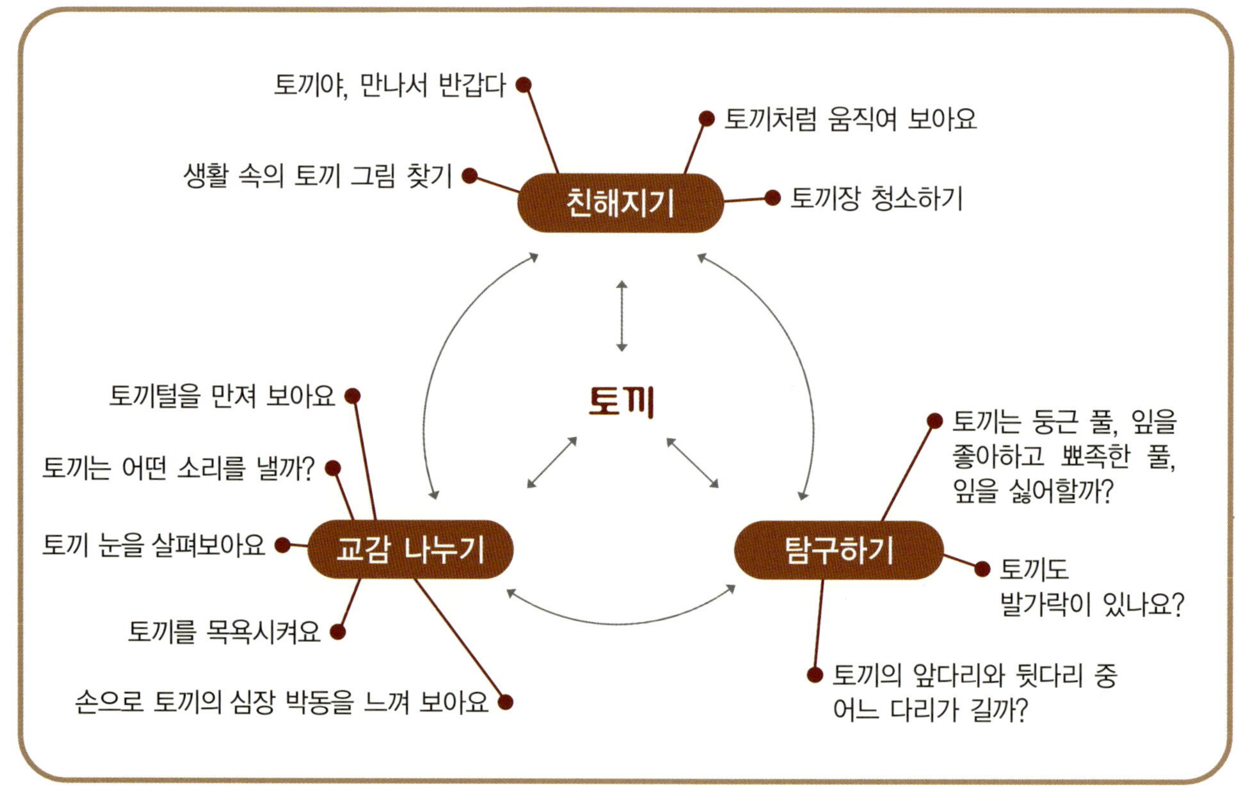

토끼야, 만나서 반갑다
토끼처럼 움직여 보아요
생활 속의 토끼 그림 찾기
친해지기
토끼장 청소하기
토끼털을 만져 보아요
토끼는 어떤 소리를 낼까?
토끼 눈을 살펴보아요
교감 나누기
토끼를 목욕시켜요
손으로 토끼의 심장 박동을 느껴 보아요
토끼
토끼는 둥근 풀, 잎을 좋아하고 뾰족한 풀, 잎을 싫어할까?
탐구하기
토끼도 발가락이 있나요?
토끼의 앞다리와 뒷다리 중 어느 다리가 길까?

'토끼'를 주제로 한 활동 계획

토끼는 귀가 길고 꼬리는 짧으며, 앞니가 2쌍으로 독특하며 아래턱을 양옆으로 움직여서 먹이를 먹습니다. 토끼는 일반적으로 멧토끼류와 굴토끼류로 크게 나눌 수 있습니다. 멧토끼류는 구멍을 파지 않고 새끼를 지상에 낳고 새끼는 털이 있고 태어나자마자 눈을 뜬 상태로 곧 걸어 다닐 수 있습니다.

굴토끼류는 멧토끼와 달라서 땅에 굴을 파고 살며, 굴 속이나 바위 밑에 마른 잎이나 털로 보금자리를 만들고 그 속에 새끼를 낳습니다. 갓 태어난 새끼는 눈을 감고 있고, 털이 없습니다.

토끼를 들 때 은이 귀를 잡는데, 토끼의 귀는 매우 예민해서 귀를 세게 잡으면 자칫 귀에 약한 핏줄이 터지거나 귀가 찢어질 수 도 있습니다. 토끼를 잡을 때는 엉덩이를 안손으로 받치고 양쪽 팔 안쪽 겨드랑이 밑으로 손을 넣고 살짝 잡습니다. 토끼를 들 때 다리가 흔들리지 않게 꼭 받쳐 주는 것이 좋습니다.

토끼에게 먹이를 줄 때는 사료 양을 제안하여 아침, 저녁 2번으로 나누어 주는 것이 좋습니다. 토끼가 어릴 경우에는 외로워서라기보다는 무서워서 죽는 경우가 많으므로 2마리 이상을 키우는 게 좋습니다. 또 하루의 30분 정도는 우리 밖에 나와 돌아다니게 해 주면 됩니다. 토끼는 물에 젖는 것을 싫어하므로 몸이 더러워지면 젖은 수건 등으로 깨끗하게 닦아 주도록 합니다.

토끼의 먹이로는 사료나 건초를 주식으로 먹여야 합니다. 토끼에게는 사람이 먹는 과자나 반찬을 주면 안 됩니다. 토끼가 먹어도 되는 야채로는 배추 잎, 무 잎, 인삼, 양배추, 브로콜리, 파슬리, 커브, 미나리과 다년초, 무, 그린 컬, 쑥갓, 오이, 샐러드용 야채 등입니다.

토끼야 만나서 반갑다

▶ **활동 목표** 토끼 생김새의 특징에 관심을 갖고, 토끼와 사람의 모습을 비교하며 생명체로서의 동질감을 느낀다.

▶ **활동 자료** 토끼, 돋보기, 디지탈 카메라, 모니터, 관찰기록 용지, 필기도구

▶ **활동 방법** ① 토끼의 모습을 상상해 본다.

- (손가락으로 V자를 만들어 아이들에게 까딱거리며 보여 준다.)
  선생님 손이 어떤 동물 흉내를 낸 것인지 알 수 있겠니?
  강아지?
  귀뚜라미
  토끼요.

- 그렇구나. 선생님은 오늘 토끼를 마음에 그리고 손가락으로 표현해 본 것이란다. 너희들도 토끼를 본 적이 있니?
  우리 유치원 동물장에도 있어요.
  텔레비전에서도 봤는데...

- 아주 여러 곳에서 토끼를 볼 수 있었구나. 그럼, 그 토끼의 모습을 우리 머릿속에 그려볼 수도 있을까? 천천히 눈을 감고 선생님이 말하는 토끼의 부분을 하나씩 머릿속에 그려 보는 거야. 토끼의 색, 몸, 얼굴, 귀, 눈, 코, 입...

- 자 이제 눈을 떠 보자! 머릿속에 토끼의 모습을 잘 그려 보았니?
  눈이 빨간색, 아니 검정색.
  하얀색이랑 검정이야.
  몸은 고동색이야.
  아니, 흰색.
  황토색 아니야?

- 여러가지 생각이 있구나. 그럼 우리 유치원 토끼는 어떤 모습인지 직접 가서 보는것은 어떨까?

- 우리 유치원에 있는 토끼를 살펴보러 갈 때 어떤 점을 조심해야 할까?
  막 만지면 안 돼요, 싫어할지도 몰라.
  감기 걸린 친구들이 만지면 아파요.
  토끼가 물면 어떻게 해요?
  안에 뭐 집어넣으면 안 돼요.

■ 그래 오늘은 처음으로 토끼를 만나러 가는 날이니까 조심히 다가가서 눈으로만 보고 오자.

② **토끼를 자세히 살펴본다.**

■ 조용히 다가가서 토끼의 모습을 살펴보자.

와하하 냄새 맡고 있다.

으악! 냄새.

코 실룩실룩한다, 하하하.

■ 너희들이 머릿속에 그려 보았던 토끼의 모습과 비교해 보자. 토끼의 얼굴을 보았니? 어떤 느낌이 드니?

귀엽다.

인형 같아요.

입이 오물오물.

〈 토끼야 만나서 반갑다! 〉

■ 토끼의 귀는 어떠니?

진짜 길다.

움직이기도 해요.

소리가 잘 들릴까?

■ 입도 많이 움직이고 있는 것 같은데?

뭐 먹나보다.

이빨도 보여, 이빨.

■ 눈이 참 동그랗구나.

정말 눈 빨간색이다!

내 말이 맞지?

동그란 게 구슬 같다.

■ 토끼의 모습에서 미리 상상하지 못했던 부분을 찾았니?

꼬리, 동그랗게 생겼어.

털이 많아.

코에도 털이 있어.

발바닥 색깔이 달라.

발톱도 있나 봐.

암컷이에요? 수컷이에요?

③ **토끼 관찰하는 모습을 디지털 카메라로 찍어 모니터에 연결한 후 보면서 이야기 나눈다.**

■ 토끼를 자세히 살펴본 느낌이 어떠니?

만져 보고 싶어요.

귀가 정말 컸어요.

막 뭐를 먹고 그래요.

코가 잘 안 보였어요.

■ 너희들이 처음에 머릿속에 그려 봤던 토끼의 모습과는 어땠니?

내가 생각했던 거랑 털이 비슷했어요.

눈이 정말 빨간색이에요.

발톱이 있는 줄은 몰랐어요.

꼬리가 동그랗게 있었어요.

코에 수염도 있어요.

■ 그랬구나. 우리가 직접 토끼를 보니까 새롭게 알게 된 것이 많아졌구나. 우리가 발견한 것들을 잊지 않도록 오늘 만난 토끼의 모습을 그림으로 그려 보면 어떨까?

밥 먹는 토끼

토끼 입,, 입이 어떻게 생겼더라.

토끼 눈에 털이 났다. 아니 코에,,

꼬리가 동그래. 근데 넌 왜 길쭉해? 말 꼬리 같아.

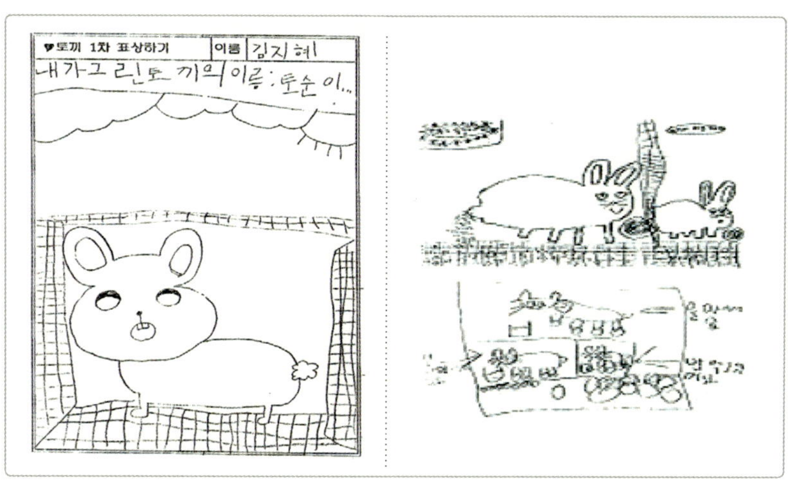

〈 밥 먹는 토끼 〉

▶ 참고 사항

　　아이들은 머릿속으로 토끼의 모습을 그려 보는 것만으로도 온통 토끼의 생김새에 관심을 갖게 됩니다. 직접 토끼를 관찰하기 위해 실외로 나가거나 장소를 옮길 때는 대그룹보다는 소그룹을 구성하여 움직이는 것이 더 좋습니다. 바깥 놀이터와 인접한 곳에 동물 사육장이 있다면 대다수의 아이들은 바깥놀이를 하도록 하고, 동시에 그룹별로 차례를 정해서 관찰을 하는 것이 진행이 원활합니다. 만약 실외가 아닌 실내 공간에 관찰 장소가 마련되어 있다면 자유선택 활동시간을 활용하여 소그룹으로 관찰하는 것이 좋습니다. 더불어 관찰 모습이나 토끼의 특이한 모습 등을 디지털 카메라로 찍어 놀이 회상에 사용하면 더욱 즐거운 활동이 됩니다.

토끼처럼 움직여 보아요

▶ **활동 목표**   토끼 움직임의 특성을 알고, 신체를 조절하여 토끼의 움직임을 몸으로 표현한다.

▶ **활동 자료**   토끼 모습을 찍은 사진(그림, 인터넷 자료-http://www.toyamall.com), 실물 토끼

▶ **활동 방법**   ① 토끼의 움직임을 관찰해 본다.

- 토끼장에 있는 토끼의 모습은 어떠했니?
  뭐 먹고 있었어요.
  우리 쳐다봤어요.

- 토끼가 더 넓은 곳으로 나오면 어떻게 움직일 것 같으니?
  깡총깡총 뛰어요.(손을 귀에 대고 움직인다.)
  우리한테 달려와요... 도망가요.
  발을 들고 설 것 같아요.

- 토끼 몸의 어느 부분이 가장 잘 움직일 것 같니?
  귀가 움직일 것 같아요, 이렇게 (손으로 까딱거림.)
  입으로 뭘 먹으니까..
  뭘 보니까 눈이 움직이지.

- 너희들이 생각한 모습을 우리 몸으로도 표현해 볼 수 있을까?

② 토끼의 움직임을 살펴보아요.

- 토끼가 자유롭게 움직이려면 얼마큼 넓은 곳이 있어야 할까?
  초등학교 운동장이요.
  강당이요.
  교실.
  바깥 놀이터 잔디밭.

- 우리 유치원 안에서 토끼가 자유롭게 움직이는 모습을 볼 수 있는 곳은 없을까?
  강당이요.
  교실.
  잔디밭.

■ 어떻게 하면 토끼도 잘 움직이고 우리도 잘 볼 수 있는 곳을 만들 수 있을까?
　가운데 비워 두고 뭘로 막아요.
　의자로 막아요.
　그러면 여기 밑으로 도망가잖아.
　책상을 옆으로 막아요.
　책상이 모자르잖아?
　우리 가방을 다 꺼내서 막아요.

〈 가방으로 토끼 울타리 만들기 〉

■ 책상으로 울타리를 만들면 우리들은 어디에서 관찰하면 좋을까?
　여기 책상 밖에서요.

■ 토끼가 이곳에 와서 움직일 때 놀라지 않게 하려면 우리는 무엇을 조심해야 할까?
　책상 두드려서 놀래키면 안 돼요.
　발을 굴러도 시끄러울 것 같아요.
　토끼 좋다고 막 소리지르면 안 돼요.

■ (울타리 안에 토끼를 넣고 움직임을 관찰한다.) 지금 토끼는 뭐하고 있는 것 같으니?
　야! 핥고 있어.
　손을 닦고 있는 거야.
　어! 몸이 길쭉해졌어. 갑자기

■ 왜 갑자기 몸을 쭉 폈을까?
　우리 볼려구요.
　주위를 살피는 거지.

■ 우리를 쳐다보는 토끼의 눈을 자세히 보았니?

　와! 고개를 돌린다.

　나 봐봐.

■ 조금씩 걷기 시작하는구나. 발이 움직이는 것 같은데?

　왼쪽 발부터 움직여요, 제가 봤어요.

　뒷발부터 움직이는 것 같아요.

　뒷발부터 뛰면서 움직여요.

　엉덩이가 실룩실룩~

■ 이제 잠시 후면 토끼도 자기 집으로 돌아가야 할 것 같구나. 머릿속에 토끼가 움직이는 모습들을 잘 담아 두자.

③ 내가 만약 토끼라면? 이란 주제로 신체표현 한다.

■ 토끼의 움직임을 살펴본 기분이 어떠니?

　토끼가 일어서기도 해요, 배가 다 보여.

　걸어가는데 엉덩이가 실룩실룩~

■ 토끼가 어떻게 움직이는 모습이 가장 기억에 남니?

　발 드는 것이요.

　고개 돌려서 우리 쳐다보는 거요.

　막 발을 핥는 거요.

■ 너희들이 만약 토끼가 된다면 어떻게 움직이고 싶으니?

　발 이렇게 핥아 보는 거 할래요.

　나 토끼처럼 뛸래요, 걸을 때마다 토끼 꼬리가 살랑살랑해요.

■ 몸으로 토끼의 꼬리나 귀의 움직임을 표현할 수도 있을까?

※한두 명의 아이들이 앞에 나와 표현해 보도록 한다.

■ 토끼가 뛸 때(걸을 때, 먹을 때, 쳐다볼 때, 오줌 눌 때)는 어떻게 했었니?

■ 토끼처럼 자유롭게 움직여 볼 수 있는 공간으로 옮겨서 한번 움직여 보자.

※넓은 공간에서는 반 그룹 내지는 소그룹으로 나뉘어 움직여 보도록 한 후 표현한 것을 보고 함께 이야기 나눈다.

■ ○○이는 토끼의 어떤 움직임을 표현한 것이니?

■ □□이가 움직이는 모습은 토끼의 어떤 움직임과 닮았니?

〈 토끼가 되어 보아요 〉

▶ **참고 사항**   토끼의 움직임을 직접 본 아이들이라면 흥분해서 자신도 굉장히 몸을 움직이고 싶어할 것입니다. 이런 아이들의 기분도 받아 주고 토끼의 움직임을 관찰한 후 회상하는 활동으로 연결할 수 있는 것이 신체표현 활동입니다. 토끼의 움직임에서 아이들이 의미 있게 받아들였던 부분들을 언어로 잠시 회상한 후, 실외 놀이터나 강당과 같은 넓은 공간에서 '내가 만약 토끼라면'이라는 주제로 신나게 신체표현 하면 좋습니다. 여기에서 주의해야 할 것은 단지 아이들에게 '토끼처럼'이라는 막연한 주제만을 제시해서는 안 된다는 것입니다. 실제로 관찰한 토끼의 움직임 특성을 살려서 구체적으로 질문을 해 주어야 아이들의 표현력도 풍부해지고 토끼의 움직임에 대한 경험을 정교화할 수 있습니다.

토끼털을 만져 보세요

▶ **활동 목표** 토끼털의 특징을 알고 친밀감을 느끼며, 촉각을 통해 토끼털을 느껴 본다.

▶ **활동 자료** 머리 장식물(헝겊, 금속, 플라스틱 제품), 토끼, 비밀 주머니

▶ **활동 방법** ① 토끼털의 느낌을 예상해 본다.
(비밀 주머니 속에 다양한 재료의 머리 장식을 넣어 둔다.)

- 이 주머니 속에 무엇이 들어있는지 모양만 보고 알 수 있겠니?
  몰라요.
  안 보이는데 어떻게 알아요.
  모양도 울퉁불퉁한데.
- 이 속에는 느낌이 다른 물건들을 넣어 두었단다.
- 너희들이 손으로 만져 보고 어떤 느낌이 드는지 이야기해 보겠니?
- 누가 가장 먼저 만져 볼까?
- 어떤 느낌이 드니?(플라스틱, 금속, 헝겊의 순으로 만져 본다.)
  딱딱해요.
  매끈매끈해요.
  차가워요, 단단해요, 미끄러워요, 부드러워요.
  폭신폭신해요.
- 이것(헝겊)과 비슷한 느낌으로 떠오르는 물건은 무엇이니?
  이불 같아요.
  병아리 생각나요.
  털옷!
- 우리가 키우고 있는 진짜 토끼의 털을 느껴 볼 수 있는 방법은 무엇이 있을까?
  나가서 만져 봐요.
- 토끼털을 만질 때 토끼가 싫어하지는 않을까?
  살살 만지면 돼요.
  안아 주고 만져 보면 될 것 같아요.
  토끼가 좋아하는 것을 하면 되죠.

② 토끼털을 만져 보고 연상되는 것에 대해 이야기 나눈다.

- 토끼의 기분이 어떤 것 같니?
  좋은가 봐요, 우리 쳐다봐요.

- 토끼의 털을 보니 무슨 생각이 떠오르니?
  히히, 만지고 싶다.
  하얀색 눈.
  털이 많다.
  따뜻하겠다.

- 진짜 토끼털을 만지면 어떤 느낌이 들까?

- 어떻게 만져 보기로 했었니?

- 만져 본 느낌이 어떠니?
  폭신폭신해요.
  아냐 좀 까실까실해, 이렇게(결의 반대로) 밀어 봐!
  부드러워요.
  솜 같아요.
  우리 머리카락 같아.

- 털을 만지니까 어떤 생각이 가장 먼저 떠오르니?
  따뜻하다.
  부드럽다.
  춥지 않겠다.
  붓 같아.

- 토끼를 안고 있는 기분은 어떠니?
  인형 놀이하는 것 같아요
  아기 돌보는 것 같아요.
  따뜻해요.

- 너의 몸 중에서 손 말고 다른 부분으로 토끼의 털을 느껴볼 수도 있을까?
  얼굴.
  나도 얼굴로 만져 보고 싶어.
  내 팔로 토끼를 쓰다듬어 보고 싶어요.

〈 토끼털은 정말 부드러워~ 〉   〈 토끼를 안아보았어요 〉

③ 토끼털과 같은 것을 찾아본다.

- 토끼털 만져 보는 것은 즐거웠니?

  너무 좋았어요.

  또 만져 보고 싶어요.

  우리 집에서 키우고 싶어요.

- 몸의 어느 부분으로 토끼털을 느껴 보는 것이 가장 좋았니?

  얼굴.

  안아 보니까 너무 따뜻했어요.

  손으로 하니까 부들부들.

- 토끼털의 색깔과 모양은 어떠했니?

  하얗고 반짝거리기도 했어요.

  실 같아요.

  빗자루처럼.

- 우리 주변에 토끼털과 비슷한 것이 더 있을까?

  우리집 강아지도 털 있는데, 꼬불꼬불해.

  병아리도.

  새도 털 있어.

  사자.

- 토끼털과 색깔이 비슷한 것은 무엇이 있을까?

  하얀색 백조.

  하얀 솜.

- 토끼털과 모양이 비슷한 것은 무엇이 있을까?

  실, 옷.

- 동물 말고 다른 것은 또 없을까?

  칫솔,

  빗자루,

  목도리,

- 왜 옷과 토끼털이 비슷하다고 생각하니?

  부드러우니까,

  색깔이 비슷하잖아요,

  뾰쪽뾰쪽한 것이 닮았어요,

  폭신폭신하잖아요,

- 많은 것들을 찾았구나. 우리 모두가 찾은 것들을 볼 수 있게 사진을 찍어서 붙여 놓고 함께 보자.

▶ **참고 사항**

사물이나 자연을 '관찰' 할 때는 대부분 '조심해야 한다, 눈으로만 봐야 한다, 차례를 지켜야 한다.' 는 식의 닫힌 생각을 갖게 됩니다. 물론 안전을 생각한다면 그러한 사항을 전혀 무시할 수는 없겠지만, 교감을 나눌 때는 조금 더 열려진 마음과 생각이 중요합니다. 교사가 미리 토끼의 특성에 대한 부분을 숙지하고 아이들에게 알려 주어서 편안하고 안전하게 토끼를 만져 볼 수 있는 기회를 마련하는 것이 무엇보다 필요합니다.

토끼를 목욕 시켜요

▶ **활동 목표**　토끼의 생태를 알고 친밀감을 느끼며, 목욕을 시켜 본다.

▶ **활동 자료**　욕조, 수건, 빗, 물, 바구니

▶ **활동 방법**　① 토끼의 몸 씻기에 대해 이야기 나눈다.

- 요즘도 토끼장에 자주 들리곤 하니?
  토끼가 조금 자란 것 같아요.
  먹을 거 잘 먹어요.
  근데 토끼 똥도 있어요. 동그란 거.

- 토끼의 모습이 어떠니?
  계속 예뻐요.
  냄새가 좀 나요.
  조금 더러워졌어요.

- 먼지가 많이 묻은 토끼의 모습을 보면 어떤 생각이 드니?
  그래도 좋아요.
  만질려구 할 때 좀 이상해요.
  깨끗했을 때가 더 예뻐요.

- 그런 토끼와 함께 지내는데 불편하지는 않니?
  냄새나는 게...

- 어떻게 하면 깨끗한 토끼와 지낼 수 있을까?
  우리가 청소해 줄까요?
  토끼도 씻겨 주어요.
  토끼는 손이 없잖아.
  그러니까 우리가 씻겨 주자.

- 토끼도 우리처럼 씻는 것을 좋아할까?
  더러우면 씻어야죠.
  좋아하겠죠.

- 어떻게 알아볼 수 있을까?
  인터넷, 책 자료를 통해 조사해요.

- 조사해 보았니? 토끼도 씻는 것을 좋아하니?

아니요,

물을 싫어해요,

■ 물을 싫어하는 토끼를 어떻게 잘 씻길 수 있을까?

물 말고 다른 걸로 씻겨 주자,

음... 우유?

그것도 물처럼 생겼잖아,

그럼... 물 아닌 것처럼 하면 되잖아,

어떻게?

물을 숨겨,

어디에다가?

■ 토끼를 물에 담그지 않고 물로 씻을 수 있는 방법을 생각해 보자.

우리 손에 물을 묻혀서, 조금씩 씻겨 주는 건 어때?

■ 또 다른 방법이 있을까?

아님, 우리 엄마처럼 수건에 물을 적셔서 닦아 주는 건 어때?

수건보다 스펀지는 어떠니? 스펀지는 물을 많이 숨길 수 있잖아!

그래! 그럼 빗도 있어야겠다,

왜?

물로 적시고 털 빗겨 줘야지,

비누 사용은 안 하나?

물로 잘 못 닦으니까,, 헹굴 수 없잖아,

■ 그럼 스펀지와 수건을 사용해서 닦아 주는 것으로 해 보자? 무엇이 필요할까?

수건, 물, 스펀지, 빗, 큰 욕조

■ 어디에서 씻겨 줄까?

밖은 추우니까 교실에서 씻겨 줘요,

■ 물을 사용하니까 욕실에서 씻겨 주면 어떨까?

친구들이 화장실 가잖아요,

그럼 다 본단 말이에요, 안 돼요,

■ 그래, 우리가 함께 직접 토끼를 씻겨 주자.

〈 토끼 목욕 시키는 순서표 〉

② 토끼를 목욕 시켜 본다.

- 오늘 누가 토끼 목욕 시키는 당번이니? 토끼 목욕 시키기는 잘 준비되었니?

- 목욕 시키기 전에 가장 먼저 무엇을 해야 할까?

  토끼를 데리고 와야지요,

  물통이랑 욕조도 가져와야지,

  수건에 물을 적셔요, 스펀지도,

  그냥 수건도 있어야 돼요,

  빗도 챙겨,

- 어떤 순서로 목욕 시키는 것이 좋을까?

  통을 먼저 놓고 토끼를 데리고 와요,

  물수건으로 몸을 닦아요,

  토끼가 움직이면 어떻게?

  잡고 있어야지,

  스펀지로 물 조금씩 뿌리면서 살살 닦아 주고

  귀에 물 안 들어가게 높이 들어야 돼,

  다 씻고 수건으로 닦아 줘야 돼,

  그때도 움직이면?

  우리 다리 사이에 앉혀 놓고 닦아 주면 되지,

- 목욕하는 토끼의 표정이 어떤 것 같니?

  자꾸 움직여서,, 힘들어요,

  살살 닦아 봐, 아픈가봐,

  조금 좋아하는 것 같아요,

  시원하지 않을까요?

- 어디를 닦아 줄 때 가장 즐거워하는 것 같니?

잘 모르겠어요.

다리...

귀! 제일 예쁘잖아요.

■ 젖은 토끼의 털을 보니 어떤 느낌이 드니?

토끼가 작아진 것 같아요.

추울 것 같아요.

■ 젖은 털을 어떻게 빨리 말릴 수 있을까?

수건으로 얼른 닦아요.

드라이기로 말리면 어떨까?

〈 토끼야 목욕하니까 좋지? 〉

③ 토끼의 목욕 일지를 쓴다.

■ 어떤 토끼를 목욕 시켰니? 목욕을 시켜 본 느낌이 어떠니?

■ 목욕한 토끼의 모습을 보니 어떤 기분이 들었니?

상쾌해진 느낌이에요.

힘들었지만 재미있었어요.

토끼털 또 만지고 싶어요.

■ 목욕한 토끼의 기분은 어떨까?

좀 싫었나 봐요.

무서운 것도 같았어요.

물이 차가웠던 것은 아닐까?

처음이라서 그럴지도 몰라.

깨끗해져서 자랑하고 싶을 걸요?

■ 목욕하면서 가장 재미있었던 일은 무엇이니?

토끼를 안고 있는데 토끼가 응가 마려워서 손에다 똥을 쌀까봐~ 하하하.

- 힘들었던 점도 있었니?

  펄쩍 뛰어 나갈까봐,

  닦을 때마다 움직여서요, 힘들었어요,

  혹시 귀에 물이...

- 다음에 목욕 시키기를 하는 친구들에게 하고 싶은 이야기가 있니?

  토끼 목욕 시킬 때 좀 따뜻한 물로 해야겠어요, 추운 것 같아요,

    토끼 목욕 시키기는 다소 부산하고, 흥분된 상태에서 진행될 수 있습니다. 아이들이 가장 좋아하는 물과 움직이는 동물과 함께하는 놀이이기 때문입니다. 매번 목욕 시키기 활동을 하면서 느낀 것들을 일지처럼 글과 그림으로 남기는 것이 좋습니다. 이러한 추후 활동은 다음에 목욕 시키기를 하는 아이들에게는 좋은 본보기가 되고 흥미를 유지시키는 자극제가 될 것입니다. 또한 그렇게 해서 쌓인 일지는 아이들이 이해한 토끼에 대한 살아 있는 자료집이 될 것입니다.

토끼는 둥근 풀을 좋아하고 뾰족한 풀을 싫어할까?

“토끼는 풀을 잘 먹는다”, “알아, 나도 봤어”, “토끼가 모든 풀을 좋아할까?”, “토끼는 어떤 풀을 가장 좋아할까?”, “둥근 모양의 풀이요”, “둥근 풀만 먹어” 토끼가 좋아하는 것에 대해 이야기를 나눌 때 아이들은 모두 풀의 모양을 기준으로 토끼가 좋아하는 것과 싫어하는 것을 나누었다. 아이들 모두의 의견이 일치하는― 둥근 풀은 토끼가 좋아하고 뾰족한 풀은 싫어한다― 에 대해 탐구해 보기로 하였다.

▶ **활동 목표**　풀의 모양에 관심을 갖고, 둥근 모양과 뾰족한 모양을 구분할 수 있다.
토끼가 좋아하는 풀을 탐구한다.

▶ **활동 자료**　마당의 풀, 토끼, 칠판, 펜

▶ **활동 방법**　① 토끼는 어떤 풀을 좋아할지 이야기 나눈다.

- 토끼는 어떤 풀을 좋아할까?
  둥근 풀, 동그란 풀, 토끼풀,

- 토끼는 어떤 풀을 싫어할까?
  삐죽삐죽한 거, 뾰족한 풀, 세모네모 풀,

〈 토끼가 좋아할 것 같은 풀이에요 〉

- 둥근 풀을 왜 좋아한다고 생각했니?
  토끼가 잘 먹어요,

■ 뾰족한 풀은 왜 싫어할까?

　안 먹어서.

② 토끼는 둥근 풀을 좋아하는지 알아본다.

■ 오늘은 토끼가 둥근 풀을 좋아하는지 함께 알아보기로 하였던 것을 기억하니?

■ 마당에 있는 풀을 가져와야 하는데 막 뜯어 오면 풀이 어떨까?

　아파요.

　떨어져 있는 것 주워요.

■ 공부하는데 필요하니까 풀잎에게 고맙다고 말하고 가지고 올 수도 있겠다.

　※ 마당에 있는 풀 중 동그란 풀을 한 장씩 떼어 온다.

■ 찾은 풀을 들고 마당에 모두 앉아 보세요.

■ 옆에 있는 친구가 가져온 것도 동그란 풀인지 보자.

　동그란 것도 있고 삐죽한 것도 있어요.

■ 똑같은 풀끼리 모아 보자. (둥근 풀만 모아 놓는다.)

　※ 교실로 들어가서 풀을 칠판에 붙이고 토끼를 데리고 온다.

■ 우리가 가지고 온 둥근 풀은 어떤 풀인지 알아보자.

　토끼풀, 질경이, 이건 이름 몰라요, 소나무 잎.

■ 누가 토끼에게 풀과 잎을 주고 싶니? 어떤 것을 가장 잘 먹을까 살펴보자.

　저요, 제가 줄래요.

　토끼풀을 제일 잘 먹을 것 같아요.

■ 토끼가 둥근 풀을 잘 먹었니?

　네, 다 먹었어요.

■ 토끼는 둥근 풀을 정말 좋아하니?

　그런 것 같아요, 둥근 잎을 잘 먹어요.

③ 토끼는 뾰족한 풀을 싫어하는지 알아본다.

　※ 마당에서 찾은 뾰족한 풀을 가지고 모여 앉는다.

■ 우리가 가지고 온 풀이 모두 뾰족한 풀인지 관찰해 보자.

■ 어떤 풀과 잎들이 있는지 칠판에 붙여 볼게요.

■ 토끼가 뾰족한 풀을 모두 싫어했니?

　아니요, 좋아하는 것도 있어요.

풀 모양이 아니고, 맛이 달라서 그런 것은 아닐까요?

아니면 향기가 다를 수도 있어.

■ 다른 방법들을 생각해서 더 조사해 보자.

▶ **참고 사항**　　만 3세 아이의 경우 풀과 나뭇잎을 구분하는 것이 미숙하므로 확장 활동으로 풀과 나뭇잎에 대한 탐색 활동이 추가되면 토끼가 좋아하는 풀과 잎에 대한 구체적인 개념 형성에 도움이 될 수 있습니다.

토끼가 좋아하는 풀

'토끼는 둥근 모양의 풀을 좋아할 것이다' 라는 아이들의 가설은 토끼가 좋아하는 풀에 대한 과학적 탐구를 시작하는데 좋은 출발선을 제공합니다. 실제로 토끼는 둥근 모양의 클로버(토끼풀)를 가장 좋아한다고 합니다. 그러나 그 이외에 명아주, 질경이, 민들레, 냉이 등도 토끼가 좋아하는 풀입니다. 이 중 명아주, 질경이는 클로버처럼 둥근 모양이지만 민들레, 냉이는 길쭉한 깃 모양을 하고 있습니다.

그러므로 토끼가 둥근 모양의 풀만을 좋아한다고 단정지을 수는 없습니다. 토끼가 좋아하는 풀은 모양에 의해 결정되기 보다는 부드럽고 거친 정도(연하고 딱딱한 정도)에 따라 달라진다고 할 수 있습니다. 토끼는 부드럽고 연한 새싹을 좋아합니다.

토끼도 발가락이 있나요?

> "토끼 앞발에 붙어 있는 작은 거는 뭐예요?", "토끼 발가락 같은데", "토끼도 발가락이 있어요?", "토끼가 발가락이 어디 있어?", "안번 보자" 토끼의 생김새를 관찰하던 아이들은 토끼의 발가락에 관심을 갖게 되었고, 구체적인 모양과 개수, 역알들에 대해 탐구해 보게 되었다.

▶ **활동 목표** 토끼의 생김새에 관심을 갖고, 토끼 발가락의 특징을 이해한다.

▶ **활동 자료** 토끼 사진, 토끼, 종이, 필기도구

▶ **활동 방법**

1 발가락이 어디에 있는지 이야기 나눈다.

- 선생님이 이야기 하는 곳을 만져 보자. 머리, 어깨, 팔, 다리, 발, 발가락, 손가락
- 손가락을 움직여 볼 수 있니?
- 발가락을 움직여 볼 수 있니?
- 사람의 발가락은 몇 개니?
  다섯 개, 다섯 개,
  모두 열 개,
- 토끼도 손가락 발가락이 있을까?
  아니요, 발만 있어요,
- 사진을 보면서 찾아보자. 토끼의 발은 어느 부분이니? 토끼의 발가락은 어디에 있을 것 같니?
  안 보여요, 털이 많아서,

2 토끼의 발을 만져서 발가락을 찾아본다.

- 토끼 발가락을 누가 찾아볼 수 있니? 만져 보고 알 수 있을까?
  제가요,
  여기 있어요,
- 토끼도 발가락이 있니?
- 토끼 발가락을 만져 본 느낌이 어떠니?
  털로 싸여서 푹신해요,

■ 앞발 발가락이 한쪽 발에 몇 개 있니?

　다섯 개.

■ 뒷발 발가락도 똑같을까?

　네 개.

■ 사람의 발가락과 어떻게 다르니?

　토끼는 조금 있어요.

　두 발의 발가락 수가 달라요.

　구부러지지 않아요.

　발톱이 뾰족해요.

　작아요.

〈 토끼 발가락을 그렸어요 〉

③ 토끼의 그림에 발가락을 그려서 완성해 본다.

■ 토끼는 발가락이 있었니?

　네, 있어요. 우리랑 비슷해요.

■ 발가락이 왜 잘 안 보였니?

　털이 많아서.

■ 선생님이 가지고 온 토끼 그림에 무엇이 안 그려져 있니?

　토끼 발가락.

■ 앞발과 뒷발에서 만져 본 토끼 발가락을 그림으로 그려 보자.

▶ **참고 사항**　　만 3세 아이는 토끼 발가락에 대한 탐색 활동 전에 우리 몸의 발가락과 손가락에 대한 개념 형성을 위한 탐색 활동이 선행되면 흥미를 더 높일 수 있습니다.

토끼의 앞다리와 뒷다리 중 어느 다리가 길까?

“토끼는 앞다리보다 뒷다리가 더 길어”, “니가 어떻게 알아?”, “봤어”, “얼마나 긴데?”, “안 이만큼 …”, “진짜 그만큼이냐?”, “우리가 직접 재어 보면 되잖아” 토끼와 생활하면서 아이들은 막연하게 알고 있던 사실(토끼의 앞다리보다 뒷다리가 길다)을 직접 확인해 보고 싶어하였다.

▶ **활동 목표** 토끼의 다리 생김새에 관심을 갖고, 뒷다리가 더 긴 것을 알 수 있다.
토끼 뒷다리의 기능에 관심을 가진다.

▶ **활동 자료** 토끼, 자, 리본

▶ **활동 방법**

1 토끼의 다리가 몇 개인지에 대해 이야기 나눈다.

- 토끼는 다리가 몇 개니?

- 토끼는 앞다리가 길까? 뒷다리가 길까?
  뒷다리가 더 크고 앞다리가 더 작아요.

- 토끼 뒷다리가 앞다리보다 더 큰지 어떻게 알았니? 길이도 더 길까?
  뒷다리가 더 길어요.
  그래서 뛸 때 뒷다리를 더 써요.

2 앞다리와 뒷다리의 길이를 재어 본다.

- 다리 길이를 어떻게 재 볼 수 있을까?
  손으로, 자로

- 앞다리가 길었니? 뒷다리가 길었니?

- 선생님이 준비한 리본으로도 재어 보자. 뒷다리는 빨간색 끈으로 재 보자.
  앞다리는 파란색 끈으로 재 보자. 길이를 서로 대어서 비교해 보자. 자, 어느 색 끈이 더 길었니?
  빨간색.
  빨간색은 뒷다리인데…
  그럼 뒷다리가 더 긴 거다.

- 얼마나 더 긴 것일까? 비교해 보자.

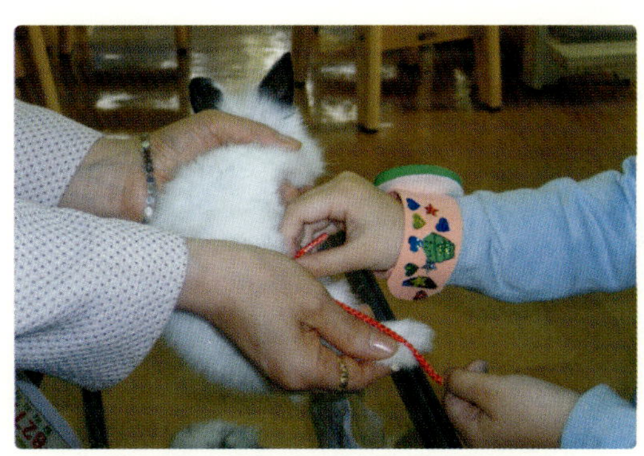

〈 토끼의 다리 길이를 재어 보아요 〉

③ '왜 뒷다리가 길까?'에 대해 이야기 나눈다.

- 토끼는 앞다리와 뒷다리 중 어느 다리가 길었니?
  뒷다리가 더 길었어요,

- 토끼 뒷다리가 길어서 좋은 점은 무엇이 있을까?
  엉덩이를 높이 올릴 수 있잖아요,
  그럼 달리기 하는 사람처럼 준비하고 있는 거야?
  뒤에서 긴 다리로 팍팍 밀어 주면 빨리 달릴 것 같아요,
  언덕 올라갈 때 다리를 쭉쭉 펴면 좋을 것 같아요,
  다리가 길면 한 번에 멀리 가잖아요,

▶ **참고 사항**

　토끼는 발톱이 날카로워서 함부로 잡다가 팔이나 손에 상처가 날 수 있으므로 아이 들이 직접 토끼를 다룰 때는 교사의 지도하에 안전하게 다루어야 합니다. 만 3세 아이는 다리와 발에 대한 구분 개념이 형성되어 있는지 먼저 다루어 주는 것이 좋습니다.

장수풍뎅이

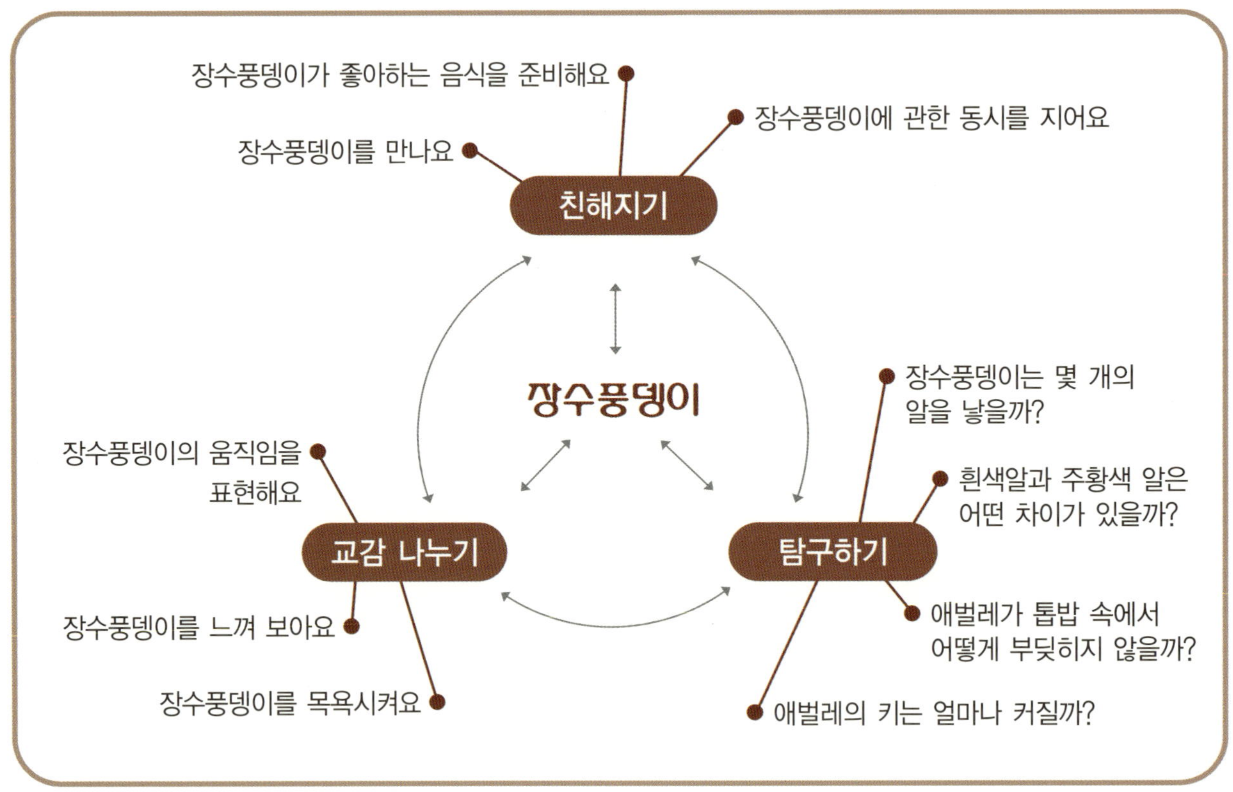

장수풍뎅이가 좋아하는 음식을 준비해요
장수풍뎅이에 관한 동시를 지어요
장수풍뎅이를 만나요
친해지기
장수풍뎅이
장수풍뎅이는 몇 개의 알을 낳을까?
장수풍뎅이의 움직임을 표현해요
흰색알과 주황색 알은 어떤 차이가 있을까?
교감 나누기
탐구하기
장수풍뎅이를 느껴 보아요
애벌레가 톱밥 속에서 어떻게 부딪히지 않을까?
장수풍뎅이를 목욕시켜요
애벌레의 키는 얼마나 커질까?

'장수풍뎅이'를 주제로 한 활동 계획

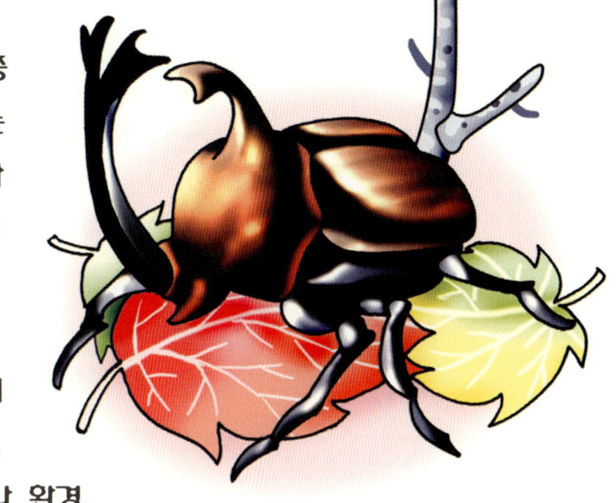

장수풍뎅이는 갑충류로 우리나라에서 살고 있는 곤충 중 제일 크고 힘이 센 곤충입니다. 장수풍뎅이의 몸의 길이는 뿔을 제외하고 35~55mm 정도이며 대형의 경우 70mm가 넘는 것도 있습니다. 수컷은 광택이 있고 머리에는 굵고 긴 뿔이 있는데 끝은 갈라져 있으며 앞가슴 등판도 약간 짧고 끝이 날카로우며 앞쪽으로 향한 뿔이 있습니다. 암컷은 수컷보다 짙은 색이며 등 쪽에는 아주 짧고 연한 털이 덮여서 광택이 수컷보다 덜합니다. 우리나라에는 장수풍뎅이, 남방장수풍뎅이, 외뿔장수풍뎅이 3종류가 서식하고 있으나, 환경 오염 등으로 인해 극히 일부 남부 지방에만 살고 있는 희귀 곤충입니다.

장수풍뎅이 중 가장 큰 장수풍뎅이는 일명 투구벌레라고도 불리는데 이는 마치 장군의 투구를 쓴 것과도 같다하여 붙여진 이름입니다. 다리와 몸통이 두꺼워 버티는 힘이 매우 강해 우리나라에서 살고 있는 곤충 중 제일 크고 힘센 곤충으로 알려져 있습니다. 크기는 암컷과 수컷이 차이가 있는데 수컷의 경우 35mm~55mm(뿔을 포함할 경우 45mm~80mm) 정도가 되며 암컷은 25mm~50mm로, 암컷이 수컷에 비해 조금 더 작습니다. 수컷은 광택이 있고 머리에는 굵고 긴 뿔이 있으며 끝은 갈라져 있고 앞가슴 등판도 약간 짧고 끝이 날카로우며 앞쪽으로 향한 뿔이 있습니다. 장수풍뎅이는 9월에 알을 낳아 다음 해 6월에 번데기가 되며 7월에 성충으로 우화합니다. 수명은 일반적으로 3~4개월로 알려져 있습니다만 어떻게 관리하느냐에 따라 더 오래 살 수도 있고 그렇지 않을 수도 있습니다.

장수풍뎅이가 사는 곳은 주로 따뜻한 남쪽 지방입니다. 우리나라의 경우에는 덕유산, 변산반도, 강원도 산골 등에 극히 일부 분포하며 특히 변산반도 국립공원에 조금 서식하고 있습니다. 장수풍뎅이의 먹이를 살펴보면, 성충은 주로 참나무 수액을 먹고 살지만 참나무가 없는 곳에선 사과, 복숭아, 배, 수박 등의 달콤한 과일 밭에서 과일이 썩기 전 물렁해진 부분을 먹습니다.

장수풍뎅이는 야행성 곤충으로 주로 야간에 활동을 하며 주간에는 햇빛을 피해 나뭇잎이 쌓인 나뭇잎 밑에 혹은 흙 속의 시원한 곳에서 휴식을 취합니다. 자연에서 성충은 주로 야간에 짝짓기나 먹이를 얻기 위해 날아다닙니다. 날아 갈 때는 몸통 껍질을 벌린 뒤 속 날개로 날아가 참나무에 딱 소리가 나게 부딪치면서 재빠르게 날카로운 발톱으로 나무를 잡아 먹이 있는 데로 갑니다. 장수풍뎅이는 물체를 보는 능력이 거의 없으며 더듬이로 냄새, 진동, 소리 나는 것을 느껴 움직입니다.

장수풍뎅이를 만나요

▶ **활동 목표** 사육 상자의 장수풍뎅이를 관찰, 탐색함으로써 장수풍뎅이와 친해진다.

▶ **활동 자료** 프로젝션 TV, 실물화상기, 장수풍뎅이, 사육 상자

▶ **활동 방법** ⓵ 사육 상자를 소개한다.

- (보자기에 덮힌 상자) 이 안에 무엇이 있을까?

  흙이요, 나무토막

  와! 장수풍뎅이다,

- 장수풍뎅이를 어떻게 알아볼 수 있었니?

  책에서 봤어요,

- 사육 상자에 무엇이 들어 있니?

  나무토막,

  장수풍뎅이 두 마리,

〈 장수풍뎅이를 자세히 보아요 〉

- 상자 안에 있는 것은 무엇일까? 만져 보고 느낌을 말해 보자. 느낌이 어떠니?

  푸들푸들해요,

  흙이 아니에요,

  색깔만 같아요,

- 흙이 아니면 뭘까?

  톱밥,

② 장수풍뎅이의 모습을 크게 확대해서 살펴본다.

- 장수풍뎅이를 크게 보니까 어떠니?

  잘 보여요.

- 장수풍뎅이 두 마리가 어떻게 다르니?

  하나는 뿔이 있고 한 마리는 없어요.

- 왜 서로 다를까?

  하나는 암컷이고, 하나는 수컷이에요.

- 어떤 것이 더 크니?

  뿔이 있는 수컷.

- 다리가 몇 개 있니?

  6개.

③ 장수풍뎅이를 위한 환영 인사를 준비해서 말해 준다.

- 이제 우리와 함께 살게 된 장수풍뎅이를 위해서 어떤 인사를 하면 좋을까?

  장수풍뎅이야, 안녕!

  너랑 함께 살게 되어서 기뻐.

  내가 잘 보살펴 줄게.

  튼튼하게 자라거라.

- 인사를 나누니까 기분이 어떠니?

  좋아요. 재미있어요. 친구가 된 거 같아요.

▶ 참고 사항

장수풍뎅이 사육 상자 꾸미기

장수풍뎅이를 기르기 위해서는 사육 상자를 꾸며야 합니다. 사육 상자에는 발효 톱밥을 10cm 이상 깔아 줍니다. 길이 15cm 정도의 활동나무를 2~3개 정도 넣어 주어 장수풍뎅이가 뒤집혀도 일어날 수 있게 해야 합니다. 암컷이 산란하면서 먹을 먹이가 충분하도록 먹이접시를 적당하게 설치합니다. 짝짓기 가 끝난 암컷은 수일~수주에 걸쳐서 부엽토에 알을 낳습니다. 따라서 교미가 끝난 암컷은 알을 잘 낳을 수 있도록 음식이 모자라지 않게 충분히 넣어 줍니다. 신선하고 영양이 많은 음식(곤충 젤리)을 먹으면 암컷이 건강한 알을 낳을 수 있습니다.

장수풍뎅이가 좋아하는 음식을 알아봐요

▶ **활동 목표** 어떤 음식을 좋아하는지 추측해 보고, 실험해 봄으로써 장수풍뎅이가 좋아하는 음식을 알 수 있다.

▶ **활동 자료** 장수풍뎅이, 바나나, 깻잎, 사과, 토마토

▶ **활동 방법**

① 장수풍뎅이는 어떤 음식을 좋아할지 예상한다.

- 장수풍뎅이는 어떤 음식을 좋아할 것 같니?
  나무 수액,

- 나무 수액을 왜 좋아할까?
  그냥 책에서 봤어요, 진 같은 거, 그게 나무 수액이야,
  바닐라를 좋아해요,

- 왜 바닐라를 좋아할까?
  맛있어서요,

- 분단별로 어떤 음식을 좋아할지 정해서 발표해 볼 수 있니?

- 똑같은 음식이 많이 나왔네, 겹치지 않게 다시 한 번 정해 보자.
  사과, 바나나, 깻잎, 토마토,

- 내일 실험을 위해서 누가 음식을 가져올 수 있니?

② 장수풍뎅이는 어떤 음식을 잘 먹을까 실험한다.

※ 투명한 통의 네 귀퉁이에 네 가지 음식을 놓고 장수풍뎅이를 그릇의 가운데 놓아 주었다.

〈 장수풍뎅이는 어떤 먹이를 좋아할까? 〉

■ 어떤 먹이들을 가지고 왔니?

■ 이 중에 어떤 음식을 좋아할 것 같니?

　깻잎, 아니야, 토마토, 바나나, 사과,

　※여러 음식을 늘어놓고 장수풍뎅이가 어느 쪽으로 가는지 살펴본다.

■ 장수풍뎅이가 어디로 가고 있니?

　깻잎이요, 깻잎 먹나봐!

　아니야 사과 먹으러 가잖아,

　바나나 먹을 거야,

■ 장수풍뎅이가 왜 빙빙 돌아다닐까?

　냄새 맡으려구요,

　※ 장수풍뎅이가 먹이를 탐색하러 이리저리 옮겨 다니고 있어, 다른 활동 후에 다시 관
　　찰하기로 하였다.

③ 실험 결과에 대해 이야기 나누고 먹이 당번을 정한다.

■ 장수풍뎅이가 어떤 음식에 가장 오래 있었니?

　바나나,

■ 장수풍뎅이는 어떤 맛을 좋아할까?

　달콤한 맛,

■ 장수풍뎅이가 좋아하는 먹이를 누가 가져올 수 있니?

■ 한꺼번에 많이 가져오면 어떻게 될까?

　다 못 먹어요, 남기면 상해요,

■ 그러면 어떻게 정하면 좋을까?

　차례차례, 순서를 정해요,

장수풍뎅이에 관한 동시를 지어요

▶ **활동 목표** 장수풍뎅이를 생각하며 동시를 지어 봄으로써, 장수풍뎅이에게 친밀감을 갖는다.

▶ **활동 자료** 종이, 연필

▶ **활동 방법**

1 장수풍뎅이를 생각하면 어떤 것이 생각나는지 이야기 나눈다.

- 장수풍뎅이를 생각하면 무엇이 떠오르니?

  선인장, 하트, 치커리, 소나무, 파인애플, 눈썹, 산, 바나나, 사과, 뿔, 돌.

- 왜 그런 게 떠올랐니?

  뿔이 뾰족해서,

  등껍질이 딱딱해서,

  달콤한 것을 좋아해서,

2 동시를 지어 본다.

- 선생님이 준비한 종이에 장수풍뎅이에 관한 동시를 지어 보자.

- 장수풍뎅이를 생각하면 떠오르는 말을 제목으로 해 보자.

- 떠오르는 말이 뭔지 이야기해 볼 수 있니?

  하트, 갑옷.

- 왜 하트를 생각했니?

  짝짓기를 했잖아요.

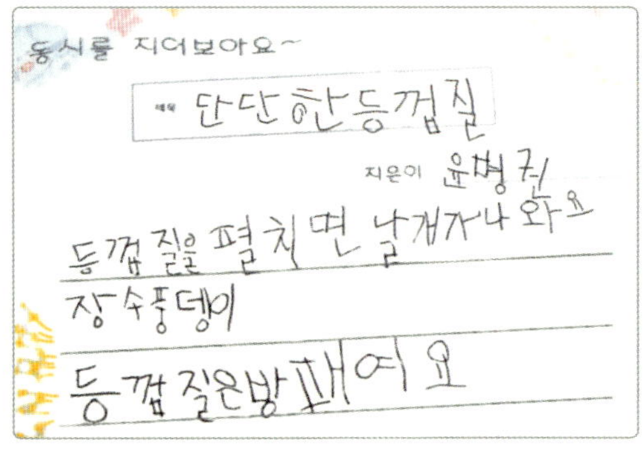

〈 장수풍뎅이를 보며 동시를 지어요 〉

③ 동시를 발표한다.

■ 동시를 발표해 줄 친구 있니?

갑옷 입은 장수

날카로운 발톱

단단한 뿔

가는 다리

단단한 몸

단단한 등껍질

좋아해

장수풍뎅이는 딸기를 좋아해,

장수풍뎅이는 바나나를 좋아해,

장수풍뎅이는 상추를 좋아해,

장수풍뎅이는 나를 좋아해,

장수풍뎅이의 움직임을 표현해요

▶ **활동 목표** 장수풍뎅이의 움직임을 관찰하고 장수풍뎅이가 되어 움직여 본다.

▶ **활동 자료** 장수풍뎅이의 여러 가지 움직임에 대한 사진 자료, 검은 비닐

▶ **활동 방법** ① 사진을 보면서 장수풍뎅이의 움직임에 대해 이야기 나눈다.

- (먹이 먹는 사진을 보여 주며) 뭐 하고 있는 것 같니?
  머리를 박고 있어요.

- 왜 머리를 박고 있을까?
  먹이를 먹으려고요.

- 누가 장수풍뎅이처럼 해 볼 수 있니?

- 뭐하고 있니?
  나무 위로 올라가고 있어요.
  운동해요.

- 장수풍뎅이가 또 무엇을 하는 것을 보았니?
  기어 다니는 모습.
  톱밥 속으로 들어가는 거 봤어요.

- 장수풍뎅이가 땅속으로 어떻게 들어갔니?
  뿔로 톱밥을 파서 들어갔어요.

- 뿔이 없는 암컷은 어떻게 들어갔을까?
  머리하고 다리로 톱밥을 파서 들어가요.

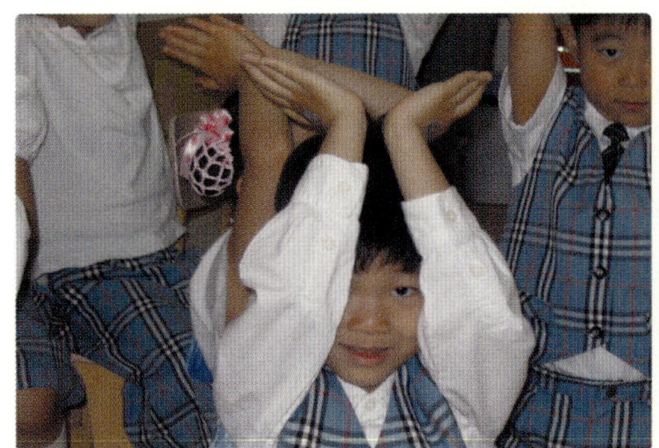

〈 내 몸으로 장수풍뎅이 뿔을 표현해요 〉

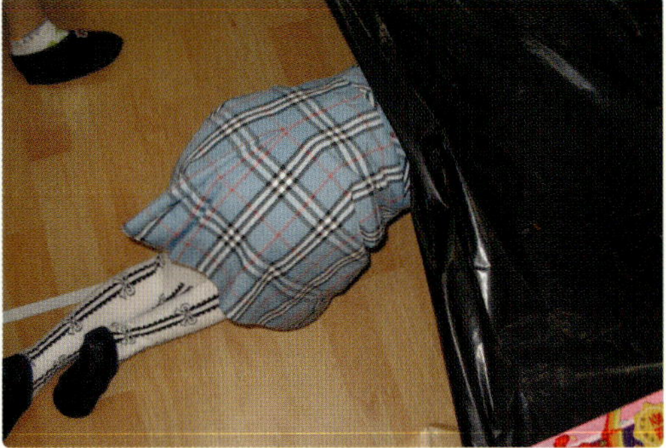

〈 장수 풍뎅이가 흙 속으로 들어가는 거에요 〉

② 장수풍뎅이가 흙 속으로 들어가는 모습을 몸으로 표현해 본다.

- 톱밥 위에서는 어떻게 기어 다니니? 톱밥 속에 들어가 보면 어떤 기분일까?

  천천히 기어 다녀요.

  장수풍뎅이 똥이 있어서 더러운 기분이 들 것 같아요.

  깜깜해서 무서울 것 같아요.

- 톱밥 속으로 들어갈 때는 어떻게 들어가는지 보여 줄 수 있니?

③ 비닐로 만든 흙 속에 들어가 본 느낌에 대해 이야기해 본다.

- 땅속에 들어가 본 기분이 어땠니?

  깜깜해서 답답해요.

  재미있어요.

- 땅속에서 나올 때는 어땠니?

  다시 환해 졌어요.

  굴을 빠져 나오는 거 같아요.

- 장수풍뎅이는 땅속에서 어떤 생각을 할 것 같니?

  싸우는 생각.

  잠자는 생각.

장수풍뎅이를 느껴 보아요

▶ **활동 목표** 장수풍뎅이를 만져 보고, 장수풍뎅이를 손이나 팔에 올려 봄으로써 촉감을 통해 느껴 본다.

▶ **활동 자료** 장수풍뎅이, 사육 상자

▶ **활동 방법**

① 장수풍뎅이를 만지면 어떤 느낌이 들지 예측해 본다.

- 장수풍뎅이를 만지면 어떤 느낌이 들 것 같니?
  딱딱할 것 같아요,
  미끌미끌할 것 같아요,

- 장수풍뎅이는 우리가 만지면 기분이 어떨까?
  깜짝 놀랄 것 같아요,
  세게 만지면 아파요,
  살살 만지면 좋아해요,

② 장수풍뎅이를 만지고 손이나 팔에 올려 본다.

- 등껍질을 만져 볼 수 있는 친구 있니? 어떤 느낌이 들었니?
  딱딱해요,

- 누가 장수풍뎅이를 손바닥 위에 올려놓을 수 있니? 느낌이 어땠니?
  간지러워요,

- 누가 장수풍뎅이를 팔 위로 올라가게 할 수 있니? 어떤 느낌이 느껴졌니?
  따가워요,

- 왜 따가웠을까?
  발톱 같은게 있나 봐요,

③ 장수풍뎅이는 어떤 냄새가 나는지 맡아 보고 느낌을 이야기 나눈다.

- 장수풍뎅이는 어떤 냄새가 나는지 누가 맡아 볼 수 있니?

- 어떤 냄새가 나니?
  젤리뽀 냄새, 똥 냄새, 톱밥 냄새, 향긋한 냄새, 바나나 냄새,

〈 손 위에 장수풍뎅이를 올려놓아 보아요 〉

장수풍뎅이를 목욕 시켜요

▶ **활동 목표** 장수풍뎅이 목욕 시키는 방법을 알아보고 목욕을 시키며 그 느낌을 이야기한다.

▶ **활동 자료** 장수풍뎅이, 칫솔, 물뿌리개, 그릇

▶ **활동 방법**

① 실물화상기를 이용해 진딧물 사진을 보여 주며 이야기 나눈다.

- 어떤 그림이 있니?
  진딧물이요.

- 이런 것을 어디서 봤니?
  책에서 봤어요.
  산에서 봤어요.
  나뭇잎 뒤에서 봤어요.

- 진딧물이 장수풍뎅이 몸에 붙어 있다면 기분이 어떨까?
  귀찮을 거 같아요.
  답답할 거 같아요.
  싫어해요.

- 장수풍뎅이 몸에 진딧물이 붙었다면 어떻게 목욕 시켜주면 좋을까?
  흙으로 문질러요.
  나뭇잎으로 살살 닦아요.
  물로 닦아요.

② 장수풍뎅이를 목욕 시킨다.

  ※ 장수풍뎅이 목욕을 위해서 물, 칫솔, 물뿌리개, 손수건, 그릇을 준비한다.
  ※ 장수풍뎅이 목욕 시키는 방법을 설명하고 있는 책을 준비한다.
  ※ 역할을 나누어 정한다.

- 누가 물을 뿌려 줄 수 있니?
- 누가 솔을 문질러 줄까?
- 장수풍뎅이를 누가 잡고 있을까?
- 목욕 시킬 때 어떤 것을 조심해야 할까?
  솔로 살살해야 돼요, 상처 나지 않게.
  장수풍뎅이 꼭 잡아야 돼요, 놓치지 않게.

물 조금씩 뿌려요. 많이 뿌리면 숨 막혀.

※ 장수풍뎅이를 목욕 시키며 실물화상기의 화면을 이용해서 다른 친구들이 큰 화면으로
   지켜볼 수 있게 해 준다.

〈 장수풍뎅이를 목욕 시켜요 〉

③ **목욕 시킨 느낌에 대해 발표한다.**

- 장수풍뎅이를 목욕 시킨 기분이 어떠니?
  좋았어요.

- 장수풍뎅이는 기분이 어떨까?
  시원해 하는 거 같아요.
  좋아 하는 거 같아요.

- 목욕 시키니까 장수풍뎅이가 달라진 것 있니?
  깨끗해졌어요.
  등이 반짝거려요.

▶ **참고 사항**   장수풍뎅이를 목욕 시킬 때는 손가락으로 몸통을 잡고 칫솔로 살살 문질러 줍니
다. 물기는 수건으로 톡톡 두드려 말립니다.

장수풍뎅이는 몇 개의 알을 낳을까?

아이들과 함께 톱밥을 갈아 주다가 우연이 알을 발견했다. 자세이 찾아보았는데 알이 3개 있었다. 그러자 ○○이가 "선생님 알 3개 낳았네요. 세 개만 낳으면 이제 안 낳아요?" 하고 질문을 했다. 옆에 있던 ○○이는 " 아니야, 책에서 보니까 알을 아주 많이 낳았어." 라며 의문을 제기했고 그래서 이틀 우 다시 알의 개수를 세어 보기로 하였다.

▶ **활동 목표** 장수풍뎅이가 알을 낳는 것을 알고, 장수풍뎅이 알의 특성에 관심을 갖는다.

▶ **활동 자료** 사육 상자, 부엽토 속의 알

▶ **활동 방법** ① 장수풍뎅이의 알에 대해 이야기 나눈다.

- 장수풍뎅이의 새끼는 태어났을 때 어떤 모습일까?
  알. 동그란 모습.

- 장수풍뎅이가 어떻게 알을 낳을까?
  사랑해야 돼요, 그리고 같이 자면 되는데,,
  그게 짝짓기야,
  우리 짝짓기 하는 거 봤어요,

- 우리가 키우는 장수풍뎅이도 알이 있는지 찾아보려고 하는데, 어떻게 찾아 볼 수 있을까?
  톱밥 속에 있을 것 같아요,
  톱밥을 다 꺼내서 찾아요,

② 장수풍뎅이의 알을 찾아본다.

- 장수풍뎅이의 알은 크기가 어느 정도일 것 같니?

- 알은 어떻게 생겼을까?

- 신문지에 톱밥을 살살 쏟아 놓으면 나무젓가락으로 찾아볼 수 있겠니?

- 어떤 점을 조심해야 될까?
  알이 다치지 않게 살살 찾아야 해요,
  세게 누르면 알이 깨져요,
  ※ 신문지를 넓게 깔아 주고 톱밥 속에서 알을 찾아본다.

〈 장수풍뎅이의 알을 찾아요 〉

③ 장수풍뎅이가 낳은 알은 몇 개인지 세어 본다.

- 오늘은 알을 몇 개 찾았니?

  8개요.

- 알이 어떻게 생겼니?

  아주 조그만 계란 같아요.

  새끼 개미의 허리 볼록 한 거 만해요.

  쌀알처럼 생겼어요.

- 이제 알을 다 낳은 걸까?

  아니요.

- 알을 모두 몇 개나 나을 것 같니?

  100개요. 우 와~~

- (열흘 후 또 알을 세어 본다.) 지난번에 세었을 때 알을 몇 개 찾았니?

  8개요.

- 오늘은 몇 개를 더 찾을 것 같니?

  100개요.

  ※ 신문지를 넓게 펴고 세 모둠으로 나누어 알을 찾아본다.

- 한 모둠씩 찾은 알의 개수를 말해 보자.

  13개, 13개, 15개.

- 합쳐서 알이 모두 몇 개니?

  41개요.

- 알이 어떠니?

  귀여워요. 주황색 알도 있어요.

■ 왜 알의 색이 다를까?
톱밥 색에 물들은 거 같아요.

알을 직접 손으로 만져 보는 것은 알을 훼손할 수 있으므로 주의하여 만져야 합니다.

흰색 알과 주황색 알은 어떤 차이가 있을까?

톱밥에서 알을 8개 찾은 날 한 아이가 주황색 알을 발견했다. 주황색 알은 두 개 있었다. 알 찾기가 끝나고 아이들은 알 색의 차이에 대해 관심이 높아졌고 서로의 의견을 나누는 것을 보고 다음 날 주황색 알과 흰색 알에 대해 함께 알아보기로 하였다.

▶ **활동 목표**　장수풍뎅이 알의 색을 관찰하고, 흰색 알과 주황색 알의 차이점을 비교해 본다.

▶ **활동 자료**　장수풍뎅이 흰색 알·주황색 알, 돋보기

▶ **활동 방법**

① 흰색 알과 주황색 알에 대해서 이야기 나눈다.

■ 어제 본 주황색 알과 흰색 알은 어떤 차이가 있을까?

톱밥 속에 오래 있어서 톱밥 색이 물든 거예요.

주황색 알이 조금 더 커요.

오래 되어서 그래요.

수컷이랑 암컷 아닌가?

주황색이 수컷 같아요. 흰색이 암컷이에요.

아니야, 오래 되어서 그런 거야.

② 흰색 알과 주황색 알을 관찰할 수 있는 방법을 이야기 나누고 관찰한다.

■ 크기는 어떠니?

주황색 알이 조금 더 커요.

■ 주황색 알이 오래 된 거라면 애벌레는 어떤 색에서 먼저 태어날 것 같니?

주황색 알.

■ 수컷인지 암컷인지 알려면 어떻게 관찰하면 좋을까?

따로 담으면 돼요.

주황색, 흰색, 이름 써서 놓고 계속 보면 돼요.

※ 두 개의 통에 색 이름을 써서 붙이고 알을 넣어 매일 관찰한다.

③ 흰색 알과 주황색 알을 관찰한 결과에 대해 이야기 나눈다.

■ 어느 색 알이 먼저 애벌레가 되었니?

주황색 알이요.

- 주황색 알이 오래된 것이라고 생각하니?

  네,

- 톱밥 속에 오래 있어서 주황색 알이 되었다는 생각은 어때?

  맞아요, 먼저 태어난 알이니까 더 오래 있었잖아요,

- 주황색 알은 암컷일 것 같니? 수컷일 것 같니?

  수컷이요, 수컷이 힘이 세니까 먼저 나올 것 같아요,

〈 흰색 알과 주황색 알의 차이를 알아보았어요 〉

▶ **참고 사항**   장수풍뎅이의 알은 처음에는 흰색이었다가 깨어날 무렵이 되면 주황색을 띠게
됩니다.

애벌레가 톱밥 속에서 어떻게 부딪히지 않을까?

사육 상자에서 ○○이가 애벌레를 발견했다. 많은 아이들이 애벌레를 보고 싶어 했지만, 톱밥 속으로 들어간 애벌레를 보기는 쉽지 않았다. 애벌레를 보기 위해 톱밥을 종이에 조금씩 쏟아 보는 과정에서 어느 정도의 간격을 두고 애벌레들이 위치에 있는 것을 발견하였다. 그 이유에 대해 관심이 집중되면서 톱밥 속의 애벌레의 모습에 대한 탐구가 시작되었다.

▶ **활동 목표**   애벌레의 톱밥 속에 있는 모습을 예상하고, 결과를 탐구할 수 있다.
서로 부딪히지 않는 이유를 예측해 본다.

▶ **활동 자료**   톱밥 속 애벌레 그림 자료

▶ **활동 방법**

1 톱밥 속의 애벌레에 대해 예상해 본다.

- 톱밥 속의 애벌레는 무얼 하고 있을까?
  몸을 동그랗게 만들어서 자고 있어요.
  자고 일어나서 톱밥을 먹어요.
  심심하면 기어서 다녀요.
  친구에게 놀러가요.

2 애벌레끼리 서로 부딪히지 않고 있을 수 있는 이유에 대해 예상해 본다.

- 애벌레들은 톱밥 속에서 어떻게 서로 안 부딪힐 수 있을까?

- 톱밥 속은 어떨 것 같니?
  톱밥이 움직이면 애벌레가 오는 줄 알고 피해가요.
  눈이 있어서 부딪히지 않을 수 있어요.
  애벌레가 먼저 가라고 말해요.
  기어 다니는 소리를 듣고 피해요.
  잘 통해서 알 수 있어요.

3 정확히 알 수 있는 방법에 대해 이야기 나눈다.

- 어떻게 하면 정확한 답을 알 수 있을까?

- 누구에게 물어보면 좋을까?

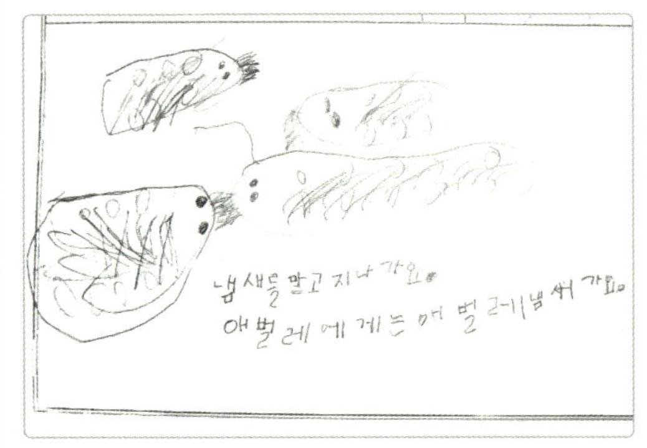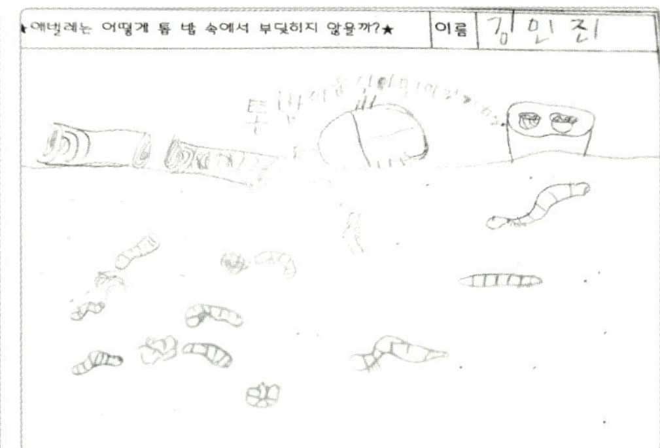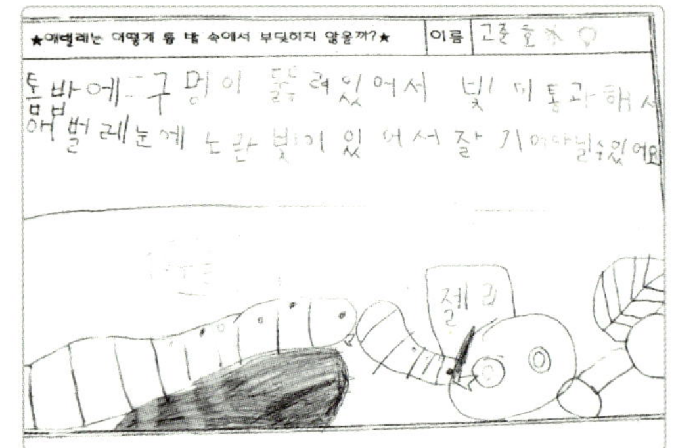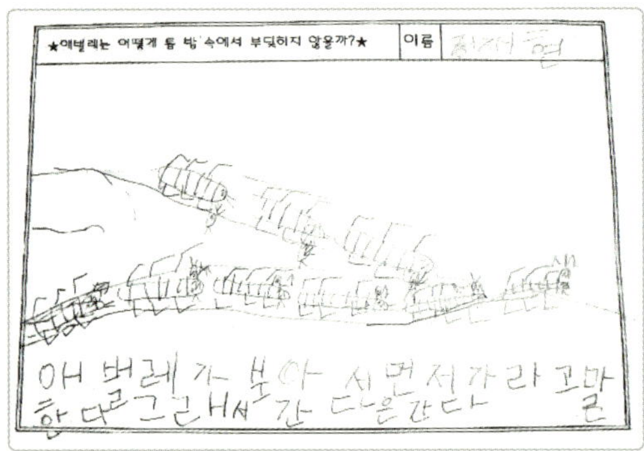

〈 애벌레는 어떻게 톱밥 속에서 부딪히지 않을까? 〉

④ 조사해 온 자료를 발표한다.

■ 집에서 알아온 것을 발표해 보자.

■ 책에는 애벌레가 어떤 방법으로 부딪히지 않는다고 나와 있었니?

■ 엄마, 아빠나 다른 어른들은 뭐라고 가르쳐 주셨니?

▶ 참고 사항

〈 톱밥속의 애벌레 모습 〉

장수풍뎅이의 애벌레는 땅속에서 서로 부딪히지 않는 위치에 있습니다. 애벌레의 작은 턱에서 소리를 낸다는 것이 최근 연구 결과 밝혀졌습니다. 그 소리로 서로의 위치를 알고 너무 다가가거나 부딪히지 않도록 조심하는 것입니다.

애벌레의 키는 얼마나 커질까?

"나 오늘 애벌레 큰 거 봤다", "어디어디 아 저거", "아니야, 저거보다 더 큰 것도 있어" ○○이가 큰 애벌레를 봤다는 말에 아이들은 모두 보고 싶어 했다. 사육 상자를 너무 자주 쏟아 보는 것 같아서 알이 괜찮을지 걱정이 되었다. 고민을 하고 있을 때 □□이가 '선생님 애벌레는 다 크면 얼마나 커져요?' 하고 물었다. '글쎄, 그걸 알려면 어떻게 해야 될까?' 하고 되묻자 아이들은 '다 클 때까지 기다리면 돼요.' 라고 대답한다. 애벌레의 크기에 관심이 모아졌다.

▶ **활동 목표**　애벌레가 자라는 모습을 관찰하고, 애벌레의 성장 과정을 통해 애벌레를 보며 생명의 소중함을 느낀다.

▶ **활동 자료**　애벌레, 자, 실, 종이

▶ **활동 방법**

① 애벌레가 커 가는 것을 어떻게 알 수 있는지 이야기 나눈다.

- 애벌레가 처음 봤을 때와 지금은 어떻게 달라졌니?
  커졌어요.

- 애벌레가 커졌는지 어떻게 알았니?
  저번엔 지금보다 작았어요.

- 얼마나 컸는지 알 수 있니?
  요만큼요.(손톱의 끝 부분)

② 애벌레의 길이를 잴 수 있는 방법에 대해 생각을 나눈다.

- 애벌레가 얼만큼씩 커지는지 어떻게 알 수 있을까?
  키를 재면 돼요, 매일 매일.

- 어떤 자로 재면 좋을까?
  우리 키 재는 거,
  하하 그건 너무 커서 애벌레는 재지 못해.
  자로 잴 수 있어요.

- 누가 애벌레를 자로 재어 볼 수 있겠니?

- 자로 길이가 잘 재어지니?
  잘 안 되요.

애벌레가 구부리고 있어서요.

건드리니까 몸을 말아요.

■ 구부리고 있는 애벌레 길이를 어떻게 잴 수 있을까?

애벌레를 펴요.

안 돼! 그러면 죽을 수도 있어.

구부러지는 자로 재면 돼.

■ 구부러지는 것은 뭐가 있을까?

구부러진 자.

■ 우리 교실에서 잘 구부러지는 물건은 무엇이 있을까?

실, 고무줄.

③ **애벌레의 길이를 기록하는 방법을 정하고 기록을 해 나간다.**

■ 애벌레가 며칠에 얼마큼 자랐는지 알려면 어떻게 하면 좋을까?

길이를 재서 달력에다 적어 놔요.

■ 애벌레의 길이를 무엇으로 재면 좋을까?

실, 고무줄.

■ 며칠에 한 번씩 재면 좋을까?

매일 매일.

■ 누가 재고 싶니? 재고 싶은 친구가 많은데 어떻게 하면 좋을까?

순서대로 차례차례.

날짜	24일	25일	26일	27일	28일	29일	30일
애벌레가 자랐어요							
길이	2.5 cm	2.7 cm	2.9 cm	3.0 cm	3.0 cm	3.1cm	3.3 cm
참고사항						뚱뚱해 졌다.	어제보다 2cm 자랐다

〈 애벌레의 길이가 달라요 〉

　애벌레의 길이를 재면서 매일 손으로 만지면 좋지 않습니다. 작은 스푼이나 나무 젓가락들을 이용하여 애벌레를 찾은 후 톱밥 위에 놓고 두 손의 엄지와 검지를 이용하여 애벌레의 크기만큼 실을 잡은 후, 다른 사람의 도움을 받아 가위로 자릅니다.
　확장 활동으로 교사가 준비한 일일 기록장을 애벌레와 함께 집에 가져가서 가족들과 함께 재어 보고, 일주일에 한 번씩 기록장을 반 아이들에게 보여 주며 이야기 나눠보는 것이 좋습니다.

거 미

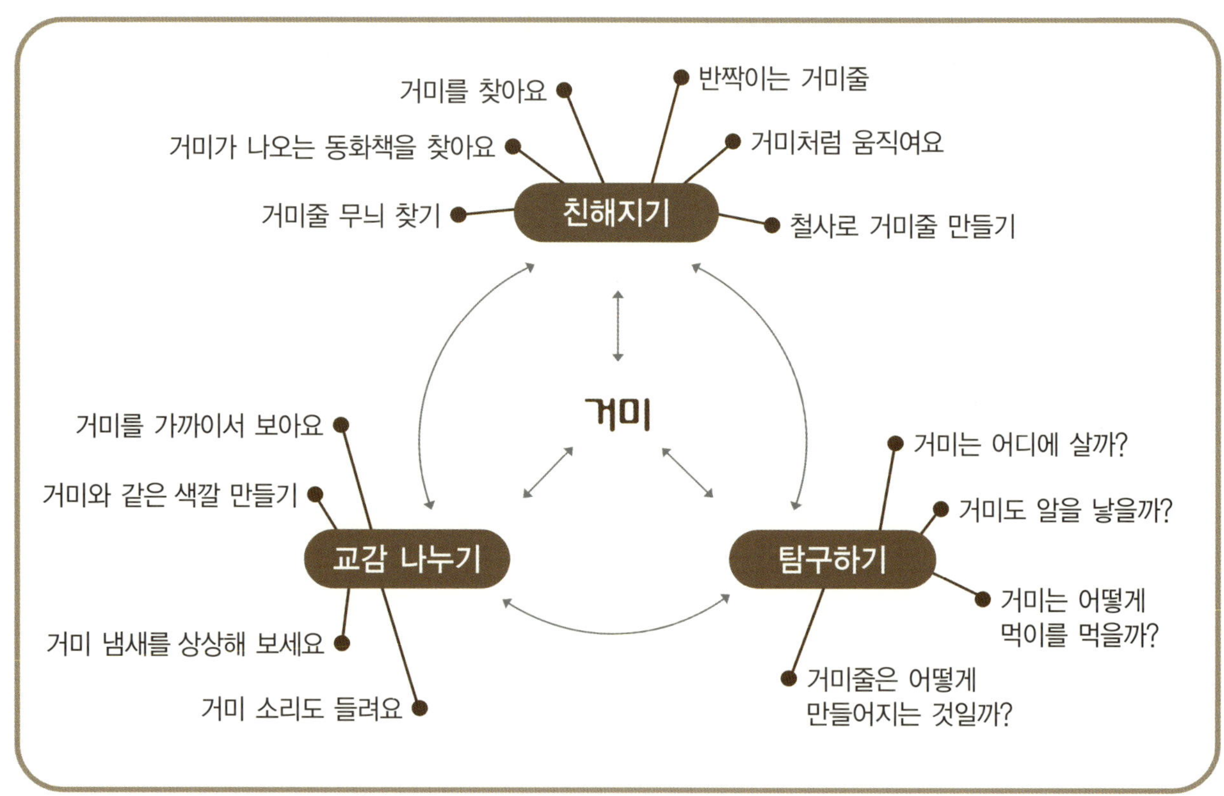
거미를 찾아요
반짝이는 거미줄
거미가 나오는 동화책을 찾아요
거미처럼 움직여요
거미줄 무늬 찾기
친해지기
철사로 거미줄 만들기
거미
거미를 가까이서 보아요
거미는 어디에 살까?
거미와 같은 색깔 만들기
거미도 알을 낳을까?
교감 나누기
탐구하기
거미는 어떻게 먹이를 먹을까?
거미 냄새를 상상해 보세요
거미 소리도 들려요
거미줄은 어떻게 만들어지는 것일까?

'거미'를 주제로 한 활동 계획

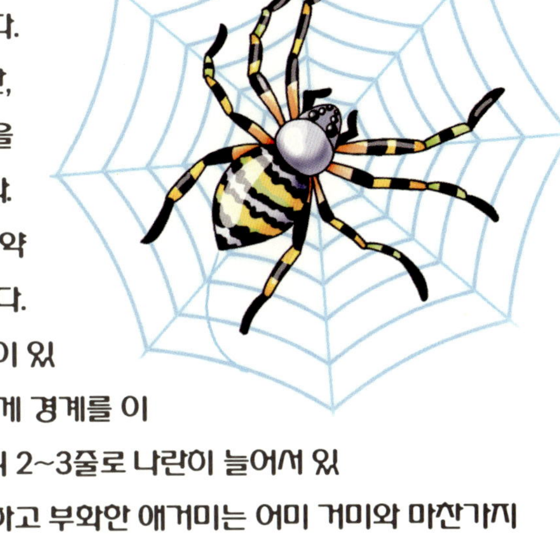

거미는 절지동물로 전 세계적으로 약 3만 종이 있습니다.
거미의 다리는 총 8개로 몸길이는 1~50mm 정도 됩니다.
거미가 사는 곳은 주로 땅 위, 땅속, 풀밭, 나무 위, 건물 안,
동굴 속, 물가 등입니다. 거미들은 옛날에는 땅속 생활을
했다고 합니다. 그러다가 점차 땅 위로 진출했다고 합니다.
거미의 크기는 몸길이 1mm 정도의 미세한 것에서부터 약
5cm에 이르는 거미까지 있지만 5~15mm가 대부분입니다.

거미의 다리는 4쌍입니다. 거미는 더듬이가 없고 홑눈이 있습니다. 머리가슴이 한 몸으로 되어 있고 배와는 뚜렷하게 경계를 이루고 있습니다. 홑눈은 보통 6~8개이며 머리 앞쪽에 앞뒤 2~3줄로 나란이 늘어서 있습니다. 거미는 유충이나 번데기 시기가 없이 바로 부화하고 부화한 애거미는 어미 거미와 마찬가지로 다리가 8개입니다. 처음에는 애거미끼리 모여 있거나 어미 거미 곁에 있지만 나중에는 흩어져 독립생활을 합니다. 거미의 수명은 보통 1~2년이지만 20년 이상 사는 종류도 있습니다.

거미는 대부분 땅에 살지만 수중 생활을 하기도 하고 그물을 치지 않는 거미도 있으며, 이들은 땅 위나 풀뿌리 근처, 나뭇잎 위를 돌아다니다가 먹을 것을 발견하면 잡아먹는다고 합니다. 그물을 치는 거미가 대부분이며, 이들은 나뭇가지 사이나 돌 틈, 벽면, 구석진 곳 등에 그물을 친 뒤 먹이가 걸리기를 기다렸다가 잡아먹습니다.

거미의 그물은 신기합니다. 그물은 거미의 종류에 따라 모양이 다양합니다. 둥근 모양의 그물이기도 하고, 규칙적인 바퀴 모양 그물도 있습니다. 또는 초승달 모양이 되기도 하지요. 거미줄은 누에가 내는 비단 실보다 가늘고 튼튼합니다. 거미의 입은 먹이를 씹을 수 없어서 먹이를 이빨로 찌른 다음 소화액으로 녹여 먹습니다. 거미 배의 뒤쪽 끝에는 실을 뽑는 거미줄돌기가 있어서 실을 뽑을 수 있습니다. 거미의 암수는 구별하기 힘들지만 일반적으로 수컷이 작습니다. 대부분의 거미는 독샘(1쌍)과 이것을 주사하는 날카로운 엄니를 가지고 있어서 공포의 대상이 되기도 합니다. 그러나 거미의 독은 먹이가 되는 곤충에게 작용하는 것으로, 곤충과 같은 소형 동물에게는 치명적이지만 새나 포유류 같은 대형 동물에게는 치명적이지 못합니다. 인간에게 피해를 줄만큼 심한 독을 가진 종류도 있으나 전체 거미의 0.1%도 채 못 되며 대부분 열대와 아열대 지방에 서식하고 있습니다. 우리나라에는 사람에게 애를 끼칠만한 독을 가진 거미는 없으나, 수입 원자재나 바람을 타고 옮겨 올 가능성이 존재하므로 검은색 몸체에 배 아래 빨간 리본 문양이 있는 '검은 과부거미' 등을 조심하는 것이 좋습니다.

거미를 찾아요

▶ **활동 목표** 거미의 생태 공간에 관심을 갖고, 거미의 특징적인 생김새를 탐구한다.

▶ **활동 자료** 거미 사진, 돋보기, 디지털 카메라

▶ **활동 방법** ① 거미 사진을 이용하여 거미를 소개한다.
(거미 사진을 밑에 놓고 위에 조각 종이를 올려놓아 부분 부분 종이를 떼어 내면서
숨겨진 그림의 주인공을 찾는다.)

- 이 종이 뒤에 어떤 곤충의 모습이 숨어 있단다. 한꺼번에 모습을 다 보여 주지
  않고 부분을 보여 줄 텐데, 어떤 곤충인지 쉽게 알 수 있을까? (가장 구석에 있
  는 종이를 떼어 낸다.)

- 어느 부분인 것 같니?

  까만색이다.

  다리 같지?

  더 보여 주세요.

- 그럼 너희들 중에 누가 나와서 위에 있는 종이를 떼어 주겠니?

- 이젠 어떤 곤충인지 알 수 있을까?

  개미 아닐까?

  털 같은 것도 있는데?

  저거 거미 아니야?

- 너희들이 생각한 것과 같은지 다른지 종이를 다 떼어 내고 볼까?

  와~ 거미다!

  나 저런 거 봤어?

  조금 무섭지?

- 거미를 보면 무슨 생각이 드니?

- 어디에서 거미를 보았니?

  나무에 거미줄 막 있고,

  우리 유치원 문 옆에도 있어요.

  우리 아파트 들어가는 잔디에도 있는데.

- 우리 유치원에도 이런 거미가 있을까?

  아니에요, 그거랑 달라요.

비슷한 것 같은데.

- 우리 유치원에 거미가 있는지 알아보려면 어떻게 해야 할까?

  나가서 찾아봐요.

  내가 거미 있는 곳 알아.

- 거미를 보면 무엇을 어떻게 하면 좋을까?

  어떻게 생겼는지 자세히 봐요.

  잡아와요.

  그러다가 거미가 물면 어떻게 해?

  거미가 죽을 수도 있어.

- 그래, 그럼 오늘은 우리 유치원에도 거미가 있는지 없는지 찾아보기만 하자.

② 유치원에서 거미를 찾아본다.

- 우리 유치원의 어느 곳에 거미가 있을 것 같니?

- 왜 그렇게 생각하니?

- 거미는 무엇을 하고 있을까?

  거미줄을 치고 있지 않을까요?

  놀고 있을 것 같아요.

  나무에 매달려 있을 거야. 나 지난번에도 나무에서 봤어.

- 거미가 있을만한 곳으로 장소를 옮겨 보자.

  와! 여기 거미 있어요.

  올라 가려고 한다.

  어디 어디?

- 거미를 찾았니?

- 거미의 모습이 어떠니? 교실에서 보았던 것이랑 같니?

  다르게 생겼는데요?

  색깔도 달라.

- 작은 개미를 좀 더 자세히 보기위해 무엇을 사용하면 좋을까?

- 우리 유치원 운동장엔 얼마나 많은 거미들이 있을까?

  저쪽도 찾아보자.

  잔디에도 있을 거라니까.

- 거미가 있는 곳을 잘 찾아보았니? 오늘은 이만하고 교실에 들어가 함께 이야기
  해 보자.

〈 거미를 찾아요 〉

〈 거미를 자세히 보아요 〉

③ 유치원에서 거미를 발견한 곳들에 대해 '거미 지도'를 그려 본다.

■ (사진 찍은 것을 함께 보며) 거미를 찾아본 느낌이 어떠니?

거미가 유치원에 있는 줄 몰랐어요.

아주 작았어요.

정말 빨리 기어가던데요?

■ 운동장에서 얼마나 많은 거미를 찾을 수 있었니?

■ (운동장의 기본 모형과 기구들을 표시한 종이를 보여 주며 이야기한다.) 이것은 어디를 그린 것 같니?

■ 이 운동장 지도에 거미를 발견한 곳을 표시해 볼 수 있겠니?

■ 어떤 표시를 하면 좋을까?

※도형으로 표시하거나 거미 모양을 그리도록 할 수 있다.

▶ **참고 사항**

거미 찾기를 시도 할 때는 있는 상태 그대로의 거미를 발견하도록 하는 것이 좋습니다. 아이들은 작은 곤충을 보면 마구 잡으려 하기도 하지만, 처음에는 이러한 행동을 자제하도록 하는 것이 필요합니다. 거미의 생활과 공간을 침해하는 것이 아니라 공존하고 있는 그들을 발견하는 데 초점을 맞추는 것이 좋습니다. 처음 시작이 우리 주변에 있는 거미의 존재를 발견하는 것이었으므로, 마무리 활동도 거미를 발견한 장소를 찾아 표시해 보고, 지속적으로 본 활동을 연결해 일정 기간 동안 거미의 위치가 바뀌는지를 찾아 볼 수도 있습니다. 거미의 바뀌는 위치에 따라 그 원인을 추론해 본다면, 재미있는 심화 탐구 활동이 될 수 있습니다.

반짝이는 거미줄

▶ **활동 목표**   거미줄의 생김새에 관심 갖고, 빛을 이용해 거미줄의 특성을 탐구한다.

▶ **활동 자료**   작은 손거울, 돋보기, 색 셀로판지, 디지탈 카메라, 철사, 도화지, 색연필

▶ **활동 방법**   ① 거미줄 찾기 활동에 대해 회상한다.

- 거미 찾기를 하였을 때 가장 즐거웠던 것은 무엇이었니?

  거미가 빠르게 기어가는 거요,

  거미줄이 있었어요,

  실 같은 거?

- 거미줄도 보았니?

- 너희들이 본 거미줄은 어떻게 생겼니?

  엉켜 있었어요,

  비닐 같은 실이에요,

  거기에 다른 작은 벌레도 있었어요,

- 그럼 오늘은 그날 보았던 거미줄이 잘 있는지 한번 나가서 살펴볼까?

- 거미줄을 재미있게 관찰할 수 있는 방법은 무엇이 있을까?

  가까이 가서 봐요,

  돋보기로 봐요,

  만지지 말고 봐요,

  살짝 만져 보면 안 돼?

- 아까 어떤 친구가 거미줄이 비닐 같다고 그랬는데, 혹시 거울에 비추어서 보면 어떨까?

  더 예쁘게 보일지도 몰라요,

  거미가 거울 보려고 오지 않을까요?

  재미있겠다,

- 지금 우리가 생각한 재미있는 방법들로 거미줄을 보고 오자.

② 반짝이는 거미줄을 관찰하고 이야기 나눈다.

- 운동장 어디에서 거미줄을 볼 수 있었니?

- 거미줄을 재미있게 관찰할 수 있는 방법 중에서 눈으로 보는 것을 먼저 해 볼까?

■ 눈으로만 거미줄을 보니 어떤 생각이 드니?

　와! 미로 같아요,

　실 같이 가늘어요,

　바람 불면 조금씩 흔들려요,

■ 이번엔 돋보기로 좀 더 자세히 볼까?

　크게 보인다,

　물이 아닐까요?

■ 그럼 이번엔 거울에 비춰서 거미줄을 살펴보자.

　조금 이상해요,

　같은 거 같은데?

　아니 조금 다른 것 같아,

■ 어떤 점이 다른 것 같니?

■ 거울로 햇빛을 반사시켜 보면 어떨까? (교사가 보여 준다.)

　와! 빛난다,

　거미줄에 비춰 봐요,

　어~ 따라가 봐!

　거미줄 봐봐,

　반짝거린다,

　거울 더 움직여 보세요,

〈 돋보기로 거미를 보아요 〉

〈 거울로 거미줄을 비춰봐요 〉

■ 거울에 색깔 셀로판지를 붙여서 해 보면 어떨까?

　(아이들이 여러 가지 방법으로 거울을 가지고 빛을 반사해서 거미줄에 비춰 보
　도록 한다.)

■ 다음에 또 나와서 거미줄을 살펴보도록 하자.

③ **개별로 혹은 집단별로 거미줄을 표상해 본다.**

- 거미줄을 직접 보니 어땠니?

- 너희들이 만약 거미라면 그와 같은 거미줄을 만들 수 있을까?

- 우선, 너희들이 본 거미줄을 그림으로 그려 보자.

- 거미줄의 큰 모양은 어땠니? 거미줄은 어떻게 연결되어 있었니?

  네모,

  오각형,

  지그재그 지그재그,

  엉망진창 길,

  미로 같았다니까,

- 그림으로 그린 거미줄을 진짜 만져 볼 수 있는 것으로 만들 수도 있을까?

- 그러려면 무엇이 필요할까?

  그런 비닐 같은 게 없잖아요,

- 가는 철사로 만들어 보는 것은 어떨까?

- 철사를 사용해 본 적이 있니?

- 구부릴 때와 연결할 때는 어떻게 하면 좋을까?

  (철사 연결하는 방법을 시범 보인다.)

- 그림으로 그렸던 거미줄을 철사로 한번 만들어 보자.

④ **거미줄 만들기 활동 결과물을 함께 보며 활동에 대해 평가한다.**

- 친구들이 만든 것을 함께 살펴보자.

- 만들어 보니 기분이 어떠니?

- 진짜 거미줄과 얼마나 비슷해졌니? 어떤 점이 다르니?

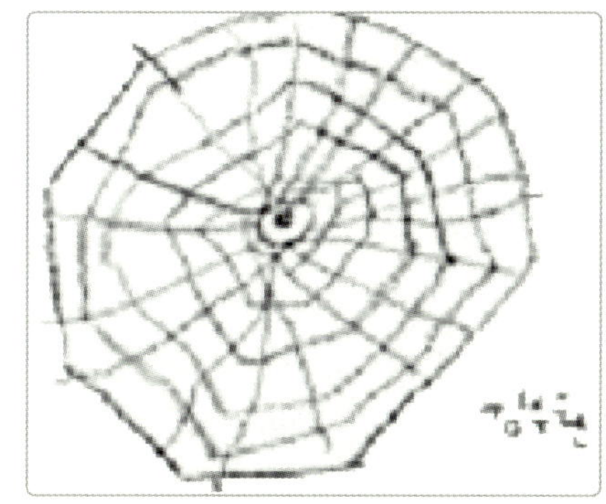 

〈 철사로 거미줄을 만들어요 〉

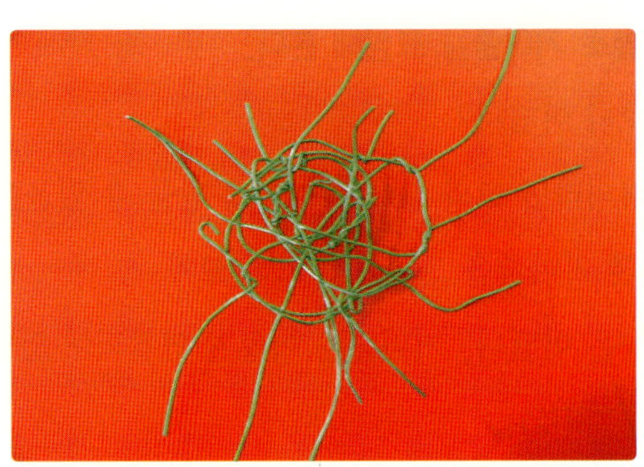

〈 철사로 거미줄을 만들어요 〉

거미줄을 흥미롭게 관찰했다면, 아이들이 인식한 거미줄의 모양과 특징을 표상해 볼 수 있는 기회를 마련하는 것이 좋습니다. 물론 가장 평범하고 일상적인 방법은 종이에 그림을 그려 보는 것입니다. 그 다음으로는 거미줄의 특징을 잘 드러낼 수 있는 재료를 가지고 입체로 구성해 보는 것입니다. 그냥 본 것과 실제로 구성해 보는 과정에서 나타나는 갈등과 도전은 거미줄에 대한 새로운 인식 전환의 기회가 될 것입니다.

거미줄을 만들 때, 가는 꽃철사(흰색) 사용을 권해 드립니다. 외관상 거미줄과 비슷하기도 하려니와 쉽게 잘 구부러져서 모양을 만들기가 쉽기 때문입니다. 단 이음새 연결이 아이들에게 어려울 수 있으나 이음새 연결 방법은 선생님이 미리 조금 설명해 준다면 큰 무리가 없을 것입니다.

거미를 가까이서 보아요

▶ **활동 목표** 거미를 가까이에서 관찰하며 거미의 생김새와 특징을 알고 친밀감을 느낀다.

▶ **활동 자료** 투명한 채집통, 망사, 고무줄

▶ **활동 방법** ① 교실에 거미를 데리고 오는 것에 대해 이야기 나눈다.

■ 거미와 거미줄을 본 기분이 어떠니?

■ 거미의 어떤 점이 가장 맘에 드니?
거미가 다리가 많아요.
거미 기어가는 것이 신기해요.
생긴 게 신기해요.

■ 거미를 아주 가까이서 본다면 어떨까?
무서울 것 같아요.
눈도 보이지 않을까요?
빨라서 가까이서 못 볼지도 몰라요.
모두 다 잘 볼 수 있을 것 같아요.

■ 어떻게 하면 거미를 가까이서 잘 볼 수 있을까?
가까이 가서 보면 돼요.
돋보기로 봐요.
손 위에 올려놓고 봐요.
개미처럼 보이는 통에다 넣어 두고 봐요.

■ 거미를 괴롭히지 않고 데리고 올 수 있는 방법을 찾아보자.
거미가 좋아하는 먹이를 주고 따라오게 해요.
그냥 통을 놓아 두고 들어올 때까지 기다려요.
손으로 잡아서 넣는 것은 어때?

■ 거미를 투명한 통에 넣을 때 도구를 사용하면 어떨까?
막대기를 사용해요. 막대기에 거미가 올라오게 해서 그걸 같이 통에 넣어요.
막대기는 너무 작지 않을까? 종이 위에 올라가게 해서 넣자.

■ 필요한 물건들을 준비해서 밖에 나가 거미를 데리고 오자.

② **거미를 찾아서 채집망에 담는다.**

- 어디에서 거미를 볼 수 있었니?

- 지금도 거미가 거기에 있을까?

- 거미는 지금 무엇을 하고 있는 것 같니?
  뭐 먹나 봐요,
  그냥 있는 것 같은데요,
  거미줄을 만들라고 하는 거 아닐까요?
  어디로 가려나 봐요,

- 언제 통에 넣는 것이 좋을까?
  어디 가려고 움직일 때 통을 앞에 놔요,

- 거미를 어떻게 통에 넣기로 하였니?
  종이나 나무 막대기 하기로 했잖아,
  조심조심 다치지 않게,

- 거미는 지금 어느 쪽으로 움직이려고 하는 것일까?

- 그럼 종이를 어디에 놓으면 좋을까?
  거미 앞에 놔요 앞에,
  그럼 옆으로 가잖아,
  앞에 막대를 놓고 옆에 종이를 놔요,
  와! 올라왔다,
  통에 넣어 통에,

〈 거미와 가까이 만나요 〉

- 거미가 통 속에 안전하게 들어갔는지 살펴보자.
  들어갔어요,
  놀란 거 아냐?

나오면 어떻게?

■ 거미가 다시 밖으로 나오지 않도록 어떻게 해야 할까?
이거(망사) 빨리 덮어요.

■ 교실에 들어가서 통에 있는 거미를 자세히 살펴보자.

③ 교실의 채집통 속의 거미를 관찰한다.

■ 거미를 통 속에 넣을 때 어렵지는 않았니?

■ 통 속의 거미는 지금 무슨 생각을 하고 있을까?
우리 보고 신기해 해요.
하늘을 붕붕 나는 것 같잖아.
나갈 수 없어서 걱정해요.
마술 상자에 들어온 것 같아요.

■ 우리는 왜 거미를 통 속에 넣었니?
가까이서 보려구.

■ 언제 거미를 다시 돌려보내 주는 게 좋을까?
다 보고 나서요.
언제까지 볼 수 있어요?
우리 맘이지.
오래 있으면 안 돼!

■ 거미를 돌려보내기 전에 우린 무엇을 하면 좋을까?
잘 봐요.
거미랑 얘기해요.
거미 그림 그려요.
거미랑 놀아요.

■ 통 속의 거미가 어떻게 생겼니?
우와 털 같은 게 되게 많아.
다리 움직이는 거 봐.
무늬가 있네.
얼굴에 뭐 뾰족한데.

■ 멀리서 봤을 때랑 가까이서 봤을 때 다른 점이 있니?
크게 보여요.
작은 것도 다 보여.

■ 가까이서 보면서 발견한 새로운 점이 있니?

■ 너희들이 발견한 것을 글이나 그림으로 그려 보겠니?

■ 함께 짝이 되어서 관찰하고 싶은 친구가 있니?

■ 누가 거미를 거미가 원래 있던 곳에 데려다 주겠니?

▶ **참고 사항**

　　거미를 안전하게 통 속에 넣는 것에 성공하였다면 아이들은 거미를 관찰하는 것에 매우 흥분하게 됩니다. 이때 거미 통을 한 장소에 두고 관찰하도록 한다면, 아이들이 한꺼번에 몰려들어 위험한 상황이 발생할 수도 있습니다. 아이들을 둥그렇게 원으로 앉힌 다음 한 명씩 돌아가면서 거미 통을 들고 관찰할 수 있도록 해 주는 것이 좋습니다. 관찰기록을 할 때 개별적으로 하는 것도 좋지만 2~3명이 짝을 지어서 함께해 보는 것도 새로운 도전이 됩니다. 그림을 잘 그리는 아이, 예리하게 관찰을 잘 하는 아이, 언어표현이 뛰어난 아이 등 아이들마다 가진 재능이 다르기 때문에 2~3명의 아이들이 함께 모여 관찰기록을 한다면 사고의 확장뿐 아니라 서로에게 적절한 도움을 주고받을 수 있을 것입니다.

거미 소리도 들려요?

▶ **활동 목표** 거미의 소리를 상상하며 교감을 나누어 보고, 구체물로 거미가 낼 것 같은 소리를 만들어 보며 친밀감을 갖는다.

▶ **활동 자료** 곡식, 나뭇잎, 막대 등 자연물

▶ **활동 방법** ① 거미의 움직임에 대해 이야기 나눈다.

- 거미가 움직이는 모습을 보았니?

- 오늘은 거미가 움직이는 모습을 자세히 볼 수 있는 비디오를 가지고 왔단다.
  먹이를 구하러 나가는 것 같아요.
  자러 들어가요.

- 움직이는 모습을 자세히 살펴보자. 우리도 거미처럼 기어가 볼까?
  발을 들고 살금살금.
  아냐, 빨리빨리 가야지.
  올라가야지 나무에.

- 거미처럼 움직이니 어떤 기분이 드니?
  진짜 거미 같아.
  엎드리니까 얼굴이 빨개졌어.
  바닥에 있는 걸 다 보면서 간다.

- 우리가 움직일 때 어떤 소리가 났니?
  어! 아무 소리도 안 났어요.
  아냐, 기어갈 때 쿵쿵 했잖아.
  너 소리도 냈잖아, 아아.
  넌 말도 했잖아.

- 우리는 무엇을 하며 움직일 때 소리가 나니?
  먹을 때.
  걸어갈 때.
  노래 부를 때.
  오줌 눌 때.

- 거미도 움직일 때 소리가 날까?

- 진짜 거미가 소리를 내는지 알아볼 수 있는 방법이 있을까?

한번 봐봐요,

가까이 가서 소리 들어 봐요,

② 거미의 소리를 들어 본다.

- 거미의 소리를 잘 들으려면 어디에서 듣는 것이 좋을까?

  시끄러우면 안 돼,

  조용한 곳,

  우리 교실, 책보기 방 어때?

- 거미 소리가 잘 들리도록 하려면 우리는 어떻게 해야 할까?

  쉿!

  귀를 거미 가까이에 가져다 대고 들어요,

  그거... 의사 선생님이 쓰는 거,

  청진기?

  그걸로 들어요,

  그걸 어디에다가 대고 들어? 거미는 작은데?

  거미가 지나가는 바닥에,

〈 거미 소리를 들어 보아요 〉

- 그럼, 거미를 데리고 와서 한번 소리를 들어 보자.

  ※투명 통에 거미를 채집해 온다.

- 너희들이 생각했던 것처럼 소리가 잘 들리니?

  안 들려,

조용히 해 봐, 쉿! 쉿!

안 들린다, 청진기로 해 볼까?

우왁! 너무 시끄러워, 이게 무슨 소리냐?

그건 니가 손으로 바닥 쳐서 그런거 잖아?

■ 왜 거미 소리는 잘 들리지 않는 것일까?

너무 작아서 그런 거 아니예요?

거미가 발은 아주 작아요,

발을 들고 다녀서 그래,

■ 정말 소리를 안 내는 것일까? 우리가 듣지 못 하는 것일까?

못 듣는 게 아닐까요?

너무 가벼워서,

우리처럼 말을 못하는 거지,

■ 만약 거미가 우리처럼 소리를 낸다면 지금 어떤 소리를 내고 싶을까?

왜 그렇게 생각하니?

왜 나를 쳐다보니?

쿵쾅쿵쾅,

으쓰 으쓰

③ 자연물을 다양하게 활용하여 거미의 소리를 만들어 본다.

■ 거미의 소리를 잘 들을 수 있었니?

아니요,

곤충은 소리를 잘 안 내요,

■ 왜 거미의 소리를 잘 들을 수 없었을까?

■ 거미처럼 소리를 들을 수 없는 곤충이 또 있을까?

■ 모든 곤충이 소리를 안 내는 것일까?

아니요, 귀뚜라미는 소리 들리는데,

딱정벌레도 딱딱 그래,

매미 소리는 얼마나 큰데,

■ 이렇게 조용한 거미에게 붙여 주고 싶은 별명이 있니?

살금살금 거미,

세상에서 가장 조용한 거미,

■ 너희들이 못 들은 거미의 소리를 상상해서 만들어 볼 수 있겠니?

■ 여기 있는 자연물들 중에 무엇으로 소리를 만들면 가장 잘 어울릴 것 같니?

그보다 작은 쌀은 어때?

콩을 굴리면 비슷하지 않을까요?

※ 콩, 쌀, 조 등 크기가 비교되는 곡식과 헝겊 주머니, 비닐봉지, 종이 상자 등을 준비하
고 활용해서 소리를 만들어 본다.

■ 자연물들을 이용해서 소리를 만들어 보고, 소리의 이름도 정해 보자.

거미가 신나게 놀러 가는 소리

맛있게 먹는 소리

먹이를 잡으려고 기다리는 소리

거미줄 만드는 소리

친구랑 노는 소리

나무 위를 가는 소리

〈 거미 소리의 이름을 지어요 〉

거미는 어디에 살까?

“저기 저거, 반짝이는 거 뭐지?”, “저거? 거미줄 아니야?”, “저런 거 우리 아파트 나무에서도 봤는데”, “난 할머니 집에 갔을 때 봤어”, “너도 거미 봤어?”, “어”, “나도 봤어”, “우리 근처에 거미가 진짜 그렇게 많아?” ○○이가 바깥 놀이터에서 우연이 발견한 거미줄이 반 전체의 아이들의 관심사로 확장되었고, 생활 주변에서 쉽게 발견할 수 있는 거미와 거미줄을 찾아보는 것으로 이어졌다.

▶ **활동 목표** 거미의 서식처에 관심을 갖고, 거미의 생태적 특징을 이해한다.

▶ **활동 자료** 거미집, 돋보기, 기록 용지, 필기도구

▶ **활동 방법**

1 거미의 서식지를 찾는다.

- 우리 생활 주변에 거미가 사는 곳이 얼마나 많을까?
  우리 유치원 문 옆에도 있어요,
  바깥 놀이터 나무... 거기도 있는데!
  토끼장 밑에도 있어,

- 거미가 살고 있는 곳을 찾아서 지도에 표시해 보자.

- 우리 유치원에서 거미가 가장 많은 곳은 어디일까?

〈 거미가 사는 곳을 표시한 지도예요 〉

2 거미 서식지의 특성을 정리해 본다.

- 거미가 많이 살고 있는 곳은 어디였니?
  나뭇가지나 뭐든 있는 곳이요,
  거미줄을 치려면 뭐가 있어야 하잖아,

■ 거미가 사는 곳의 모습을 자세히 살펴보자.

■ 어두운 곳이 더 많았니? 밝은 곳이 더 많았니?
  어두운 곳도 있었고 밝은 곳도 있었어요.
  어두운 곳이 조금 더 많아요.

■ 바람이 잘 부는 곳이었니? 안 부는 곳이었니?

■ 물기가 있는 곳이었니? 없는 곳이었니?

■ 높은 곳이 많았니? 낮은 곳이 많았니?
  높은 곳에 더 많이 있어요.

■ 거미가 가장 살기 좋아하는 곳은 어디인 것 같은지 정리해 보자.

③ 거미의 서식지와 사람의 집을 비교해 본다.

■ 거미가 사는 곳을 조사해 본 느낌이 어떠니?
  주변에 거미가 참 많아요.

■ 거미가 사는 곳은 어떤 점이 우리가 사는 곳과 달랐니?

■ 거미는 왜 그곳에 살고 있는 것일까?

■ 거미가 사는 모습과 우리 인간이 살아가는 모습 중에 다른 점은 무엇이 있을까?
  거미집은 다 보이잖아요. 우리 집은 방에 들어가면 안 보이는데...
  거미집은 바람 불면 날아갈 것 같아요.

■ 비슷한 모습도 있니?
  가까이 있는 거요.

■ 너희들이 좋아하는 집의 모습은 어떠니?

■ 거미가 좋아하는 집은 우리와 같았니? 어떻게 달랐니?

■ 좋아하는 것과 사는 곳의 모습이 서로 다른데 왜 함께 지내는 것일까?

거미줄은 어떻게 만들어지는 것일까?

“거미줄은 있는데 거미는 없다”, “모든 거미줄에 거미가 있는 것은 아니야”, “거미가 거미줄을 만들어 놓고 간 거 아니야?”, “거미줄은 어떻게 만든 걸까?” 거미를 찾던 아이들은 거미가 만들어 놓은 거미줄에 관심을 갖게 되었다. ‘거미줄을 어떻게 만드는 것일까?”, “무엇으로 만드는 걸까?” 등으로 궁금증이 모아졌고 이를 자세히 탐구하기로 하였다.

▶ **활동 목표** 거미줄의 특징을 이해하고, 거미줄이 만들어지는 원리와 방법에 관심 갖는다.

▶ **활동 자료** 디지털 카메라, 필기도구, 기록지

▶ **활동 방법** ① 거미집에 대한 경험을 나눈다.

- 유치원의 어디에서 거미를 보았니?
  유치원 주변에 많아요.
  거미줄도 많아요.
  거미랑 거미줄은 같이 있어요.

- 거미줄은 어떻게 생겼니?
  네모 같기도 해요.
  그물인 것 같아.
  구멍이 퐁퐁.

- 거미는 왜 집을 지을까?
  쉴려고요.
  집이 있어야 자고 먹고 하죠.
  거미집은 구멍이 뚫려 있어서 바람이 들어오겠다.

- 사람들은 집을 지을 때 무엇을 사용해 집을 짓니?
  돌.
  시멘트나 나무요.

- 거미도 망치, 못, 시멘트, 벽돌을 사용해서 집을 지을까?

- 거미는 무엇으로 어떻게 집을 지을까?
  실 같은 것으로 비닐처럼 반짝이는 거요.

- 거미가 집 짓는 방법을 조사해 볼 수 있는 방법은 무엇이 있을까?

■ 도움을 얻을 만한 곳이 있을까?

② 거미집의 재료를 탐색한다.

■ 거미집을 무엇으로 만들었는지 알 수 있는 방법은 무엇이 있을까?
　가까이 가서 봐요.
　손으로 만져 봐요.
　냄새도 맡아봐요.
　색깔을 보면 무엇인지 알아맞힐 수도 있어.

■ 거미가 없는 거미집을 방문해서 탐구한다.

■ 거미집의 냄새를 맡아 보자. 어떤 냄새가 나는 것 같니?
　냄새가 안 나는 것 같은데...
　시큼한 냄새가 나는 것도 같아.

■ 냄새로 거미집의 재료를 알 수 있겠니?
　잘 모르겠어요.

■ 눈으로 보기에는 무엇과 닮았니?
　비닐처럼 반짝거려요.
　투명해.

■ 비닐인지 아닌지 어떻게 알 수 있을까?
　만져 봐요.

■ 빛을 비춰 보면 어떨까?

■ 살짝 만져도 보자.
　손에 달라붙어, 살살 만져 봐.

■ 바람을 불었을 땐 어떻게 되었니?
　거미줄이 휘어요.
　고무줄처럼 조금 늘어 났어요.

■ 만져 본 느낌은 비닐과 같니?

■ 만져 보니 어떤 재료인 것 같으니?
　끈적끈적한데..
　조금씩 늘어나는 게 고무인가?

■ 거미줄끼리 어떻게 연결을 시켰을까?
　끈적끈적한 것끼리 붙여서 만들었을 것 같아.

■ 거미집을 만든 이 재료는 도대체 무엇일까?

■ 우리들이 사용하는 재료 중에 비슷한 것이 있니?
  풀!
  풀을 종이에 대었다가 떼면 이런 거 생겨요, 하얀 줄,
  맞다 맞다, 비슷하다,

■ 정말 그렇게 생각하니? 우리도 풀로 한번 하얀 줄을 만들어 볼까?
  비슷한 것 같아,
  풀로 만든 줄이 더 가늘고 많아,
  비슷하기는 한데 거미줄 모양하고 똑같지 않아,

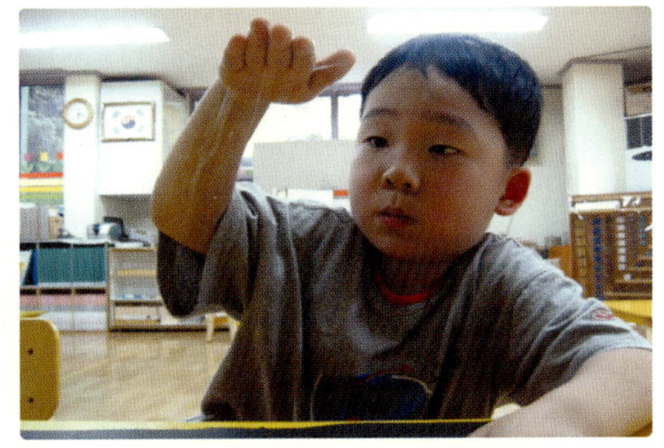

〈 풀로 거미줄을 만들어 봐요 〉

③ 거미집 모양에 대해 탐구한다.

■ 거미줄의 모양은 어떠니?

■ 거미줄의 모양을 다 같을까? 다를까? 왜 그렇게 생각했니?
  같을 거야, 비슷비슷했던 것 같아,
  다를 거야, 똑같은 거미가 만드는 것이 아니니까!

■ 우리가 궁금해 한 것을 어떻게 알아볼 수 있을까?
  찾아서 잘 살펴봐요,

■ 거미집을 발견하면 어떻게 해야 궁금해 하는 친구들이 함께 볼 수 있을까?
  발견한 거미집을 사진으로 찍어요,

■ 다른 친구들이 발견한 것과 겹치지 않게 하려면 어떻게 해야 할까?
  ※ 발견 장소를 알려 줄 수 있는 특징적인 표시와 함께 촬영한다.

■ 친구들이 발견한 거미집을 함께 살펴보자.

■ 거미집 모양이 무엇을 닮았니?

■ 모양은 모두 같으니? 다르니?

거의 비슷해요.

책에서는 거미마다 다른 방법으로 짓는다고 했는데...

우리 동네는 비슷한 거미만 사나 봐.

■ 색깔, 크기는 또 어떤 것 같으니?

■ 너희들이 거미집을 만드는 건축가가 된다면 어떻게 집을 짓고 싶니?

▶ **참고 사항**

거미가 거미줄을 만드는 방법은 다음과 같습니다. 거미의 복부 속에는 6~8개의 실샘이 있는데 그 속에는 액체로 된 고무줄성 단백질이 꽉 차 있으며, 거미줄의 원료인 이 단백질은 꽁무니에 있는 3쌍의 실젖을 통해 밖으로 나가게 되는데 이때 공기와 접촉하면서 고체성인 거미줄이 됩니다. 왕거미는 매일 체중의 10%에 이르는 거미줄을 뱃속 실샘에서 액체로 만들어 냅니다. 거미는 먹이를 먹은 뒤 불과 20분이면 거미줄에 필요한 단백질을 만들어 내며, 그 비결은 거미가 먹이 몸속에 소화효소를 주입해 녹인 액체 상태를 빨아 먹어 매우 효율적으로 단백질을 만들기 때문입니다. 거미줄의 성질을 살펴보면, 섬유의 세기는 누에 실크보다 높고 나일론 줄과는 비슷한 수준입니다. 신축성은 나일론이나 누에 실크와 비슷하고 누에가 만드는 실의 1/10정도로 가는데, 이처럼 거미줄은 같은 지름의 강철보다 강하고 나일론만큼이나 질깁니다.

거미는 어떻게 먹이를 먹을까?

"거미줄에 벌레 있다!", "벌레가 죽어 있는 거 아니야?", "거미줄에 발이 걸렸나?"거미줄을 발견하고 자세이 탐구하는 과정에서 거미줄에 걸려 있는 벌레들을 보게 되었고, 아이들의 관심은 거미와 거미줄의 관계, 거미줄과 먹이가 되는 벌레의 관계에 모아졌다.

▶ **활동 목표** 거미 먹이의 특징과 거미가 먹이를 잡는 방법을 통해 생태계의 먹이사슬 관계를 이해한다.

▶ **활동 자료** 돋보기, 관찰지, 필기도구

▶ **활동 방법**

① 거미가 좋아하는 먹이에 대해 이야기 나눈다.

- 거미는 무엇을 먹을까?

  거미줄에 벌레가 붙어 있는 것 봤어요,

  나도 나도~

  벌레를 먹는 것 같아요,

- 거미의 종류마다 먹는 것이 같을까? 다를까?

  다를 것 같아,

  자기가 좋아하는 것만 먹을지도 몰라,

- 우리 유치원에 있는 거미는 어떤 먹이를 먹을까?

- 그중 가장 좋아하는 먹이는 무엇일까?

- 어디에서 먹이를 얻을까?

  ※ 거미줄에 걸려 있는 곤충의 종류를 조사해 본다.

② 거미가 먹이감을 얻는 과정과 방법에 대해 예측해 본다.

- 벌레는 어떻게 거미줄에 걸리게 되었을까?

  지나가다가 끈끈한 거미줄에 걸린 것 같아,

  거미가 줄을 만들어 놓고, 시큼한 냄새로 부른 게 아닐까?

  거미가 발로 벌레를 위협해서 거미줄로 가도록 만들었을 거야,

- 먹이를 잡는 데 얼마나 걸릴까?

- 거미줄에 걸려 있는 먹이는 어떤 모습인 것 같니?

힘이 없어 보여요.

죽은 거 아니야?

독침을 쏜 거 아냐?

■ 무엇으로 먹이를 움직이지 못하게 만들었을까?

■ 왜 움직이지 못하게 만들었을까?

기다렸다가 잡아먹으려고요.

③ 거미가 먹이를 얻고, 먹는 것을 관찰하고 기록한다.

■ 거미는 잡은 먹이를 어떻게 할까?

■ 거미도 이빨이 있어서 먹이를 씹을까?

■ 먹이를 어떻게 소화할까?

■ 먹이를 먹는 데 얼마나 걸릴까?

■ 먹이를 먹고 배설을 할까?

※ 유리병에 거미와 곤충 먹이를 넣어 두고 먹는 모습을 탐구한다.

■ 알아낸 것을 관찰지에 기록해 보자.

식물을 알고 사랑하기

미나리

국화

장미

미나리

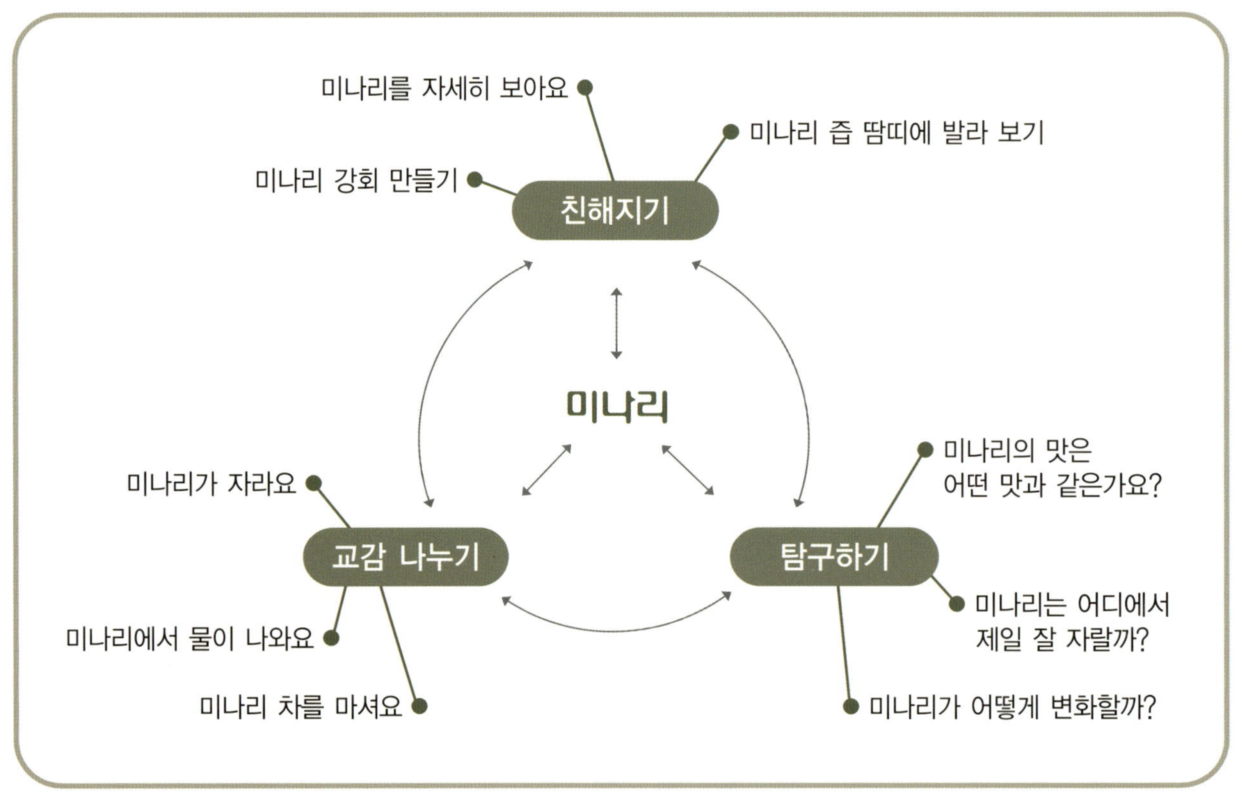

미나리를 자세히 보아요
미나리 즙 땀띠에 발라 보기
미나리 강회 만들기
친해지기
미나리
미나리가 자라요
교감 나누기
미나리에서 물이 나와요
미나리 차를 마셔요
탐구하기
미나리의 맛은 어떤 맛과 같은가요?
미나리는 어디에서 제일 잘 자랄까?
미나리가 어떻게 변화할까?

'미나리'를 주제로 한 활동 계획

미나리는 쌍떡잎식물로 산형화목 미나리과의 여러해살이 풀입니다. 미나리는 대략 30여 종으로 알려져 있습니다. 미나리의 잎의 모양이나 색깔, 줄기의 색깔 등은 성질, 맛, 분지성 등에 따라 약간 씩 다릅니다. 일반적으로 미나리의 종류는 돌미나리, 산미나리, 부채미나리로 크게 구분아여 재배합니다. 미나리의 또 다른 분류는 가을 미나리와 봄 미나리로 나뉘는데, 가을 미나리는 봄부터 가을까지 자라며 색이 점차 자색에서 백색으로 변합니다. 봄 미나리는 봄에 백색으로 변하게 됩니다. 미나리의 높이는 대략 80cm 정도이고 줄기의 가지마다 뿌리가 내려 번식이 가능합니다. 잎은 삼각형 모양이며 곧은 줄기 끝에서 잎과 마주 나는데 7~8월경에 개화합니다. 미나리를 재배할 때는 기상 조건과 토양 여건에 따라 생육과 품질에 미치는 영향이 매우 큽니다. 미나리는 추위에 견디는 힘이 강하나 10°C이하에서는 생육이 정지됩니다. 미나리는 특히 습한 곳을 좋아하는 성질이 있어 물이 있는 주위에 자생하지만, 고여 있는 물에서는 잘 자라지 않습니다.

미나리는 다습한 땅이나 수경 재배 등으로 집약 재배되며, 비타민 A, B1, B2, C 등이 다량 함유되어 있고 단백질, 철분, 칼슘, 인 등 무기질이 풍부한 알칼리성 식품입니다. 미나리는 혈액의 산성화를 막아주며 정신을 맑게 하고 혈액을 보호하는 효과를 가지고 있습니다. 그래서 복어탕에는 미나리를 넣어 복어의 독을 중화아기도 합니다. 또한 최근에는 폐수 처리장의 폐수 등의 수질 정화 기능이 있음이 밝혀졌습니다.

미나리 강회 만들기

▶ **활동 목표**   미나리에 열을 가하면 생기는 변화를 알아보고, 요리하는 과정을 통해 즐거움을 가진다.

▶ **활동 자료**   미나리, 냄비, 물, 휴대용 가스레인지

▶ **활동 방법**   ① 미나리를 살펴보고 이야기 나눈다.

- 선생님이 어제 해물탕을 먹었는데 거기 미나리가 있었어. 미나리를 가져왔는데 너희들도 먹어 본 적 있니?

  네, 먹어 본 적 있어요.

- 미나리를 만져 보자. 어떤 느낌이 드니?

  나무 같아요.

  굉장히 길어요.

  줄기가 굵어요.

  말랑말랑해요.

  차가워요.

  부러져요.

- 미나리를 쪼개면 무슨 색깔이 나올까?

  초록색이요.

  물이 나와요.

  나는 꺾어지지 않아요.

  줄기를 쪼개니 안에 아무것도 없어요.

- 미나리는 무슨 맛이 나니?

  야, 맛있겠다.

  시금치 맛이 나요.

  당근 냄새요.

  나뭇잎 맛이에요.

  오이 맛도 나요.

- 미나리 냄새를 맡아 보자. 어떤 냄새가 나니?

  지독한 냄새가 나요.

  아니요, 좋은 냄새가 나요.

② 미나리를 물에 넣고 끓이면 어떤 변화가 일어나는지 예측해 본다.

■ 미나리를 끓는 물에 넣으면 색깔은 어떻게 될까?
　초록색이 될 것 같아요.

■ 미나리를 끓는 물에 넣으면 미나리 맛이 어떻게 변할까?
　오이 맛이요.
　당근 맛이요.
　고기 맛이요.
　콩나물 맛이요.
　말랑말랑해 질 것 같아요.

■ 끓는 물에 넣은 미나리를 만져 보자. 어떤 느낌이 들 것 같니?
　말랑말랑 할 것 같아요.
　부드러워 질 것 같아요.

■ (미나리를 데친 후 찬물에 헹구어 소쿠리에 받친다.) 데친 것과 날것을 한번 비
교해 볼까? 색이 어떻게 되었니? 냄새는 어떠니?
　더 초록색이 되었어요.
　냄새는 아까랑 달라요.
　시금치 냄새가 나요.
　옥수수 냄새가 나요.

③ 물기를 뺀 미나리를 한 가닥씩 잡아 한 입 크기로 돌돌 말아 먹어 본다.

■ 미나리를 찬물에 헹구면 어떻게 될까?
　부드러워졌어요.
　미끌미끌해요.
　차가워졌어요.
　잘 안 짜져요.

■ 미나리 맛이 어떠하니?
　시금치 맛이 나요.

■ 데치기 전의 미나리 맛은 어떠했니? 데친 다음에 미나리 맛은 어때?
　끓이니까 더 맛있어 졌어요.
　미나리가 맛있어요!
　와, 맛있다!

〈 미나리를 데쳐서 먹어 보아요 〉

■ 미나리로 어떤 요리를 또 할 수 있을까?

당근이랑 같이요,

감자랑 같이요,

볶음밥이요,

찌개요,

■ 내일 미나리로 할 수 있는 요리를 더 알아 와서 이야기 나누어 보자.

▶ **참고 사항**

미나리는 그 성분 면에서 비타민이 풍부하며 특히 입맛을 잃었을 때 식욕을 되찾는 효과도 가지고 있습니다. 미나리로는 미나리 강회 외에도 찌개나 무침에도 맛을 내는 데 그만입니다. 특히 미나리를 가지고 아이들과 함께 김치를 담궈 먹어 보는 것도 미나리의 향과 맛을 느낄 수 있는 또 하나의 방법입니다. 돌미나리 추출물로 껌을 만들어 특허를 내기도 한답니다.

미나리를 자세히 보아요

▶ **활동 목표** 미나리를 자세히 관찰하여 그 형태와 특성에 대해 이해한다.

▶ **활동 자료** 미나리, 종이, 색연필

▶ **활동 방법**

1️⃣ 미나리를 살펴보고, 이야기한다.

- 미나리는 무슨 색이니?
  초록색이요.
  노란색이요.

- 미나리를 만져 보자. 어떤 느낌이 드니?
  부드러워요.
  차가워요.

- 미나리를 먹어 보자. 맛이 어떠니?
  맛있어요.
  오이랑 같이 먹으면 맛있어요.
  할머니가요, 시골에서 미나리를 가져오셨어요.

- 미나리가 어떤 모양이니?
  길어요.
  나무에 붙어 있는 것 같아요.

- 미나리의 모양을 그릴 수 있는 방법은 무엇이 있을까?

2️⃣ 미나리의 줄기와 잎을 구분해 보고, 각각의 느낌을 알아본다.

- 미나리를 자세히 관찰해 보자. 종이 위에 미나리를 올려놓고 만져 보자.

- 미나리의 줄기를 만지니까 어떤 느낌이 드니?

- 눈으로도 보고 손으로도 만져 보자.
  줄기가 길쭉해요.
  잎은 납작해요.
  나무처럼 키가 커요.
  말랑말랑해요.

- 미나리 잎은 어떤 느낌이 드니?
  잎은 부드러워요.

■ 미나리 줄기는 무슨 색이니? 미나리 잎은 무슨 색이니?

초록색이요.

줄기는 연두요.

잎은 초록이요.

위로 올라가면서 초록색이요.

■ 미나리를 보고 또 무엇을 알 수 있니?

잎은 작아요.

폭신폭신해요.

■ 미나리 잎을 잘 살펴보자. 잎에는 어떤 무늬가 있니?

삐쭉한 무늬가 있어요.

길어요.

③ 미나리를 도화지에 붙인 후, 색연필로 모양을 따라 그려 본다.

④ 자신이 그린 미나리 모양에 대해 이야기하고 다른 친구들이 그린 미나리도 감상한다.

■ 미나리의 모양을 이렇게 보니까 어떠니?

꼭 나무처럼 생겼어요.

잎은 위에 붙어 있어요.

〈 미나리 모양을 느껴요 〉

〈 미나리를 그려요 〉

미나리 즙 땀띠에 발라 보기

▶ **활동 목표** 미나리가 우리 몸에 좋은 약초임을 알고 미나리에 친근함을 갖는다.

▶ **활동 자료** 미나리, 그릇, 접시, 가제 수건

▶ **활동 방법**

1 미나리의 향을 음미한다.

- 미나리의 색은 어떠니? 잎과 줄기의 색은 어떠니?

- 미나리의 향을 맡아 보자. 향이 어떠니? 어디서 맡아 본 것 같니?
  오이 맛이 났어요.

2 미나리 즙을 짜서 몸에 발라 본다.

- 미나리의 줄기를 눌러 보자. 어떻게 되었니?
  즙이 나와요.
  초록색 물이 나와요.
  뚝 부러졌어요.

- 미나리의 즙을 내기 위해서는 어떻게 해야 할까?

- 즙은 어떤 색이니? 향은 어떠니?
  초록색이요.
  풀 냄새가 나요.

- 미나리 즙을 땀띠 난 곳에 살짝 발라 보자.

- 미나리 즙을 바르니까 어떤 느낌이 나니?
  미끌미끌해요.
  시원해요.
  부드러워지는 것 같아요.

- 미나리 즙이 몸에 바르거나 먹으면 왜 좋을까?

- 미나리 말고 바르거나 먹으면 몸에 좋은 식물이 더 있을까?

〈 미나리 즙을 탐색해요 〉

③ **미나리를 활용하는 다양한 방법을 알아본다.**

- 미나리의 향을 맡고 즙을 짜 보니 어떠니?

  신기해요.

  초록색 물이 나와요.

  물이 조금 나와요.

- 즙의 맛은 어떠니? 몸에 발라 보았을 때는 어떤 느낌이 들었니?

  맛은 아무 맛도 안 나요.

  아주 시원해요.

- 미나리를 먹거나 바르거나 하는 것 외에 또 어디에 사용할 수 있을까?

  병에 담아 두고 조금씩 조금씩 향기를 맡아요.

  그림에 색칠을 해요.

- 미나리로 만들 수 있는 음식에는 무엇이 있을까?

  미나리 부침개.

  비빔밥.

- 약으로 쓰이는 식물을 집에서 알아오기로 하자.

▶ **참고 사항**　　미나리의 성분이 아이에 따라 맞지 않을 수도 있으니 상처 부위에는 바르지 않는 것이 좋습니다.

자연과 교감하기 미나리가 자라요

▶ **활동 목표** 미나리에게 날마다 물을 주고 자라나는 모습을 지속적으로 관찰한다.

▶ **활동 자료** 미나리, 항아리, 물

▶ **활동 방법** ① 미나리를 관찰하며 이야기 나눈다.

- 미나리를 먹어 본 적 있었니? 언제 먹어 보았니?
  네, 아귀찜,
  설렁탕,
  비빔밥,
  그냥 먹어도 돼요,

- 미나리의 향을 맡아 보자. 어떤 향이니?
  향긋한 냄새가 나요,

- 미나리를 이렇게 줄기만 가지고도 물만 주면 잘 자란단다. 미나리를 자세히 보자. 어떤 것들이 보이니?
  줄기요,
  잎이요,
  뿌리도 있어요,

- 미나리가 무슨 색이니?
  초록색이요,
  연두색이요,

- 미나리에 대해서 궁금한 것이 무엇이 있니?
  우리 몸에 어디에 좋아요?
  미나리가 어떻게 해야 잘 자라요?

② 미나리를 심어 보고 자라는 모습을 관찰한다.

- 미나리의 향을 맡아 보고 손으로 촉감을 느껴 본다.

- 미나리를 어디에 심을까?
  화단이요,

- 미나리에서 어떤 향이 나니?
  오이 냄새가 나요,

흙 냄새도 나요.

■ 미나리를 손으로 훑어 보자. 어떤 느낌이 드니?
　부드러워요.
　부슬부슬해요.

■ 미나리를 조금 잘라서 맛을 보자.

■ 미나리의 잎과 줄기의 맛이 각각 어떻게 다르니?
　잎은 부드럽고 줄기는 질기고 약간 써요.

■ 미나리를 흙에 심어 보자.

③ 미나리를 심어 보고 느낌을 이야기한다.

■ 미나리를 관찰해 보자. 우리가 먹은 것과 비교하면 어떠니?
　뿌리가 있어요.
　줄기가 가늘어요.

■ 선생님이 가져온 것 중에서 미나리가 아닌 것도 있니? 찾아보자.
　있어요, 이거요.
　이건 미나리가 아니에요.

■ 어떻게 알았니?
　이건 미나리보다 키가 작아요.
　잎이 커요.
　이것도 달라요, 잎이 뾰족해요.

■ 미나리를 심고 물을 주어 보자.

■ 미나리에게 물을 주니까 어떠니?
　흙이 진흙물처럼 되었어요.
　미나리가 잘 자랄 것 같아요.

〈 미나리를 심어요 〉

미나리에서 물이 나와요

▶ **활동 목표** 미나리를 찧었을 때, 어떤 변화가 생기는지 알아본다.

▶ **활동 자료** 미나리, 도화지, 절구, 가제 수건, 유리컵

▶ **활동 방법**

① 미나리를 살펴보고, 먹어 본 경험에 대해 이야기한다.

- 미나리를 먹어 본 적이 있니?
  맛있었어요.
  또 먹고 싶어요.

- 미나리를 언제 먹어 보았니?
  음식점 가서 먹어 보았어요.
  간장 찍어서 먹었어요.

② 미나리를 세로로 잘라 어떤 모양인지 살펴본다.

- 자른 미나리를 도화지에 문질러 어떤 변화가 생기는지 알아본다.
- 미나리를 자르면 그 안에 무엇이 있을까?
  연두색 물이요.
  초록색이요.
  줄기에서 물이 나와요.
- 자른 미나리를 도화지에 문지르면 어떻게 될까?
  그림이 그려질 것 같아요.
- 도화지에 살살 문질러 보자. 어떤 냄새가 나니?
  상추 냄새가 많이 나요.

③ 미나리를 절구에 넣어 찧으면 어떤 변화가 생기는지 알아본다.

- 미나리를 찧으면 어떻게 변할까?
  가루가 될 것 같아요.
- (절구에 찧은 미나리를 보며) 만져 보니 어떤 느낌이 드니? 색깔은 어떠니?
  피자같이 납작해요.
  미나리가 점점 줄어들어요.
- 절구로 찧기 전과 후를 비교하면, 어떤 점이 서로 다르니?

점점 초록색으로 변해요.

서로 붙어 있어요.

■ 절구에 찧은 미나리를 가제 수건에 넣고 짜면, 어떻게 될까?
물이 나올 것 같아요.

■ 그릇에 찧은 미나리를 담아 자세히 보고 냄새를 맡아 보자. 어떠니?
모양이 납작해 졌어요.

짙은 초록색이 되었어요.

잎이 찢어졌어요.

미나리보다 찧은 게 더 냄새가 진해요.

④ 미나리 즙과 짜고 난 찌꺼기의 맛을 보고, 모양, 색깔 등을 살펴본다.

■ 미나리 즙의 색깔은 어떠니?
너무 조금 나왔어요.

색이 진해요.

■ 미나리 즙에서는 어떤 냄새가 나니?

■ 미나리 즙은 어떤 맛이 나니?
아무 맛도 안 나요.

난 맛있어요.

■ 미나리 즙을 짜고 난 찌꺼기는 어떤 모양이니? 맛은? 향기는 어떠니?
향이 좋아요.

즙을 만지니 부드러워요.

▶ **참고 사항**

　미나리를 아이와 직접 심고 길러 본 결과, 흙에 심은 것 보다 물에 심은 미나리가 더 빨리 자라는 것을 볼 수 있었습니다. 미나리를 구할 때 시장에서 판매하는 것은 뿌리가 없는 것이 많으므로 뿌리 있는 미나리를 구해다 심어야 합니다. 흙에서 키운 미나리는 물에서 키운 것 보다 냄새도 강하고 맛도 진했답니다.

미나리 차를 마셔요

▶ **활동 목표** 미나리를 이용하여 차를 만들어 마셔 봄으로써 미나리의 향과 맛을 느껴 본다.

▶ **활동 자료** 미나리, 주전자, 도마, 칼, 작은 절구 등 빻는 도구, 찻잔, 티스푼, 꿀

▶ **활동 방법**

① 미나리를 관찰하며 향을 맡아 본다.

- 미나리를 심었는데 물에 심은 것이랑 흙에 심은 것 중 어느 쪽이 더 잘 자랄까?
  물에 심은 거요.
  흙에 심은 거요.

- 미나리를 비교해 보자. 키를 대어 보자. 어떨 것 같니?
  물에서 자란 미나리가 많이 자란 것 같아요.
  빼서 키를 대 봐요.

- 두 곳에서 자란 미나리를 비교해 보자. 자, 종이 위에 올려놓고 비교해 보자. 어떠니?
  물에서 자란 것이 키가 커요.
  자로 재어 봐요.

- 미나리를 자로 재어 볼까? 자, 물에서 자란 것은 34cm, 흙에서 자란 것은.. 32cm네!

- 어떤 미나리가 더 잘 자랐니?
  물에서 자란 미나리요.
  물에서 자란 미나리가 뿌리가 훨씬 더 많아요.
  미나리는 논이나 물이 있는 곳에서 잘 자란대요.

- 미나리의 맛은 어떨까? 어느 부분을 먹니?
  잎이요.
  줄기도 먹어요.

- 미나리를 자르면 어떻게 될까? 미나리를 자르면 거기서 또 자란다고 하더구나. 잘라 보자.

② 미나리를 찧어서 꿀과 섞어 차 만들어 마신다.

- 미나리를 가지고 어떤 요리를 해 볼까? 오늘은 맛있는 차를 만들어 보자.
- 흙에서 자란 미나리와 물에서 자란 미나리의 맛은 같을까?

■ 미나리를 먼저 씻어야 돼. 흔들흔들 물에 씻어 볼까?

■ 미나리를 절구에 찧어 볼 거야. 어떻게 될까?
납작해져요.
진한 초록색이 나와요.
냄새가 나요.
시금치 같아요.

■ 이 찧은 것을 그냥 물에 타서 마실 수 있을까?
아니요.

■ 그럼 어떻게 할까? 여기 가제 수건에 으깬 것을 꼭 짜 보자. 어떻게 될 것 같니?
물이 나와요.
연두색 물이 나와요.
와, 신기하다. 냄새가 지독해요.

■ 미나리 즙을 뜨거운 물에 타서 마셔 보자.

③ 미나리 차를 마셔 본 느낌을 나눈다.

■ 차를 마셔 본 적 있니? 어떤 차를 마셔 보았니?

■ 그 차는 무엇으로 만든 차일까?

■ 미나리 차의 맛은 어땠니?

■ 흙에서 자란 것과 물에서 자란 것이 차이가 있니?
맛있었어요.
더 마시고 싶어요.
풀 냄새가 나요.
물색이 보리차같이 노래요.
연두색이에요.

■ 찧은 미나리에 꿀을 넣어보자. 어떤 맛과 향이 될까?
더 맛있을 것 같아요.

■ 미나리 차는 목이 아플 때 마시는 차란다. 우리 몸에 좋은 다른 차들도 알아보자.

〈 미나리 차를 마셔요 〉

　　아이들은 미나리를 키우면서 미나리 차를 의외로 잘 마십니다. 미나리만을 우려 낸 차를 마시다가 나중에는 꿀을 섞어서 마실 수도 있습니다. 흙에서 키운 미나리는 향이 강한 반면, 물에서 자란 미나리는 맛과 향이 덜한 특징이 있습니다. 그 차이를 미각을 통해 느껴 볼 수 있는 활동입니다.

미나리의 맛은 어떤 맛과 같은가요?

"미나리에서 물이 많이 나온다", "물에서 냄새도 나는 것 같아", "맡아 봐", "초록 물감 같지 않니?", "이거 우리 아빠가 아침에 마시고 나가시는 거랑 비슷한 것 같다", "그거 먹어 봤어?", "아니 아빠만 드셔", "그거랑 똑같은 맛일까?", "먹어 보자." 미나리 즙을 짜 보다가 아이들은 다른 녹즙과 유사한 점을 찾았고, 미나리와 다른 야채 즙의 맛과 양을 직접 느끼고 비교해 보는 것에 관심이 집중되었다.

▶ **활동 목표** 미나리의 즙을 짜 보고 그 향과 맛을 느껴 봄으로써 미나리의 특성을 안다.

▶ **활동 자료** 미나리, 빵 칼, 작은 절구 등 빻는 도구, 컵

▶ **활동 방법** ① 미나리를 관찰한다.

- 미나리를 자세히 관찰해 보자. 어떻게 생겼니?

  길어요,

  잎이 작아요,

  초록색이에요,

  나뭇가지 같아요,

- 미나리를 만져 보자. 손끝으로 줄기나 잎을 만져 보자. 어떠니?

  매끈매끈해요,

  길쭉해요,

- 미나리를 또 어떻게 해 볼까?

  눌러 봐요,

  잘라 봐요,

- 미나리를 잘라 보니 어떠니?

  물이 나와요,

  초록색 물이 나와요,

- 미나리에서 나온 물을 맛볼까?

② 미나리에서 나온 물을 짜 보고 맛을 본다.

- 미나리의 맛을 보자. 어떤 맛이니?

  써요, 맛있어요,

■ 미나리의 즙은 어떤 맛과 비슷한 것 같니?

오이랑 비슷한 것 같아요.

당근이랑 비슷한 것 같아요.

배추랑 비슷한 것 같아요.

무랑 비슷한 것 같아요.

■ 미나리와 다른 맛을 비교해 보자. 어떻게 비교해 볼까?

다른 것도 즙을 내어 봐요.

다른 것도 잘라서 먹어 봐요.

■ 그래, 무엇과 비슷할지, 왜 그런지 이야기해 보자.

오이랑요, 색깔이 비슷해요.

시금치요, 초록색이니까요.

풀같이 생겼어요.

당근이요.

맛이 비슷했어요.

③ 오이와 시금치, 당근 등 야채를 준비하여 미나리와 같이 즙을 내어 맛을 보고 그 맛을 비교해 본다.

■ 오이를 즙을 내어 보자. 어떻게 하면 될까?

잘라서 콩콩 찧어서 즙을 내요.

■ 자, 맛을 보자. 어떠니?

오이는 시원한데 미나리는 좀 써요.

■ 다른 것도 비교해 볼까?

당근은 달라요.

시금치는 비슷해요.

시금치가 제일 맛이 비슷해요.

〈 여러 가지 즙의 맛과 향을 비교해 보아요 〉

미나리는 언제 제일 잘 자랄까?

"미나리 뿌리에 흙이 있네", "흙에서 자랐으니깐 그렇지", "그런데 여기는 왜 축축해?", "물 주었으니깐 그렇지", "물 많이 주면 미나리가 더 잘 자랄까?", "난 알머니가 미나리를 물병에 담아 놓은 것 봤는데", "물에만?", "어, 그래도 잘 자란데" 미나리와의 경험이 늘어나면서 미나리는 물에서 기를 수도 있고, 흙에서 기를 수도 있다는 것을 알게 되었고, 과연 두 가지 환경 중 어느 곳에서 더 잘 자라는지를 실험해 보게 되었다.

▶ **활동 목표**　미나리를 두 가지 환경에서 길러 보고 어떤 환경에서 잘 자라는지, 각각의 환경에서 자란 미나리의 향과 맛은 어떻게 다른지를 비교해 봄으로써 미나리 생육 환경에 대해 안다.

▶ **활동 자료**　뿌리 있는 미나리 2포기, PET병 2개, 물, 흙, 자갈돌 여러 개

▶ **활동 방법**　① 미나리의 생육 환경에 대해서 알아본다.

■ 미나리는 어떤 환경에서 잘 자랄까?

물에서요.

흙에서요.

■ 미나리는 물에서 키울 때와 흙에서 키울 때 언제 더 잘 자랄까?

키를 재어 봐요.

물에서요.

흙에서요.

〈 어느 쪽이 더 잘 자랄까? 〉

	물에서 자라는 미나리	흙에서 자라는 미나리
키	6명	1명
색 깔	진한 초록색일 것 같아요	연한 초록색일 것 같아요
맛	더 진한 맛	조금 진한 맛
냄 새	6명	1명

■ 미나리를 키우려면 어디서 키워야 할까?

교실에서요, 매일 보게요,

따뜻하니까 교실에서 키워요,

미나리가 잘 자랄 것 같아요,

② 미나리를 비교해 본 다음 각각의 환경을 달리하여 심어 본다.

■ 미나리를 심기 전에 키를 비교해 보자. 자로 키를 재 볼까?

두 개다,

둘다 17cm예요, 똑같다,

■ 미나리를 하나는 흙에, 하나는 물에 심어 볼 거야. 며칠이 있어야 미나리가 자란 것을 볼 수 있을까?

20일밤,

■ 미나리가 얼마나 자랄지 표를 만들어서 날짜를 기록하고 관찰해 보자.

〈 미나리가 얼마나 자랄까? 〉

월/일	물에서 자라는 미나리	흙에서 자라는 미나리
5월 21일	17cm	17cm

③ 각각의 환경에서 키운 미나리의 길이를 재어 보고 맛과 향을 비교해 본다.

■ 자, 이제 물에서 키운 것과 흙에서 키운 것을 재어 보자.

자가 필요해요,

■ 눈으로 먼저 보자. 어떠니?

물에서 자란 것이 더 긴 것 같아요,

■ 자, 이제 재어 보자. 뿌리부터 재어 보자. 물에서 자란 것은 21cm, 흙에서 자란 것은 18cm. (최종 5월 31일 측정. 10일간 키우고 측정)

〈 흙과 물에서 자란 미나리를 비교해 보아요 〉

■ 우리가 키우기 전에 예측한 것과 비교해 보자. 키는 어떤 것 같니?
  물에서 자란 미나리가 더 컸어요.

■ 물에서 키운 것이 왜 더 잘 자랐다고 생각하니?
  물에서 키운 것은요, 가지도 더 크고 많아요.
  잎도 커요. 아기 잎사귀도 있어요.

■ 색깔은 어떠니?
  땅의 것이 더 진한 초록색이에요.

■ 맛은 어떨 것 같애? 씻은 후 뜯어서 맛을 보자. 어떠니?
  땅에 심은 게 더 맛이 진해요.

■ 절구로 찧어 보자. 그리고 냄새를 맡아 보자. 어느 쪽이 냄새가 많이 나는 것 같니?

■ 왜 땅에서 자란 미나리가 맛도, 향도 진할까?
  영양분이 많아서요.

■ 설탕물 탈 때 물을 많이 넣으면 맛이 어떠니?
  미나리도 물에 심은 것은 물을 많이 먹어서 맛이 연해진 것 같아.

〈 미나리를 비교했어요 〉

	물에서 자라는 미나리	흙에서 자라는 미나리
키	21cm	18cm
색 깔	연한 초록색	진한 초록색
맛	연한 맛	진한 맛
냄 새	둘 다 진하다	둘 다 진하다

〈 미나리를 물과 흙에서 키워 봐요 〉

▶ **참고 사항**

　　미나리를 물과 흙 다른 환경에서 키울 때 같은 크기와 길이의 미나리를 사용하시는 것이 좋습니다. 물에서 키울 때는 잔돌을 먼저 깔고 미나리 뿌리가 돌에 끼어서 있을 수 있도록 하는 것이 키우기가 편합니다. 가게에서 파는 미나리는 뿌리를 잘라서 팔기 때문에 채소가게에 따로 부탁하면 뿌리 있는 미나리를 얻을 수 있습니다.

미나리가 어떻게 변화할까?

"미나리가 물에서 잘 자라는거 봤지?", "어, 색깔도 더 진해지고 잘 자라", 그 럼 미나리를 물이 없는 햇빛에 놓아두면 어떻게 될까?", "미나리를 잘라도 계속 자랄까?' 아이들은 미나리를 관찰하면서 미나리의 물리적, 화학적 자극에 대안 변화에까지 관심이 확장되었다. 아이들이 궁금해 하는 사항을 중심으로 미나리 의 변화에 대해 예측하고 실험해 보게 되었다.

▶ **활동 목표** 여러 가지 변인에 따라 변화하는 미나리를 관찰하고 그 특성에 대해 안다.

▶ **활동 자료** 미나리, 빵 칼, 돌, 냄비, 물, 휴대용 가스레인지

▶ **활동 방법** ① 미나리를 관찰하면서 변화했던 모습에 대해 회상한다.

- 미나리가 여러 가지로 다르게 변했던 것이 기억나니?

  미나리가 말랐어요.

  물에 담근 것이 잘 자라요.

  미나리 즙의 색깔이 갈색이 되었어요.

  미나리를 그냥 두니까 잎이 시들었어요.

  미나리를 누르니까 즙이 나왔어요.

  미나리를 물에 담그니까 키가 자랐어요.

  미나리를 자르니까 줄기 안이 보여요.

② 미나리에 다양한 방법으로 자극을 가하고 그 변화를 예측해 본다.

- 미나리를 또 어떤 방법으로 변화시켜 볼 수 있을까?

  끓는 물에 넣어 봐요.

  햇빛에 말려 봐요.

  미나리를 잘게 잘라 볼래요.

- 너희들이 말한 대로 하면 미나리가 어떻게 달라질까?

  물에 넣으면 부드러워질 것 같아요.

  햇빛에 말리면 작아질 것 같아요.

  미나리를 자르면 물이 나올 것 같아요.

❸ 미나리에게 자극을 가하고 그 결과를 예측한 것과 비교해 본다.

- 어떻게 되었니? 예측한 대로 나왔는지 살펴보자. 물에 삶은 것은 어떠니?

  아주 부드러워요.

  두꺼워졌어요.

- 햇빛에 계속 둔 것은 어떻게 변했니?

  말랐어요.

  색이 누렇게 되었어요.

- 잘게 자른 것은 어떻게 되었니?

  갈색이 되었어요. 쪼그라들었어요.

〈 미나리는 여러 가지 모습으로 달라져요 〉

국 화

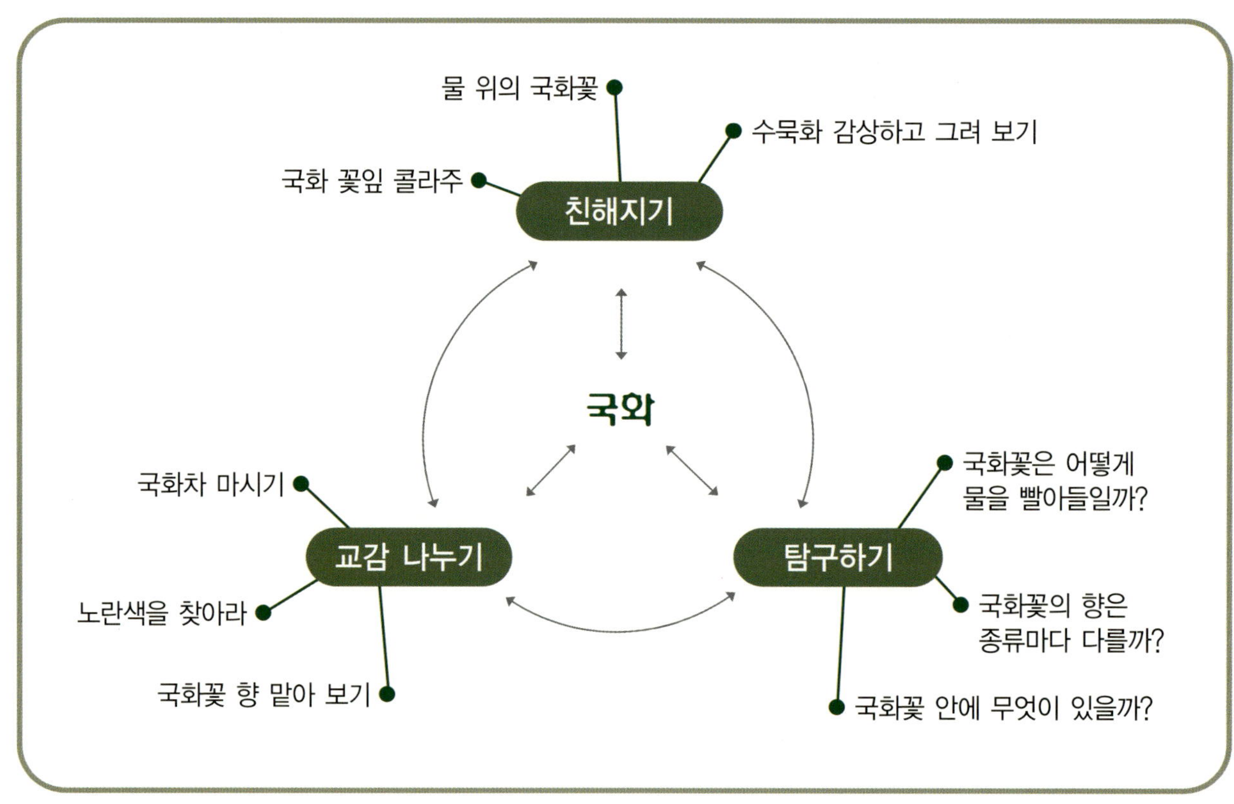

물 위의 국화꽃
수묵화 감상하고 그려 보기
국화 꽃잎 콜라주
친해지기
국화
국화차 마시기
교감 나누기
노란색을 찾아라
국화꽃 향 맡아 보기
탐구하기
국화꽃은 어떻게 물을 빨아들일까?
국화꽃의 향은 종류마다 다를까?
국화꽃 안에 무엇이 있을까?

'국화'를 주제로 한 활동 계획

국화는 예로부터 널리 사랑받아 온 꽃으로 가을철에 흔히 볼 수 있습니다. 국화꽃의 종류에 대해 알아보고 국화 향을 맡아 봄으로써 가을철에 느낄 수 있는 아름다움을 경험할 수 있습니다. 가을이 되면 주변에서 쉽게 국화를 접할 수 있으며 유치원 교실 안에서도 키울 수 있으므로 실제 국화를 키우면서 관찰하고, 국화에 대해 궁금한 질문 목록을 만들어 실험해 볼 수 있습니다.

가을철에 피는 국화는 재배 역사가 긴 관상식물로, 군자의 덕을 갖춘 꽃이라 하여 우리의 옛 조상들에게 사랑받아 왔습니다. 국화는 고려 충선왕 때 원나라에서 들어왔다고 합니다. 일본에 국화가 전해진 것은 백제 때로 왕인박사가 청, 황, 적, 백, 흑 다섯 가지 색깔의 국화를 전했다는 기록이 있습니다. 국화는 가을에만 꽃이 피지만 여름에 피는 하국도 있습니다. 국화과의 국화속 식물로 꽃잎 하나하나에 암술과 수술이 있으며 꽃잎이 모여 한 송이의 꽃을 이룹니다. 최근에는 계절에 관계없이 꽃이 피는 품종이 개발되어 연중 꽃을 볼 수도 있습니다. 국화의 생육 온도는 15~20℃로 개화 시기에 따라 여름 국, 7~8월 국, 9월 국, 가을 국, 겨울 국으로 나뉘며, 꽃의 크기에 따라서는 소국, 중국, 대국으로 나뉩니다. 국화는 세계 제일의 인기화훼로 경기도와 경상남도가 주생산 단지입니다.

국화 꽃잎 콜라주

▶ **활동 목표** 국화꽃의 특징에 관심을 갖고, 국화꽃 꽃잎을 이용해 그림을 그려 보면서 친근감을 갖는다.

▶ **활동 자료** 국화꽃 잎, 전지, 오공 본드, 필기도구

▶ **활동 방법**

① **국화꽃이 있는 잔디밭으로 산책을 가서 국화꽃을 관찰한다.**

■ 잔디에 노랗게 핀 꽃은 무슨 꽃이니?
　국화꽃이요.
　너무 예뻐요.
　향이 많이 나요.

■ 노란 국화꽃을 보면 무슨 생각이 떠오르니?

■ 꽃잎을 만져 보자.
　예쁘게 폈어요.
　꽃잎이 부드러워요.
　꽃잎 모양이 가시처럼 길어요.
　꽃잎에서 향기가 나요.
　냄새가 진해요.

■ 노란색 꽃잎으로 그림을 그린다면 어떤 그림을 그리고 싶으니?

■ 떨어져 있는 국화꽃 잎을 주워 보자.

② **국화꽃 꽃잎 콜라주를 한다.**

■ 너희들이 주워 온 국화꽃 잎을 다 모아 보자. 말린 꽃잎과 생 꽃잎을 만져 보고 비교해 보자. 어떠니?
　생 꽃잎은 색이 진하고 말린 것은 색이 흐려요.
　생 꽃잎은 부드럽고 말린 것은 딱딱해요.
　생 꽃잎은 끝이 뾰족하고 말린 것은 안 그래요.

■ 손으로 눌러 볼까? 어떻게 되었니?
　구멍이 나요.
　생 꽃잎은요, 손톱자국이 나요.

■ 마른 것도 그러니?

아뇨, 마른 것은 그냥 찢어져요.

손톱자국이 안 나요.

■ 이 만큼의 꽃잎으로 그림을 그린다면 무엇을 그릴 수 있을까?

■ 그리고 싶은 것을 전지에다 먼저 밑그림만 그려 보자.

나비부터 그려야지.

애벌레, 해, 나비, 구름을 그리고 국화 꽃잎으로 꾸밀래요.

■ 꽃잎으로 그림을 채우는 데 무엇이 필요할까?
  (오공 본드를 이용해 꽃잎을 밑그림에 붙여 본다.)

■ 꽃잎으로 채워진 그림을 보니 어떤 느낌이 드니?

③ 작품을 감상한다.

■ 국화꽃 잎으로 콜라주 해 본 기분이 어떠니?

■ 국화꽃 잎이어서 좋은 점이 있었니?

■ 너희들이 만든 작품에 이름을 붙인다면 뭐라고 하면 좋을까?

재미있었어요.

장식하니까 좋아요.

애벌레가 제일 이뻐요.

〈 국화 꽃잎을 이용해 그림을 그렸어요 〉

▶ **참고 사항**

국화는 사계절 내내 볼 수 있다고는 하지만 실제로 시장에서 구입 가능한 시기는 6월 셋째 주입니다. 국화과 친구들을 함께 알아보는 활동도 재미있습니다. 같은 국화과의 꽃들은 비슷하게 생긴 것이 특징이랍니다. 쑥부쟁이, 구절초, 들국화, 쑥, 쑥갓, 고들빼기 해바라기도 모두 국화과에 속하는 꽃들입니다.

물 위의 국화꽃

▶ **활동 목표** 색과 빛을 이용해 국화꽃의 아름다움을 느끼고 장식물로써의 국화꽃에 대한 심미감을 갖는다.

▶ **활동 자료** 국화꽃 화보, 수조, 국화꽃, 라이트박스, 색 셀로판지, 손전등

▶ **활동 방법** ① 국화꽃 화보를 보며 이야기 나눈다.

- 무슨 그림이니?
  국화 그림이에요,
  여러 가지 색의 국화가 있어요,
  예뻐요,

- 국화꽃을 크게 본 느낌이 어떠니?
  꽃잎이 아주 많아요,

- 국화꽃이 아주 작아진다면 또 어떤 느낌일까?

- 만약 국화꽃이 물 위에 떠 있다면 어떨 것 같으니?
  해바라기 같아요,
  눈 같아요,
  노란색이에요,
  벚꽃처럼 보여요,
  꽃잎이 다 내려가 있어요,
  날아 가는 민들레처럼 생겼어요,

- 노란색 국화만 한번 들어 보자. 흰색 국화를 들어 보자. 노란색 국화끼리 비교해 볼까?

- 모양은 어때? 색은 어떻게 다른 것 같니?
  민들레 같아요,
  밑이 민들레랑 달라요,

- 어느 국화랑 이 국화가 비슷하니?
  이 안에 동그란 게 있는 게 달라요,
  사진 속 국화랑 많이 달라요,
  물을 주어서 많이 큰 것 같아요,
  색만 같아요,

② 물 위에 띄운 국화꽃에 다양한 변화를 주며 아름다움을 감상한다.

- 국화꽃을 물에 넣으면 어떻게 될까?
  (투명 그릇에 물을 받아 놓고 국화꽃을 띄워 본다.)

- 물 위에 뜬 국화꽃을 보니 어떤 느낌이 드니?
  둥둥 떠요.
  옆에서 보니까 더 크게 보여요.
  밑에도 보여요.
  배 같아요.
  물 옆에서 보면 거꾸로 보여요.

- 만약 물 아래쪽에서 빛을 비춘다면 어떨까?
  (그릇 아래 라이트박스를 놓는다.)

- 빛이 비추니 국화꽃의 모습이 어떤 것 같니?
  라이트박스로 보니 국화색이 더 찐하게 보여요.

- 만약 빛의 색깔이 다르다면 어떤 기분이 들까?

- 어떻게 빛의 색깔을 바꿀 수 있을까?
  (라이트박스 위에 색 셀로판지를 올려놓는다.)
  수조를 라이트박스 위로 올리니까 물이 밝아졌어요.
  국화가 어두워 보여요.
  국화가 밤 같아요.
  꽃이 지는 것 같아요.

- 빛 색깔을 달리해 국화꽃을 보니 느낌이 어떻게 다르니?
  물이 노랗게 변하는 것 같아요.
  우와! 국화색이 더 짙어졌어요.
  빨간 물! 빨간 물!
  국화가 분홍색이 되었어요.
  셀로판지를 다 올리면 무지개가 될 것 같아요.
  빨간색은 빨강 국화, 노란색은 노랑 국화요.

- 빛을 위에서 비추면 또 어떨까?

※손전등을 이용해 다양한 각도에서 빛을 비춰 본다.
  초록색 셀로판지를 깔고 손전등으로 보니까 진하게 보여요.
  예쁘게 보여요.

주황색으로 보여요.

국화가 주황색으로 보여요.

〈 물 위에 국화 띄워 보기 〉

③ 활동에 대해 회상한다.

■ 물 위에 뜬 국화꽃을 본 느낌이 어떠니?

■ 빛 색깔을 다르게 했을 때 국화꽃의 느낌이 어떻게 달라졌니? 무지개처럼 하려면 어떻게 해야 할까?

조금씩 종이를 비켜 줘요.

층층이 해요.

우와 무지개! 무지개 위의 국화다!

예쁘다! 무지개 완성!

■ 너희들이 만들어 본 것에 이름을 붙여 볼 수도 있을까?

노랑이.

알록이.

달래.

무지개.

달래처럼 예뻤어요.

■ 물 위에 뜬 국화꽃 그릇을 우리 교실 어디에 두면 좋을까? 왜 그곳에 두고 싶으니?

라이트박스로 보니까 알록달록 했어요.

여러 가지 색으로 국화색이 변했어요.

〈 국화꽃이 다르게 보여요 〉

▶ **참고 사항**

　국화는 그 향이 좋아서 아이들이 무척 좋아합니다. 국화는 줄기를 잘라서 흙에 심으면 다시 뿌리가 나기 때문에 쉽게 기를 수 있습니다. 국화는 화분으로도 많이 나오므로 유치원에서 키우기 쉬운 식물입니다. 또 종류가 다양하여 그 색과 향 등을 비교하기에 적합합니다. 국화를 말려서 차를 마실 수도 있는데, 국화차로 나온 것을 활용하면 됩니다. 국화 줄기를 색소에 담글 때에는 물감보다는 식용색소가 적합합니다.

수묵화 감상하고 그려 보기

▶ **활동 목표** 수묵화에 등장하는 국화 그림을 감상하고 국화의 아름다움을 느끼고 이를 표현한다.

▶ **활동 자료** 수묵화(국화), 먹, 벼루, 붓, 한지, 국화꽃

▶ **활동 방법**

① 수묵화를 감상하며 느낀 점을 이야기한다.

- 이 그림은 무엇을 그린 그림이니?

  국화요.

  국화가 두 송이 있어요.

- 국화의 모양은 어떠니? 무엇으로 그린 것 같니?

- 국화 꽃잎과 그림을 비교해 보자. 어떤 점이 같으니? 어떤 점이 다르니?

  꽃 모양이 비슷해요.

  수묵화는 꽃이 두 송이인데 실제는 여러 송이예요.

  줄기가 약간 달라요.

  잎의 개수도 달라요.

- 국화 꽃잎을 어떻게 표현했니?

- 국화꽃의 모양이 전부 같니? 혹시 다른 것은 없니?

② 국화를 수묵화로 그려 봄으로써 국화를 다양한 방법으로 표현한다.

- 국화꽃을 보자. 색은 어떻게 다르니? 크기는? 꽃잎의 모양은?

  꽃잎이 뾰족하고 길어요.

  꽃잎이 두껍고 여러 개가 있어요.

  흰 꽃잎을 뜯으면 안에 노란 게 보이는 것 같아요.

  국화꽃의 맨 안쪽에는 작은 꽃잎들이 모여 있네.

  안에는 어린잎들이 많이 있어요.

- 국화꽃의 꽃받침을 자세히 살펴보자.

- 국화꽃을 묵과 벼루로 간 먹물로 그려 보자.

  검은 물감 같아요.

  먹에서 이상한 냄새가 나요.

  까만 물이 되요.

  물이 검은색이 되었어요.

■ 먹이 녹으면서 이렇게 글씨를 쓸 수 있단다. 우리 조상들은 붓으로 글자나 그림을 그리는데 사용했단다. 여유로운 마음으로 천천히 먹을 갈고 썼어.
자, 먹을 갈아 보자.

■ 한지에 그리니 어떠니? 크레파스로 그릴 때와 어떻게 다르니?
한지는 얇아요,
도화지는 두꺼워요,
세게 문지르면 찢어져요,
냄새가 나요,
신문지에 다 묻었어요,
너무 까매서 색이 진해요,

■ 우리가 본 수묵화와 비슷한 그림이 되었니?

■ 서로 그린 그림을 감상해 보자.

〈 국화를 관찰하고 수묵화로 표현해 보기 〉

③ 기존 수묵화와 아이가 그린 수묵화를 놓고 비교해 보며 국화의 아름다움을 감상한다.

■ 우리가 그린 수묵화와 기존 수묵화를 비교해 보자.

■ 수묵화를 그려 본 소감이 어떠니? 국화를 한지에 그리니 어떻게 표현되었니?
꽃잎이 많아서 보고 그리다 보니까 이렇게 뭉개졌어요,
국화 줄기가 나무 같아요,
잎도 있고, 줄기 그릴 때 재미있었어요,
수묵화는 꽃잎이 많은데 우리는 꽃잎이 없어요,

■ 먹물을 이용해서 붓으로 그리지 않고 어떤 것으로 그리면 좋을까?

■ 우리 고유의 그림인 수묵화 중 다른 꽃 그림도 감상해 보자.

■ 우리 주변에서 볼 수 있는 꽃과 그림을 비교해 보자.

아이들이 먹과 벼루, 붓 등에 친숙해 있지 않은 경우는 수묵화를 그리기 전 충분히 탐색할 기회를 제공하는 것이 바람직합니다.

국화차 마시기

▶ **활동 목표** 말린 국화 꽃잎 차를 마셔 보고 국화의 향을 음미한다.

▶ **활동 자료** 말린 국화 꽃잎 차, 물, 찻잔

▶ **활동 방법**

① 국화 꽃잎을 관찰하고 그 향과 색을 감상한다.

- 국화꽃을 보자. 어떤 색이니? 향을 맡아 보자. 향이 어떠니?
  가까이 대고 맡으니 코에 들어가요.

- 어떤 냄새가 나니?
  코가 간지러워요.
  만져 보니 부드러워요.
  향긋한 냄새가 나요.

- 국화꽃 향과 비슷한 향을 어디서 맡아 본 것 같니?

- 국화꽃마다 색이 틀린데, 향은 다 같은지, 다른지 맡아 보자.

- 국화꽃을 말리면 그 향이 어떻게 변할까?
  향이 더 진해질 것 같아요.

- 말린 국화꽃의 향을 맡아 본 적 있니? 어디서 맡아 보았니?

② 말린 국화 꽃잎 차의 향을 음미해 본다.

- 이것이 무엇이니? 국화꽃을 어떻게 하면 이렇게 될까?

- 어떻게 생겼니? 크기는 어떻게 되었니? 색과 향은 어떻게 변했니?
  말린 것 같아요.
  와! 똑같다. 도토리 같아요.
  말린 것은 지독한 냄새가 나요.
  만져 보니까 빡빡해요.

- 국화꽃을 말린 차란다. 어떻게 마실까?
  뜨거운 물에 넣어요.

- 국화 꽃잎을 넣어 보자. 어떻게 되었니? 향은 어떠니?
  향이 많이 나요.
  색이 노랗게 되었어요.
  국화에서 노란색이 나왔어요.

■ 생화의 향과 말린 국화꽃의 향이 어떻게 다르니? 어떤 향이 더 좋으니?

■ 우려낸 차를 마셔 보자. 기분이 어떠니?

국화꽃이 아까 말린 것은 딱딱했는데 물에 넣으니 말랑말랑해졌어요.

물렁물렁해요. 물에 담궈서 그래요.

■ 국화꽃 말고도 어떤 꽃잎차가 있을까?

〈 국화차를 우려내요 〉

③ 국화꽃을 직접 말려 보고 그 향과 색의 변화를 관찰하고 감상한다.

■ 국화꽃을 직접 말려 보자. 말리면 어떻게 변할까?

■ 국화꽃이 마르면서 색과 향은 어떻게 변할까?

■ 다른 꽃들도 말려서 장식도 하고 감상하기도 한단다.

■ 마른 꽃을 보니 어떠니?

생화와 비교해 보니 어때?

말라도 예뻐요.

모양이 작아요.

향이 거의 안 나요.

■ 자, 여기 국화를 보자. 무슨 색이니?

보라색이요.

■ 이건 말리면 색이 어떻게 변할까? 이것으로도 차를 만들 수 있을까?

말리면 어떻게 될까?

꽃잎을 떼서 말려요.

색은 밤색이 될 것 같아요.

시들어 버릴 것 같아요.

■ 한번 말려 보자.

　국화 말린 차는 아이들에게 좋은 관찰거리를 제공해 주었습니다. 국화가 말랐다가 젖으면서 그 형태와 질감, 향이 변화하는 것을 볼 수 있습니다. 하지만 국화차는 아이들 입맛에 맞지 않아 호응도가 낮을 수 있습니다. 이런 경우에는 아이의 기호에 따라 설탕이나 꿀을 섞어 주면 잘 마실 수 있습니다.

노란색을 찾아라

▶ **활동 목표**   국화꽃과 색이 같은 노란색을 자연에서 찾아봄으로써 자연 속에서 색을 느끼고 감상한다.

▶ **활동 자료**   노란 국화꽃

▶ **활동 방법**   ① 노란 국화의 색을 감상한다.

- 국화를 보고 어떤 것을 알게 되었니?
  꽃잎은 조그맣고 반짝거려요.
  예뻐요.
  둥그란 모양이에요.
  길쭉해요.
  뿌리처럼 생겼어요.
  시든 꽃잎도 있어요.

- 옛날 어른들께서는 노란 국화를 사랑하셨단다. 왜 그랬을까?

- 가을에는 많은 열매를 거두며 노란색을 중히 여겼단다.

- 국화의 노란색은 어떤 노란색이니? 이런 색을 주위에서 본 적 있니?
  진한 노란색이에요.
  하얀색 국화도 있어요.

- 국화의 노란색과 똑같이 색을 내어 볼 수 있니? 무엇으로 해 볼까?

- 유치원 마당에서 노란 자연색을 찾아보자.

② 야외로 나가서 자연 속에서 노란 국화꽃과 같은 노란색을 찾아본다.

- 어디에 가면 노란색을 찾을 수 있을까?

- 자연 속에서 어떤 것들이 노란색을 띠고 있을까?
  여기 해바라기가 있어요.
  백일홍이요.
  백일홍도 노란색이에요.
  백일홍이 빨리 피면 좋겠어요.
  이거요, 애기똥풀, 이것도 노란색이에요.
  이 꽃은 나비 모양이니까 나비 꽃이요.

여기도요! 오박꽃이요!

팬지꽃이 있어요,

■ 어떤 것들이 있었니? 국화의 노란색과 비교하면 어떠니? 더 진하니? 옅으니?

■ 어떤 노란색이 가장 진한 색을 띠고 있니?

■ 자연 속에서 노란색만 모아 보자. 그리고 색을 비교해 보자.

〈 바깥 놀이터에서 노란 꽃을 찾았아요 〉

③ 활동을 한 후 그 느낌을 이야기 나눈다.

■ 자연 속에서 노란색을 찾아보니 어떠니?

국화꽃이요, 예뻤어요,

나비 꽃도요,

오박꽃도 노란색이었어요,

애기똥풀을 찾았어요,

■ 어떤 것들이 노란색을 띠고 있었니? 가장 진한 것은? 가장 흐린 색을 띤 것은 무엇이니?

■ 꽃잎이 제일 작은 것은? 꽃잎이 제일 큰 꽃은?

오박꽃이요,

오박꽃이랑 국화랑 다 비슷해요,

■ 꽃잎이 제일 많은 것은 무엇이니?

국화꽃,

■ 노란색 말고 이번에는 어떤 색을 찾아볼까?

 | # 국화꽃 향 맡아 보기

▶ **활동 목표**   후각을 통해 국화꽃의 향을 다양한 방법으로 느껴 본다.

▶ **활동 자료**   국화꽃, 빵 칼, 찧는 도구, 가제 수건

▶ **활동 방법**   ① 유치원 마당이나 산책 도중 국화꽃을 수집해 교실로 가져온다.

- 국화꽃의 향을 맡아 보자. 어떤 향이 나니? 어떤 꽃과 비슷하니?
  복숭아 냄새요,
  민들레 냄새요,
  오렌지 냄새요,

- 국화꽃의 잎에서도 향이 나니? 함께 맡아 보자.

- 향이 어떠니? 자세히 이야기해 줄 수 있겠니?

- 어떻게 해야 더 향을 강하게 맡아 볼 수 있을까?
  우리 몸으로도 찧어 봐요,
  주먹으로요,
  손가락으로요,
  손으로 국화 꽃잎을 눌러 봐요,

- 찧거나 삶으면 어떻게 향이 변할까?
  아까보다 냄새가 더 나요,

- 다른 것을 넣어서 향이 강해지거나 바뀌게 할 수 있는 방법은 없을까?

② 다양한 방법으로 국화꽃의 향의 변화를 경험한다.

- 어떻게 해야 국화꽃이나 잎의 향이 더 강하게 날까?
  손으로 눌러 봐요,
  칼로 잘라 봐요,
  즙을 내어 봐요,
  손으로 비벼 볼래요,

- 손으로 누르면 손에 어떤 향이 남니?
  국화 향이 더 나요,

- 칼로 자르거나 즙을 내면 향이 어떻게 변하니?

- 꽃잎이 어떻게 변했니?

빵처럼 잘라졌어요.

물기가 나와서 접시에 붙어요.

물이 나와서 미끄러워요.

냄새가 진해졌어요.

꽃잎 색도 더 검어졌어요.

- 더 진하게 하려면 어떻게 해야 할까?

  콩콩 찧어 봐요.

  절굿공이로 찧어 봐요.

  더 진해지고 색이 검은색이 되어 가요. 잎이 작아졌어요.

- 즙을 천에 묻혀 보자. 천에서 어떤 향이 나니?

  국화 향이 진하게 나요.

  천에서 국화꽃 향이 나요.

- 차가운 물에 담가 보자. 향이 어떻게 될까?

- 뜨거운 물에 담가 보자. 향이 어떻게 될까?

  뜨거운 물에 담근 것은 향기도 뜨거워요.

  뜨거운 물의 것이 더 향이 나요.

  차가운 쪽이에요.

  둘 다 비슷해요.

③ 국화꽃의 향을 맡아 본 소감에 대해 이야기 나눈다.

- 국화꽃의 향이 어떠니?

  무궁화 냄새가 나요.

  냄새가 지독한 것도 있어요.

  냄새가 많이 나요.

- 국화꽃의 향을 내게 하는 방법에 따라 어떻게 변했니?

- 어떨 때 가장 향이 강했니? 그 이유는 무엇일까?

▶ **참고 사항**

국화를 감상하는 방법을 몇 가지 알아 두면 국화의 자태와 향을 감상하는 데 수월합니다. 국화는 꽃잎의 폭이 넓으며 힘이 있어야 하고, 꽃잎의 짜임새가 규칙적이고 둥글게 솟아나 있어야 합니다. 또한 가급적이면 꽃잎이 곧고 길게 사방으로 규칙적으로 뻗어 있어야 우수한 국화라고 할 수 있습니다. 줄기의 경우는 키가 적당하고 굵기가 알맞으면서 윤기가 돌고 잎과 꽃, 줄기가 전체적으로 조화를 이루고 있어야 한답니다.

국화꽃은 어떻게 물을 빨아들일까?

"국화꽃 참 예쁘지?", "난 노란 국화가 좋아", "난 하얀 국화", "그런데 노란 국화랑 하얀 국화가 똑같은 점이 있다", "뭐?", "둘 다 기다란 줄기가 있잖아", "정말!", "꽃에는 줄기가 다 있는 거야", "왜?", "줄기가 있어야 물을 먹고 자라지", "진짜? 줄기로 물이 올라가?" 국화꽃을 물에 꽂아 두면서 물을 빨아올리는 국화의 줄기에 관심을 갖게 되었다.

▶ **활동 목표**   국화의 물관에 대해서 알아봄으로써 식물의 성장 과정에 대해서 이해한다.

▶ **활동 자료**   국화꽃, 물 컵, 물감(식용색소)

▶ **활동 방법**   ① 국화꽃을 관찰해 보고 이야기 나눈다.

■ 국화꽃을 본 적이 있니?

네, 많이 봤어요.

국화 색이 다 틀려요, 모양도 달라요.

노랑 소국, 흰 소국, 흰 대국도 있어요.

향긋한 냄새가 나요.

■ 어떤 모습이었니?

꽃송이가 많아요.

너무 예뻐요.

국화꽃 안에 씨앗 같은 것이 있어요.

② 염색된 물에 국화를 키움으로써 그 변화를 관찰해 본다.

■ 국화꽃은 물을 어떻게 빨아들일까?

꽃이 물을 빨아들여서요, 물 때문에 꽃이 피어요.

줄기 끝에서요, 물이 다 올라가거든요.

물이 영양분이에요, 그래서 꽃이 피어요.

눈에 안 보이지만요, 줄기가 사이사이로 물을 올려요.

■ 흰 국화꽃을 빨간색 물감 물에 담궈 두면 어떻게 될까?

빨간색 물에 탄 국화는 빨갛게 될 것 같아요.

■ 국화꽃잎은 어떤 색으로 변할까?

■ 국화꽃잎은 물을 어떻게, 어디로 빨아들이는 것일까?

국화 줄기에서 물을 빨아들여요.

빨대처럼 빨아들이는 거예요.

③ 염색된 물에서 키운 국화의 변화 원인에 대해 이야기 나눈다.

- 국화의 색이 어떻게 변했니?

  흰 국화가 분홍색이 되었어요.

  줄기도 안에 빨간색이 보여요.

- 왜 이렇게 색이 변한 걸까?

  줄기 끝에서 물을 마시나 봐요.

  꽃잎까지 이 물이 갔어요.

〈 색깔 물에서 국화 키우기 〉

▶ 참고 사항

물감을 탄 물보다는 식용색소로 하는 것이 효과적입니다. 물감 물은 빨아들이는 속도가 느려서 관찰하기가 힘든 점이 있습니다. 국화 줄기를 잘라 심으면 다시 뿌리가 나는데 이를 꺾꽂이라고 합니다. 국화를 이용해서 꺾꽂이를 해 보는 활동도 가능합니다.

국화꽃의 향은 종류마다 다를까?

> "노란 국화꽃에서는 꿀 냄새가 나는 것 같아", "정말?", "하얀 꽃에서는 설탕 냄새가 나는 거 아니야? 아아아", "큰 꽃은 향기도 더 많이 나나?" 아이들은 색깔이 다른 국화꽃의 모습을 보면서 향이 다를지도 모른다는 상상을 하게 되었고, 과연 그런지 비교해 보는 것에 관심이 집중되었다.

▶ **활동 목표** 국화의 종류별로 향이 다른 지를 맡아 봄으로써 국화의 특징에 대해서 이해한다.

▶ **활동 자료** 국화꽃(종류별로)

▶ **활동 방법**

1 국화꽃의 향을 맡아 본다.

- 여기 어떤 색과 모양의 국화꽃이 있니?
  보라색이요, 작아요,
  흰색인데요, 큰 국화예요,
  노란색이구요, 이것도 커요,
  흰색인데 작아요,
  노란색이구요, 작은 것도 있어요,

- 각각의 국화의 향을 맡아 보자. 향이 어떠니?
  향이 좋아요,
  작은 것은 향이 잘 안 나는 것 같아요,
  노란색 큰 국화가 제일 진해요,

2 국화의 향을 눈을 감고 맡아 봄으로써 보다 향을 강하게 느낀다.

- 국화의 향을 맡아 보니까 어떠니?
  국화 향이 너무 좋아요,
  노란색 큰 국화 향이 제일 좋아요,

- 국화의 향을 눈을 감고 맡아 볼까? 눈을 감고 맡으면 향이 어떨까?
  눈을 감으니까 재미있어요,
  국화 향을 알 수 있어요,

- 국화 향만 맡고도 알아맞힐 수 있겠니?
  네! 해 봐요!

〈 여러 가지 국화의 향을 맡아 봐요 〉

③ 국화 향을 비교해 보고 그 이유에 대해 생각해 본다.

- 국화 향을 비교해 보자. 어떠니?

  큰 것은 향이 강해요.

  작은 것은 향이 잘 안나요.

- 왜 그렇다고 생각하니?

  크니까요.

  크니까 꽃잎이 많고, 그래서 그런 것 같아요.

  작은 국화도 여러 개를 함께 맡으면 향이 진해요.

국화꽃 안에 무엇이 있을까?

"국화꽃은 꽃잎이 참 많다! 100개는 되는 것 같아", "아얀 꽃도 꽃잎이 많아", "이렇게 많은 꽃잎이 어떻게 모였을까?", "꽃 속에 뭐가 있는게 아닐까?", 아이들은 국화꽃 안을 보면서 무엇이 있는지 궁금해 하였고, 자세히 탐구해 보는 것에 관심을 가졌다.

▶ **활동 목표** 국화꽃의 속에는 무엇이 있을지 예상해 보고 직접 관찰해 본다.

▶ **활동 자료** 국화꽃, 돋보기, 흰 종이, 핀셋

▶ **활동 방법** ① 국화꽃을 자세하게 관찰한다.

- 국화꽃을 자세히 보자. 무엇으로 보면 자세히 볼 수 있을까?
  돋보기요,
  꽃잎을 벌려서 보면 돼요,

- 국화꽃을 자세히 보니까 어떠니?
  꽃잎이 굉장히 많아요,
  꽃잎 밑에도 초록색 잎이 있어요,
  꽃잎이 길쭉하고 안이 구부러져 있어요,
  끝이 뾰족해요,

② 국화꽃 안을 좀 더 자세하게 살펴본다.

- 국화꽃 안은 어떠니? 무엇이 있니?
  노란색이에요,
  씨앗인 것 같아요,
  가루가 묻어나요,

- 그 안에 무엇이 있는 걸까?
  길쭉한 것도 있어요,
  가루 같아요,

- 어떻게 하면 그 안을 좀 더 관찰해 볼 수 있을까?
  털어 보아요,
  흰 종이에 털어요,
  그릇에 털어요, 그리고 돋보기로 봐요,

③ 국화꽃 안을 관찰하고 관찰한 결과를 기록한다.

- 국화꽃 안을 자세히 보았니? 어떤 것들이 있니?
  길쭉한 거랑 노란 가루가 있어요.

- 가루가 얼만큼 있었니?
  가루가 굉장히 많아요.

- 그것의 이름은 무엇이고 왜 있는 걸까?
  꽃가루요.

- 벌이나 나비가 꽃에 앉을 때 꽃가루를 다리에 묻혀서 옮김으로써 꽃이 또 피게
  되는 거란다.

장 미

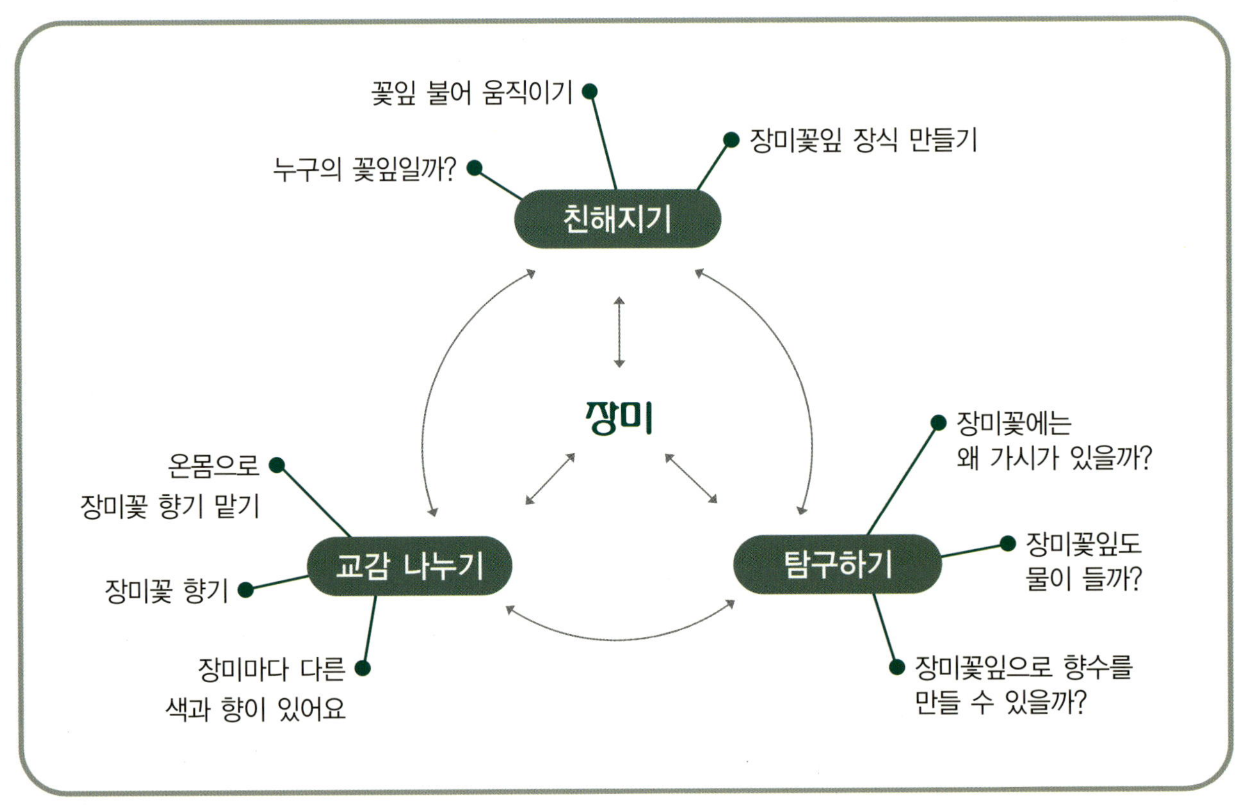

꽃잎 불어 움직이기
장미꽃잎 장식 만들기
누구의 꽃잎일까?
친해지기
장미
장미꽃에는
왜 가시가 있을까?
온몸으로
장미꽃 향기 맡기
교감 나누기
탐구하기
장미꽃잎도
물이 들까?
장미꽃 향기
장미마다 다른
색과 향이 있어요
장미꽃잎으로 향수를
만들 수 있을까?

'장미'를 주제로 한 활동 계획

초여름에 주변에서 쉽게 볼 수 있는 장미는 아이가 관찰하고 탐구하기에 적합한 식물입니다. 장미는 그 꽃이 아름답고 향이 좋아 장미꽃잎과 나뭇잎 등을 활용하여 아이들과 해 볼 수 있는 활동이 풍부합니다. 야외로 나가서 장미꽃을 관찰해 본 후 바닥에 떨어진 장미꽃잎을 주워 올 수 있으며, 장미꽃잎을 관찰하는 등 다양한 활동이 가능합니다.

장미는 쌍떡잎식물로 장미목 장미과 장미속에 속하는 식물의 총칭입니다. 장미의 원산지는 서아시아이며 주로 북반구의 한대, 아한대, 온대, 아열대에 분포되어 있습니다. 장미는 관목성의 화목입니다. 오늘날 장미라고 하는 것은 야생종의 자연 잡종과 개량종입니다. 장미는 알려진 품종만도 15000여 종이나 됩니다.

장미(薔薇)를 한자로 풀이해 보면 담에 기대어 자라는 식물, 즉 덩굴식물이라는 뜻입니다. 장미는 주로 여름에 피지만 품종에 따라 다릅니다. 어떤 품종은 봄, 가을로 1년에 두 번 피기도 하고, 어떤 품종은 사계절 연중 꽃피는 품종도 있습니다.

장미는 아름다운 꽃이 피며 그 향이 널리 알려져 있습니다. 그래서 관상용과 향료용으로 주로 재배되어 왔습니다. 장미는 주로 중국 야생종을 관상용으로 가꾸어 왔으며 서양 장미는 다양한 원예종으로 이루어져 있습니다.

장미를 자세히 살펴보면, 장미의 잎은 3~7개의 작은 잎으로 구성되어 있는 겹꼴겹잎입니다. 표면은 짙은 녹색이고 윤기가 흐릅니다. 꽃은 종류에 따라 피는 시기와 시간이 각기 다르고 홑꽃에서 겹꽃까지 수많은 종류가 있습니다. 그래서 장미는 화단과 온실 모두에서 재배되며 화분과 꽃꽂이 모두에 이용됩니다. 장미를 키울 때 겨울에는 반드시 짚으로 싸 주어야 합니다. 작은 가지는 모두 잘라 주고 지면 가까이에서 잘 자란 3~5개의 가지 만을 40~50cm길이로 잘라 주어야 잘 자랍니다. 장미는 또한 장미진딧물에 약하므로 살충제를 뿌려주어야 잘 자랍니다.

누구의 꽃잎일까?

▶ **활동 목표** 장미 꽃잎의 특징을 알고 꽃잎을 수집하여 관찰한다.

▶ **활동 자료** 크고 작은 장미 꽃잎 (① 마른 것, ② 마르지 않은 것, ③ 코팅한 것, ④ 복사한 것), 돋보기, 비밀 주머니 3개, 바구니

▶ **활동 방법** ① 장미 꽃잎을 복사한 종이를 보며 이야기한다.

- 이 꽃잎은 어떤 꽃잎인지 그림만 보고 알 수 있을 것 같니?
  장미요, 장미.

- 모양만 보고도 무엇인지 알 수 있는 친구도 있구나.

- 그럼 이번엔 눈을 감고 한번 손으로만 느껴 보자.
  부드러워요.

- 색깔과 향기를 느낄 수 있니? 이것이 무엇인지 알겠니?
  네, 장미예요.

- 그럴 수도 있겠구나. 정말 모양은 네가 말한 것과 비슷하구나.

② 비밀 주머니의 물건을 살펴본다.
(비밀 주머니를 돌려가며 젖은 잎을 만져 보도록 한다.)

- 똑같은 물건인데 느낌이 조금 다른 것이 들어 있단다.

- 만져 보자. 느낌이 어떻게 다르니?
  어떤 건 부드럽고, 어떤 건 딱딱해요.

- 똑같은 물건인데 이렇게 다른 느낌이 들 수도 있는 것은 무엇일까?

- 만져만 보고 무엇인지 잘 찾을 수 있겠니?

- 그럼 이번엔 눈으로 보면서 알아볼까?
  (코팅된 장미 잎을 보여 준다. 돋보기로 확대해서 볼 수도 있도록 한다.)

- 자! 이제 모습을 보니 무엇인지 알겠니?

- 장미 꽃잎은 어디에서 난 것일까?
  장미 나무에 달려 있어요.

- 장미 꽃잎을 발견할 수 있는 곳을 알고 있니?
  마당에 있어요.

마당 벽 쪽에 있어요.

■ 어디에 가면 장미 꽃잎을 발견할 수 있을까?

우리 아파트에도 있어요.

유치원 뒤쪽에 있어요.

우리가 함께 찾아볼 수 있는 곳이 있을까?

■ 장미 꽃잎은 우리 유치원 어디에 어떤 모습으로 있을까?

■ 장미 꽃잎은 한 개만 있을까? 여러 개가 있을까?

■ 내 키보다 높은 곳에 있을까? 낮은 곳에 있을까?

내 키 보다 컸어요.

〈 장미를 관찰해요 〉

③ 직접 장미 꽃잎을 찾아본다.

■ 우리가 직접 밖에 나가서 장미 꽃잎을 찾아보자.
(실외놀이, 귀가, 주변 공원 산책 등을 통해 장미 꽃잎과 나무의 생김새와 위치를 조사하도록 한다.)

■ 장미 꽃잎을 발견하면 어떻게 할까?

※ 떨어진 잎은 주워 오기, 가져올 수 없는 상태이면 그림을 그리거나 다양한 표상 방법으로 느낌을 기록해서 오기

■ 우리가 찾은 장미 꽃잎을 가지고 무엇을 하면 좋을까?

※ 책갈피에 눌러 놓기

▶ **참고 사항**

　　장미는 활동하기 좋은 소재지만 가시를 조심해야 합니다. 꽃잎을 이용한 활동을 할 경우에는 아이들이 마음대로 꽃잎을 뜯지 않도록 하고 함께 떨어진 꽃잎을 주워서 사용하도록 해야 합니다.

꽃잎 불어 움직이기

▶ **활동 목표** 주변에서 흔히 볼 수 있는 장미 꽃잎의 특성에 관심을 갖고 바람과 물, 꽃잎의 관계에 관심을 갖는다.

▶ **활동 자료** 장미 꽃잎, 대야, 물, 빨대, 부채, 기타 바람을 낼 수 있는 도구

▶ **활동 방법**

① 바깥 놀이터에서 장미 꽃잎을 주워 와서 이야기 나눈다.

- 이 꽃잎은 어디서 발견하였니?
  놀이터에서요.
  유치원 담 밖에서요.

- 우리 유치원 근처 다른 곳에서도 장미를 볼 수 있었니?
  우리 아파트 근처에도 장미가 많아요.

- 장미꽃이 있는 풍경을 보면 어떤 느낌이 드니?
  아름다워요.
  장미꽃이 눈으로 온 것 같아요.

- 그런데 왜 꽃잎이 바닥에 떨어져 있었을까?
  바람이 불어서 그래요.

- 꽃잎이 어떤 모양처럼 보이니? 보니까 어떤 느낌이 드니?
  동그란 모양이에요.

- 장미 꽃잎을 자세히 들여다 본 적이 있니?
  네, 꽃잎 안에는 흰색이에요, 밖에는 빨간색이구요.

- 장미 꽃잎으로 무엇을 할 수 있을까?
  따서 그림 그리고 꾸며요.
  머리 위로 날려 봐요.

② 장미 꽃잎을 가지고 할 수 있는 활동을 소개하고 함께 해 본다.

- 이 장미 꽃잎은 어떤 모양이니?
  동그란 모양이에요.
  모양이 예뻐요.

- 이렇게 작은 장미꽃에 바람을 불면 어떻게 될까?
  멀리 날아가요.

■ 바람을 더 세게(약하게) 불면 어떨까?

■ 바람 따라 움직이는 꽃잎의 모양이 어떠니?

■ 꽃잎의 개수를 많이(적게)해서 불어 보면 어떨까?

■ 높은 곳에 올려놓고 바람 불어 보면 어떻게 될까?
　장미 꽃잎이 멀리 날아가요.

■ 장미 꽃잎을 물에 띄우면 또 어떻게 될까?
　물에 둥둥 떠요.
　배처럼 떠요.
　꽃잎이 떠요.

■ 장미 꽃잎을 물에 띄워 보고 여러 가지 방법으로 불어 본다.

■ 대야에 물을 반 정도 담고, 꽃잎을 띄워 본다.

■ 배처럼 물에 뜬 장미 꽃잎을 다양한 방법으로 불어 보자.
　빨대로 부니까 더 빨리 날아가요.

③ 장미 꽃잎에 바람 불기 한 경험에 대해 이야기 나눈다.

■ 장미 꽃잎을 자세히 보니 어떠니? 꽃잎이 어떻게 생겼니?
　동그란 모양이에요.

〈 장미 꽃잎 띄우고 관찰하기 〉

■ 장미 꽃잎을 만져 보니 어떤 느낌이니?
　부드러워요.

■ 장미 꽃잎에 여러 가지 방법으로 바람을 불었을 때 어떤 일이 일어났었니?

■ 장미 꽃잎을 물에 띄우니 어땠니? 어떻게 하니까 배처럼 잘 움직였니?
　물에 둥둥 떠요.

빨대로 부니까 잘 움직였어요.

- 장미 꽃잎 말고도 어떤 꽃잎이 물에 배처럼 잘 뜰까?
- 너희 집 주변에도 장미꽃이 피었니?
- 너희 집 주변에 있는 장미 꽃잎도 가져와 함께 살펴보기로 하자.

▶ **참고 사항**　　장미 잎의 경우, 물을 받은 그릇 위에 잎사귀의 뒷면이 위로 오게 해서 띄워 두고 햇빛을 쬔 다음 돋보기로 관찰해 보세요. 작은 산소 방울이 맺혀 있는 게 보인답니다. 바로 광합성의 원리이지요.

장미 꽃잎 장식 만들기

▶ **활동 목표**   마른 장미 꽃잎의 특징을 알고, 자연물을 이용해 만든 생활 용품에 관심 갖는다.

▶ **활동 자료**   마른 장미 꽃잎, 코팅기, 접착제, 기타 꾸밀 수 있는 재료

▶ **활동 방법**   ① 장미 꽃잎을 관찰한다.

- 장미 꽃잎을 책갈피에 넣어둔 것 기억나니? 장미 꽃잎이 어떻게 되었을까?
  찢어졌어요.
  말랐어요.
  보라색으로 변했을 것 같아요.
  분홍색으로 될 것 같아요.

- 마른 장미 꽃잎을 보니 어떠니?
  책에 장미 꽃잎이 붙은 것도 있어요.
  찢어지기도 했어요.
  후~ 불면 날아 갈 것 같아요.

- 책에 물이 들것 같다고도 한 친구도 있는데 어떠니?
  물이 들지 않았어요.
  부드럽지 않고 딱딱해요.

- 말리니까 장미 꽃잎 색은 어떻게 되었니?
  빨간색이요.

- 싱싱한 꽃잎과 비교해 보니 어떠니?
  말린 것이 보라색이 되었어요. 싱싱한 것은 빨간색이에요.

- 손으로 만져 보자. 각각 느낌이 어떠니?
  마른 것은 딱딱해요.
  손톱으로 눌러도 표시가 안 나요.
  마른 것은 멀리 날아가요.

〈 마른 꽃잎을 뿌려 보아요 〉

② 장미꽃 장식물을 만든다.

■ 며칠 동안 책갈피에 있었던 장미 꽃잎을 만져 보자.

■ 색깔과 향기는 어떠니?

　말리니까 색이 변해요.

　흐려지고 빨간색이 없어졌어요.

　갈색으로 바뀌고 가운데는 하얗게 되었어요.

■ 책갈피에 넣기 전과 어떤 점이 달라졌니?

　넣기 전에는 빨간색이었다가 흐려졌어요.

　두꺼웠다가 아주 얇아졌어요.

■ 마른 장미 꽃잎으로 장식을 한다면 어디에 어떤 장식을 하면 어울릴까?

■ 필요한 물건을 만든다면 무엇을 만들 수 있을까?

■ 너희들도 자연물로 꾸며진 물건을 본 적이 있니?

■ 자연물(장미 꽃잎)로 장식한 물건의 좋은 점은 무엇일까?

■ 우리도 이 장미 꽃잎으로 무언가를 장식해 보면 어떨까?

　(책갈피, 이름표, 머리핀, 편지지 배경, 목걸이, 열쇠고리 등 장미 꽃잎이 어울리는 곳에 붙여서 장식할 수 있도록 한다. 장미 꽃잎 자체를 사용해도 좋고, 부서지지 않도록 코팅을 해서 사용할 수도 있다.)

③ 만든 것을 함께 감상한다.

■ 장미 꽃잎으로 장식을 해 본 느낌이 어떠니?

　너무 이뻐요.

　장미꽃으로 하니까 더 멋있었어요.

■ 너희들이 만든 장식의 어느 점이 가장 맘에 드니?

■ 장미 꽃잎으로 장식한 것을 누구에게 선물할까?

〈 장미 꽃잎으로 만들었어요 〉

▶ **참고 사항**

　장미꽃을 이용한 염색은 오랜 역사를 가지고 있습니다. 여러 가지 방법이 있는데, 물에 끓여서 추출하는 방법, 식초로 추출하는 방법, 또 하나는 염산으로 추출하는 방법입니다. 흔히 염색 물감으로 쓰이는 식물은 달맞이꽃, 쑥, 민들레, 양파 껍질 등으로, 잎을 삶아 그곳에 흰 천을 넣고 끓여서 말린 후 백반 용액에 담구었다가 헹궈내면 염색이 된답니다. 그밖에도 자연색을 낼 수 있는 여러 가지 식물로는 쑥, 한삼덩굴, 억새, 산머루, 벚나무 잎, 밤나무 잎 등이 있습니다.

온몸으로 장미 꽃잎 느끼기

▶ **활동 목표**   오감각을 통해 장미 꽃잎을 느껴 본다.

▶ **활동 자료**   장미 꽃잎, 물

▶ **활동 방법**

1 **야외로 나가서 떨어진 장미 꽃잎을 관찰한다.**

- 장미 잎을 자세히 보자. 어떤 색이니? 모양은 어떠니? 향을 맡아 보자.
  동그란 모양이에요.
  꽃 냄새가 나요.
  향기로운 냄새예요.

- 장미 꽃잎을 손으로 만져 보자. 어떠니?
  복슬복슬해요.
  부드러워요.
  예뻐요.

- 장미 잎을 만질 때 무엇과 그 느낌이 비슷했니?
  옷 같아요.
  장미꽃이 동그랗게 되어 있어요.

- 그걸 봉우리라고 해. 나중에 이렇게 활짝 필거야.

- 장미 꽃잎을 우리 몸의 다른 부분으로 만져 보면 어떨까?

2 **몸으로 다양하게 장미 꽃잎을 느껴 본다.**

- 장미 꽃잎을 손 외에 몸의 어느 부분으로 만져 볼까?
  볼로요.
  팔꿈치로요.
  무릎으로요.
  목이요.
  귀요.
  이마요.

- 콧등에 장미꽃을 올려놓으면 어떤 기분이 들까?

- 손등, 콧등, 발등에 올려놓으면 어떨까?
  간지러워요.

부드러운 느낌이에요,

■ 장미 꽃잎을 던져서 머리 위로 날리게 하면 또 어떤 기분이 들까?

■ 장미 꽃잎을 누르면 어떤 느낌이 들까?

■ 손, 팔꿈치, 이마, 발로 눌러서 느낌을 느껴 보자.

■ 꽃잎 한 개만 누를 때와 여러 개를 누를 때 느낌이 같을까? 다를까?
  여러 개를 동시에 누르니까 더 부드러운 것 같아요,

■ 화원 등에서 버려지는 꽃잎을 미리 수집해서 많은 꽃잎의 느낌을 느껴 볼 수 있
  도록 한다.

■ 장미 꽃잎을 눈을 감은 친구의 몸에 대어 보자. 어디에 대어 보면 좋을까?
  친구 코요,
  눈이요,
  목이요,

■ 꽃잎으로 친구 몸에 간지럼을 태워 보자.

■ 장미 꽃잎에 물을 묻혀서 대어 보면 어떤 느낌이 들까?

■ 물 묻은 꽃잎을 이마(팔, 다리 등)에 붙여 보면 어떨까?

■ 또 어떤 방법을 사용해 몸으로 꽃잎을 느껴 볼 수 있을까?

〈 여러 가지 방법으로 꽃잎을 느껴 보아요 〉

③ 장미 꽃잎을 느껴 본 느낌을 함께 나눈다.

■ 장미 꽃잎을 느껴 본 기분이 어떠니?
  기분 좋아요,
  너무 부드러워요,

■ 어떤 방법으로 느껴 보았을 때 가장 좋았니?

손으로 만질 때요,

볼에 대고 비빌 때 좋았어요,

■ 몸의 어느 부분으로 만질 때 가장 느낌이 좋니?

손등이요,

팔이요,

볼이요,

■ 몸의 다양한 부분 중 어느 부분으로 만질 때 가장 잘 느낄 수 있었니?

손으로 만질 때요,

나는 볼에 댈 때가 제일 잘 알 수 있었어요,

■ 장미 꽃잎을 눈으로만 보았을 때랑 몸의 여러 부분으로 만져 보았을 때의 느낌이 어떻게 다르니?

몸으로 만지니 정말 달랐어요,

▶ **참고 사항**   장미가 가시가 있는 이유는 병충해 때문이랍니다. 장미를 잘 기르려면 뿌리의 건강 상태가 중요합니다. 뿌리가 튼튼해야 하고 부러지거나 약한 흔적이 있어서는 안 됩니다. 또한 뿌리에는 약간 습기가 있어야 한답니다. 장미를 잘 기르고자 할 때에는 하루에 최소 6시간은 직사광선을 받는 곳에 심어야 합니다. 그래야 병에 걸릴 확률이 줄어듭니다. 장미 주변에는 물이 잘 빠질 수 있도록 배수 조치를 해 주어야 하고 환기가 잘 되는 곳에 심어야 잘 자랍니다. 장미와 함께 기르면 좋은 식물은 라벤더(진딧물 제거), 세이지(해충 억제), 히솝풀(해충 억제), 타임(해충 억제), 금잔화(선충류 억제)가 있습니다.

장미꽃 향기

▶ **활동 목표** 후각을 통해 장미의 향을 다양한 방법으로 느껴 보고, 향을 충분히 느낄 수 있는 여러가지 방법에 관심을 갖는다.

▶ **활동 자료** 크고 작은 장미 꽃잎, 절구, 투명 비닐, 빵 칼, 종이, 필기도구

▶ **활동 방법**

① 장미 꽃잎을 탐색한다.

- 장미꽃의 향을 맡아 보자. 어떤 향이 나니? 어떤 꽃과 비슷하니?
  냄새가 나요.
  꽃잎을 많이 가지고 맡으니까 향이 나요.

- 장미의 줄기에서도 향이 나니? 함께 맡아 보자.

- 향이 어떠니? 자세히 이야기해 줄 수 있겠니?
  줄기에서는 향이 안 나요.

- 어떻게 해야 더 향을 강하게 맡아 볼 수 있을까?
  많이 쥐고 맡아요.
  손에 꼭 쥐고 맡아요.
  장미 꽃잎을 날려 봐요!

- 장미 꽃잎을 날려 볼까? 어떠니?
  눈이 오는 것 같아요.
  재미있어요.
  던져서 받기 놀이 할래요.

② 장미꽃을 오감을 사용하여 탐색한다.

- 어떻게 해야 장미꽃 향이 더 강하게 날까?
  손으로 눌러 볼래요.
  칼로 잘라 봐요.
  즙을 짜면 될 것 같아요.

- 손으로 누르면 손에 어떤 향이 남니?
  손에서 장미 냄새가 나요.
  손도 물들어요.

- 칼로 자르거나 즙을 내면 향이 어떻게 변하니?

처음엔 장미 냄새가 났다가 없어져요.

다른 향도 나요.

■ 즙을 천에 묻혀 보자. 천에서 어떤 향이 나니?

장미 향이 나요.

■ 다른 것을 넣어서 향이 강해지거나 바뀌게 할 수 있는 방법은 없을까?

물을 뿌려 봐요.

다른 꽃하고 섞어서 향을 내어 보아요.

■ 장미 향기를 오래 보관할 수 있는 방법이 있을까?

냉장고에 넣어요.

봉투에 넣어요.

■ 향기를 비닐에 담아 보면 어떨까?

■ 비닐에 담아 놓은 향은 얼마나 오래 갈까?

■ 장미 향기에서 느껴지는 느낌을 그림으로 표현해 보자.

③ 장미향을 맡아 본 소감을 이야기 나눈다.

■ 장미의 향이 어떠니?

향이 너무 좋아요.

달콤한 냄새가 나요.

■ 장미의 향이 방법에 따라 어떻게 변했니?

■ 어떨 때 가장 향이 강했니? 그 이유는 무엇일까?

손으로 문지를 때 가장 진했어요.

■ 비닐 봉투에 향기 담는 것은 어렵지 않았니?

어렵지 않았어요.

■ 눈에 보이지 않는데 향기가 담겨 있다는 것을 어떻게 알 수 있을까?

코로 맡아 보고 알았어요.

■ 비닐에 담겨진 향은 얼마나 오래갈까?

바람이 없어서 오래갈 것 같아요.

비닐 안에 있으면 오래가요.

■ 향기가 달아난다면 어디로, 어떻게 가는 걸까?

바람을 타고 날아 가요.

■ 향기가 달아나지 않게 하려면 무엇을 어떻게 하는 게 좋을까?

〈 비닐에 담겨진 장미 향기를 맡아요 〉

▶ **참고 사항**　　장미 나무가 있으면 아이들과 함께 물도 주고 관찰해 보도록 합니다. 장미는 대체로 잘 자라지만 장미를 기를 때는 병충해와의 전쟁을 치를 만큼 병이 많이 생깁니다. 그러므로 햇빛과 비료를 충분히 주어야 합니다.

장미마다 다른 색과 향이 있어요

▶ **활동 목표** 장미의 색을 느끼고, 장미의 색을 내어 봄으로써 감상하는 기회를 갖는다.

▶ **활동 자료** 색이 다른 장미(빨간 장미, 노란 장미), 손수건, 돌

▶ **활동 방법** ① 안대를 하고 장미의 촉감을 탐색한다.

- 눈을 가리고 비닐에 있는 것을 만져 보자.
- 두 주머니에 있는 것의 느낌이 어떠니?
  같은 것 같아요.
- 무엇이 들어 있는 것 같으니? 두 물건이 같을까 다를까?
- 자, 이제 꺼내서 우리가 만져 보았던 것을 보자. 어떤 모양/색이니?
- 색을 비교해서 말해 볼 수 있겠니?
- 장미의 색이 어떠니?
  빨간색.
  노란색.
- 노란색 장미를 보니 어떤 느낌이 드니? 떠오르는 것이 있니?
  개나리.
  민들레.
- 또 다른 색의 장미를 본 적 있니?
  네, 파란색이요.
  흰 장미도 보았어요.
- 이 노란 장미의 향은 어떠니? 맡아 보자.
  좋아요.
- 빨간 장미의 향은 어떠니?
  좋아요, 그런데 노란 장미보다 향이 안 나요.
- 장미의 향만으로도 노란 장미와 빨간 장미를 알아맞힐 수 있겠니?
  네, 해 봐요.

② 장미꽃 잎을 찧어서 그 향과 색을 탐색한다.

- 자, 눈을 꼭 감고 장미 향만 맡고 알아맞혀 보자.

- 돌로 노란 장미를 누르면 어떤 색이 나올까?

  노란색이요.

  초록색이 될 것 같아요.

- 자, 무슨 색이 나올까?

  돌로 찧어 봐요.

- 손수건에 대고 찧어서 비교해 보자. 어떠니?

  노란 장미는 노란색이 나왔어요.

  빨간 장미는 보라색이 되었어요.

  손수건을 빨아 볼래요.

- 손수건을 빨아 보면 어떻게 될 것 같니?

  색이 그대로 일 것 같아요.

〈 색이 다른 장미향 맡기 〉

③ 손수건의 색을 함께 살펴본다.

- 이건 어떤 장미니?

  이건 노란 장미구요, 이건 빨간 장미예요.

  재미있었어요.

- 손수건을 빨아 보니 어때?

  색이 그대로 있어요.

  보라색이 더 진해졌어요.

  말려 볼래요.

- 손수건을 말리면 색이 어떻게 변할까?

　노란 장미와 빨간 장미의 향기는 확실하게 다른데, 노란 장미의 향기가 매우 진합니다. 여러 다른 색의 장미를 활용해서 비교해 보는 것도 재미있는 활동이 됩니다. 파란색 장미가 없는 이유는 장미에는 원래부터 파란색을 내는 유전자가 없기 때문이지요. 그러나 도라지로부터 파란색 유전자를 확보해 장미에 이식하여 파란색 장미꽃을 피우려고 하고 있어 파란색 장미를 볼 날도 멀지 않은 듯합니다.

장미꽃에는 왜 가시가 있을까?

“장미 꽃잎은 부드러워, 엄마 얼굴 같아.”, “그런데 밑에는 가시도 있잖아, 만지면 따끔따끔해”, “가시는 삐죽삐죽 못생겼어”, “그런데 예쁜 꽃에 왜 가시가 있는 거지?” 장미를 관찰하면서 자연스레 가시를 발견하게 되었고, 독특한 장미 가시의 특징, 역할 등을 탐구하게 되었다.

▶ **활동 목표**　장미의 특징인 가시를 살펴보고 가시의 모양과 특성에 대해서 이해함으로써 장미꽃의 또 다른 특성을 알아본다.

▶ **활동 자료**　장미와 다른 종류의 꽃들

▶ **활동 방법**

① 장미를 관찰하고 이야기 나눈다.

- 장미를 자세히 관찰해 보자. 어떠니?
  빨간색이에요,
  부드러워요,
  선이 보여요,

- 장미 꽃잎을 만져 보자. 어떤 느낌이 드니?
  아주 부드러워요,
  미끌미끌해요,
  매끈거려요,
  장미에는 뾰족한 가시가 있어요,

② 장미꽃의 꽃잎과 가시를 관찰해 보고 이야기 나눈다.

- 장미 꽃잎은 어떠니?
  부드럽고 동그란 모양이에요,

- 장미 가시는 어떻게 생겼니?
  가시가 많아요,
  가시가 뾰족해요,
  가시가 줄기에 쭉 있어요,

- 장미 가시에 대해 궁금한 것이 있니?
  네! 왜 장미는 가시가 있어요?
  다른 꽃은 왜 가시가 없어요?

■ 장미꽃에만 가시가 있는 걸까? 다른 꽃은 어떨까?

네, 여기요, 민들레도 없어요.

장미꽃에만 가시가 있어요.

■ 장미의 가시에 대해 궁금한 것을 적어 보자.

장미의 가시가 몇 개예요?

장미에는 왜 가시가 있어요?

가시가 없는 장미도 있어요?

장미가 노란색, 빨간색 있는데요, 다 가시가 있는 거에요?

〈 장미꽃 가시는 몇 개나 될까? 〉

③ 장미 가시에 대해 아이들이 궁금해 하는 것을 알아보고 정리한다.

■ 장미꽃에 왜 가시가 있는지 어떻게 알아보면 될까?

책을 찾아봐요.

인터넷을 찾아보아요.

■ 자, 우리 장미 가시가 왜 있는지 알아보고 함께 이야기하도록 하자.

장미 가시가 왜 있냐면요 벌레 때문이래요.

장미에 가시가 있으면서 나쁜 벌레가요, 위로 올라오지 못하게 한대요.

■ 그렇구나. 장미가 자신을 보호하기 위해서 가시가 있는 거란다. 가시가 장미를 위해서 있는 거구나.

네, 가시에 찔리지 않게 조심해야 돼요.

장미는요, 다 가시가 있어요.

장미 꽃잎도 물이 들까?

장미를 다양하게 관찰하다가 장미 꽃잎에서 붉은 물이 나오는 것을 알게 되어
아이들은 이 물로도 염색을 할 수 있는지 궁금해 하며 흥미가 고조되었다.

▶ **활동 목표** 장미의 꽃잎을 관찰하고 즙을 내어 물을 들여 봄으로써 장미 꽃잎이 갖는 또 다른 특성에 대해 안다.

▶ **활동 자료** 노란 장미꽃과 빨간 장미꽃, 돌, 종이, 수건

▶ **활동 방법**

① 장미꽃을 관찰하고 다양한 방법으로 알아본다.

- 장미꽃을 보았니? 무슨 색이었니?
  빨간 장미는 꽃잎이 모두 빨간색이에요.

- 장미 꽃물을 들여 보았니? 어느 부분을 따서 물을 들여 보았었니?
  꽃잎만요.

- 장미의 빨간 꽃만 빨간 물을 들이는 것일까?

- 그럼 분홍 장미꽃은 분홍색 물이 드는 걸까?

- 초록 줄기는 초록 물이 드는 것일까?

- 어떻게 하면 알아볼 수 있을까?

② 장미꽃을 다양한 방법으로 물리적 자극을 가하여 그 변화를 살펴본다.

- 찧거나 삶으면 어떻게 향이 변할까?
  돌로 찧어요, 콩콩 찧어요.
  돌에 꽃잎이 붙었어요, 돌이 보라색이 되었어요.
  장미 꽃잎도 보라색이 되었어요.

- 종이에 꽃잎을 올려놓고 찧어 보자. 종이에 대고 눌러 보자. 어떻게 되었니?
  종이도 보라색으로 바뀌었어요.

- 이번엔 손수건 사이에 장미 꽃잎을 놓고 돌로 찧어 볼까? 여기도 물이 들까?
  물이 들 것 같아요.
  안 들 것 같아요.

- 꽃잎을 안에 넣고 찧어 보자. 어떻게 되었니?
  손수건도 보라색이 되었어요.

장미 꽃잎은 빨강인데 보라색이 되었어요.

■ 장미꽃의 색깔별로 따로 찧어 본다.

   ※ 장미꽃을 제외한 잎만 따로 찧어 본다.

③ 장미 꽃잎을 물들여 보고 그 색을 살펴보고 이야기 나눈다.

■ 찧어 놓은 재료 각각을 하얀 천 위에 올려놓고 물들여 보자.

〈 장미 꽃잎 찧어 손수건에 물들이기 〉   〈 장미 꽃잎 염색한 손수건 감상하기 〉

■ 물들인 색이 각각 어떠니?
   노란 장미는 노랗게요, 그리고 빨간색은요, 빨강이랑 보라가 되었어요.

■ 왜 이렇게 되었을까?
   노란 장미 안에는 노란색만 있구요, 빨간 장미 안에는 빨강이랑 보라색이 들어 있는 것
   같아요.

■ 장미의 어디에서 이런 색깔이 나오는 걸까?

■ 장미를 많이 찧으면 색이 어떻게 될까?
   더 진해져요.

장미 꽃잎으로 향수를 만들 수 있을까?

"장미 향기 맡아 봐! 좋지?", "어, 그런데 겨울에도 장미 있어?", "없을 걸", "그럼 겨울에는 장미 향기 못 맡아?", "장미 없으면 미리 장미 향기를 담아 두었다가 맡으면 되지", "어떻게 담아둘 수 있을까?" 장미의 향기를 오래 담아둘 수 있는 방법에 아이들의 관심이 모아졌고, 포프리를 만들 수 있는 방법을 탐구하게 되었다.

▶ **활동 목표**　장미를 이용하여 향수를 만들어 봄으로써 향을 오랫동안 보관하는 방법을 안다.

▶ **활동 자료**　장미꽃, 투명한 병, 알콜

▶ **활동 방법**　① 장미꽃을 관찰하고 그 향을 맡아본다.

　　■ 장미꽃을 관찰해 보자. 어떻게 생겼니? 무슨 색이니?

　　　너무 예뻐요,

　　　장미꽃은 부드러운데요, 줄기는 가시가 있어요,

　　　장미 꽃잎이 여러 개 있어요,

　　　향이 너무 좋아요,

　　■ 장미꽃의 향이 어떠니?

　　　화장품 같아요,

　　　향수 같아요,

　　■ 장미 꽃잎을 가지고 향수를 만들 수 있을까?

　　■ 장미의 어느 부분이 향수가 될 수 있을까?

　　■ 향수는 어떻게 만들면 될까?

② 향수를 준비하여 향을 맡아 보고 장미꽃을 활용하여 향수를 만드는 방법을 생각해 본다.

　　■ 여기 여러 가지 향수를 준비했어. 한번 맡아 보자. 어떤 향이 있니?

　　　꽃 냄새가 나요,

　　　향이 너무 좋아요,

　　　장미꽃 향이 나는 것도 있어요,

　　■ 장미 꽃잎의 향을 내려면 어떻게 해야 할까?

즙을 내어 보아요.

종이에 즙을 묻혀요.

■ 어떻게 하면 향을 향수처럼 오래 가게 할 수 있을까?
장미꽃 향수를 만들어요.

③ 장미 꽃잎을 알코올에 담가서 장미 향수를 만들어 보고 그 변화 과정을 알아본다.

■ 꽃잎을 뜯어보자.

■ 뜯은 꽃잎을 알코올에 담그면 어떻게 될까?
알콜색이 변할 것 같아요.

장미색이 없어질 것 같아요.

■ 왜 그렇게 될 것 같니?
장미가 알콜 속에서 변할 것 같아요.

■ 향은 어떻게 될까?
장미 향수랑 비슷할 것 같아요.

■ 장미 향수를 강하게 하려면 어떻게 하면 될까?
더 많이 넣어요, 장미 꽃잎을요.

〈 장미 향수 만들기 〉

▶ **참고 사항**

싱싱한 장미 꽃잎을 모아서 입구가 넓은 유리병에 채운 다음 꽃잎이 잠길 정도로 에탄올을 넣고 증발되지 않도록 뚜껑을 덮습니다. 하루 정도 지나면 입구가 작은 병으로 꽃잎이 섞이지 않도록 액만 담습니다. 냉장 보관하면서 실내에 뚜껑을 열어 두면 실내는 장미향으로 향기로워진답니다.

무생물을
알고 사랑하기

흙

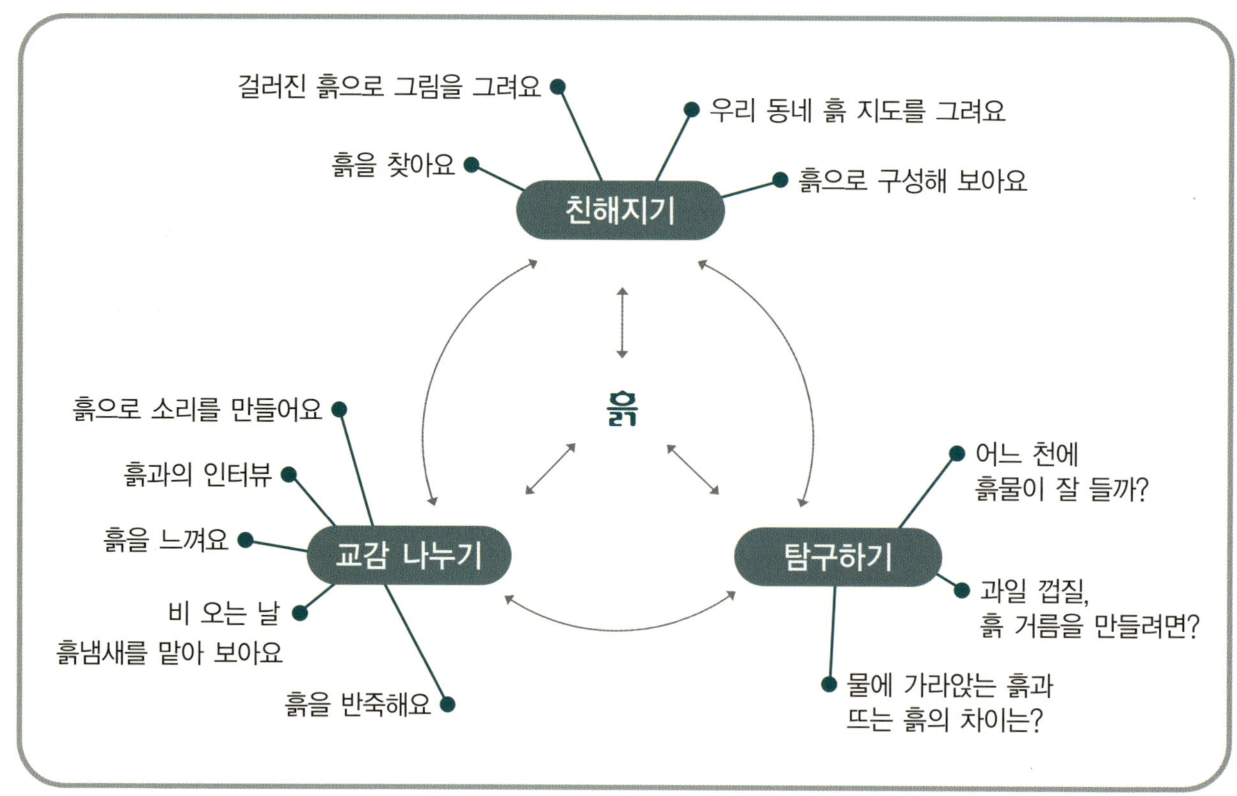
걸러진 흙으로 그림을 그려요
우리 동네 흙 지도를 그려요
흙을 찾아요
흙으로 구성해 보아요
친해지기
흙으로 소리를 만들어요
흙과의 인터뷰
흙을 느껴요
비 오는 날
흙냄새를 맡아 보아요
흙을 반죽해요
교감 나누기
흙
어느 천에
흙물이 잘 들까?
과일 껍질,
흙 거름을 만들려면?
물에 가라앉는 흙과
뜨는 흙의 차이는?
탐구하기

'흙'을 주제로 한 활동 계획

눈에 잘 띄지도 않는 검은색의 흙 속에서 파아란 새싹이 살포시 피어나는 모습, 한없이 펼쳐진 바닷가 모래사장 위를 걸을 때 느꼈던 촉촉한 감촉, 이른 아침 산책로에서 느껴지는 신선한 흙 내음, 태양이 내리쬐는 한여름 흙을 만지며 느꼈던 손끝의 따스함은 흙이 우리에게 주는 선물입니다.

흙은 생명이 깃들어 사는 터전이며, 위대한 힘을 가지고 있어서 미물 조차 흙에서는 저마다의 역할을 가지도록 포용하는 흙, 건강한 삶의 근원이 되는 흙, 기다림의 여유를 알게 해 준 흙, 무한한 잠재력을 가진 것이 바로 흙입니다.

흙이란 암석에 가해지는 풍화 작용, 물리적·화학적인 작용, 동식물에 의한 생물적 작용이 어우러져 오랜 세월에 걸쳐 만들어진 물질을 말합니다.

흙의 종류를 살펴보면 굵기에 따라서 굵은 자갈, 잔자갈, 모래, 진흙으로 나뉘는 경우도 있고, 생성 원리에 따라 충적토, 배양토, 부엽토, 양토로도 나뉠 수 있으며, 흙 속에 포함된 성분에 따라 황토, 적토, 모래, 참흙, 찰흙, 버미큘라이트, 펄라이트 등으로 구분될 수 있습니다. 흔히 식물 기르기를 하기 위해 화원에서 구입하는 흙은 배양토입니다. 배양토는 화분이나 온상, 꽃밭에 사용하는 흙으로 토양의 물리성을 개량하기 위하여 여러 가지 흙의 종류를 섞어서 만든 흙으로서 배수성, 보수성, 통기성이 좋고 무기질과 유기질 비료분과 미량 요소, 미생물 등을 골고루 갖춘 것으로 식물이 자라는 데 꼭 적절하고 좋은 흙을 말합니다. 양토, 모래, 진흙, 황토, 개흙, 충적토, 부엽토, 퇴비 등을 잘 섞어서 용도에 맞게 사용할 수도 있습니다.

흙은 식물의 성장에 필요할 뿐만 아니라 그 이외에도 다양한 용도의 쓰임새가 있습니다. 건축자재로 사용되기도 하고 약재로 사용되기도 합니다. 또한 천연염료로 사용되기도 하는데 자연에서 나온 흙 재료를 이용하여 물을 들일 수 있습니다. 또한 흙은 토기 재료로 사용됩니다. 흙으로 만든 숨 쉬는 옹기는 강력한 제독 작용을 하여 음식의 독성을 제거 하고, 숨구멍이 있어서 저장된 음식이 오래되면 나쁜 기를 밖으로 밀어 내 고유의 영양가를 유지, 보존하는 기능을 합니다.

흙을 찾아요

▶ **활동 목표** 생활 주변에 존재하는 흙에 대해 관심을 갖고, 다양한 흙을 발견하고 느껴 본다.

▶ **활동 자료** 모종삽, 투명 비닐 봉투, 디지털 카메라, 돋보기, 필기도구, 기록지

▶ **활동 방법** ① 흙 찾기 계획을 회상한다.

- 오늘 무엇을 하기로 하였니?

- 흙이 있는 곳을 잘 생각해 보았니?

- 너희들이 알고 있는 곳 중에서 어느 곳에 먼저 가는 것이 좋을까?
  운동장 흙이요.
  놀이터에 있는 흙이요.
  텃밭에 있는 흙.
  토끼장 밑에 있는 흙.

- 흙들이 모두 같을까, 다를까?

- 흙 찾을 준비는 다 되었니?

- 자! 우리 함께 나가서 흙을 찾아보자.

② 주변에 있는 흙을 찾아 수집한다.

- 어디에 가장 먼저 가기로 하였니?

- 흙을 발견하면 무엇을 어떻게 하기로 하였니?
  여기 흙 있어요. (운동장 흙을 발견하고 탐색한다.)
  하얀색이다.
  흙이 딱딱해서 잘 안 퍼져요.(흙을 퍼서 비닐 봉투에 담는다.)

- 어디에서 발견한 흙인지 나중에 알 수 있게 하려면 어떻게 하면 좋을까?
  (종이에 발견한 날짜와 장소를 기록하고 사진을 찍는다.)
  여기도 있다! (텃밭 다녀오는 길)
  더 가면 또 있어.
  저기도 있다!
  이건 좀 까만데?
  (흙을 봉투에 담아 가져가며)그런데... 흙이 무거워요.

- 그렇구나. 꽤 무거운데? 선생님이 도와줄까?

제가 들고 갈래요.

■ 너희들이 미리 생각해 본 곳의 흙을 다 찾아보았니?

　아니요... 되게 많아요.

〈 흙을 찾아요 〉

③ 흙 찾기 경험을 함께 나눈다.

■ 흙을 찾아본 기분이 어떠니? 비닐 속에 담겨진 흙을 보니 어떤 생각이 드니?

　조금 다른 것 같아요.

■ 우리가 오늘 함께 찾아본 흙과 다른 흙을 본 적이 있니?

　다른 흙 있는데.

■ 어디에서 어떤 흙을 보았니?

　우리 집이 한진 아파트인데, 거기 나무 있는데 흙이 있어요.

■ 너희 집 주변에도 흙이 있다는 뜻이니?

■ 우리가 오늘 찾은 흙과 같을까, 다를까?

　우리 집에서 조금 내려가면 세탁소가 있는데, 그 옆으로 쭉 가서 마을버스 타는데, 거기 위에 나무도 심었고, 거기 가면 모래가 있어요.

　올라가는 길에요.

　그런데, 거기는 하얀색 돌멩이 밖에 없어요. 그리고, 모래가 섞여 있어요.

■ 그러면, 내일은 너희 집 가까운 곳에 있는 흙을 더 찾아보자. 그리고 발견하면 담아와 함께 보도록 하자.

▶ **참고 사항**　　다양한 종류의 흙이 주변에 존재한다는 사실을 발견하는 것에 활동 목표가 있으므로, 구체적인 탐색을 격려하는 질문보다는 다양한 흙을 찾도록 언어적 격려하기가 필요합니다. 흙을 채집하는 과정에서 흙의 무게에 관심을 많이 갖게 되므로, 흙의 무게 재어 보기 활동으로 확장해도 좋습니다.

걸러진 흙으로 그림을 그려요

▶ **활동 목표** 다양한 방법으로 흙을 탐색하며 친근감을 갖고, 흙을 여러 가지 체에 걸러 봄으로써 흙의 성질에 대해 이해한다.

▶ **활동 자료** 아이들이 수집한 흙, 다양한 구멍 크기의 체(석쇠, 찜 요리 받침대, 망사 천, 방충망 등으로 만든 체), 쟁반, 플라스틱 접시, 돋보기, 투명 통, 투명 비닐, 가위, 물

▶ **활동 방법**

① 아이들이 수집해 온 흙을 소개한다.

- 어떤 흙들을 더 찾을 수 있었니?

- 어디에서 발견한 흙인지 친구들에게 소개해 줄 수 있겠니?

- 친구들이 가져온 흙들을 보니 어떤 생각이 드니?

- 친구들이 가져온 흙은 어떤 점이 같고 어떤 점이 다를까?

② 다양한 흙을 여러 가지 방법으로 비교해 본다.

- 흙의 색깔은 어떤 것 같니? 무엇과 비슷하니?

- 여기 있는 여러 가지 흙 중에서 가장 진한(옅은) 색깔의 흙은 무엇이니?

- 우리 냄새도 한 번 맡아 볼까? 각각의 흙에서 어떤 냄새가 날까?

- 각각의 흙냄새를 맡아보고 떠오르는 것들을 이야기해 보자.

- 이제 흙을 한 번 만져 볼까? 흙을 만져 본 느낌이 어떠니?
  부드러워요.

  이건 까끌까끌해.

- 돋보기로 흙을 자세히 들여다보면 어떨까?

- 흙 속에 있는 알갱이 중 가장 굵은 것은 크기가 어느 정도나 되니?

- 알갱이를 크기별로 나누어 볼 수 있는 방법이 있을까?

〈 흙을 자세히 관찰해요 〉

③ 흙을 체에 걸러 본다.

- (다양한 체를 보며 이야기한다.) 여기에 있는 체들을 본 적이 있니?

- 체의 구멍이 어떤 것 같으니?

- 체 위에 흙을 올려놓는다면 어떤 일이 일어날까?

- 흙이 체의 구멍을 잘 통과하게 하려면 어떻게 할 수 있을까?
  흔들어요.

- 체를 통과한 흙을 모으려면 어떻게 해야 할까?

- 어떤 체가 가장 고운(거친) 흙을 걸러낼 수 있을까?

- 너희들이 사용하고 싶은 체를 이용해 흙을 걸러 보자.
  나온다... 다 나와.. 비오는 거 같다.
  이건 안 내려가... 눌러 봐!
  이상한 것만 위에 남았다.

- 걸러 낸 흙을 만져 보자. 거르기 전과 어떻게 달라졌니?
  밑에 만져 봐! 부드러워~~

- 다른 체로 한 번 더 걸러 보면 어떻게 될까?

- 걸러진 흙마다 다른 통에 모아 보자.

④ 걸러진 흙을 이용해 그림을 그려 본다.

- 흙을 걸러 본 느낌이 어떠니?

- 체에 따라 흙이 어떻게 변했니?

- 왜 그렇게 되었을까?

■ 걸러진 흙을 만져 본 기분이 어떠니?

■ 이 흙으로 그림을 그린다면 무엇을 그리고 싶으니?

※ 걸러진 흙을 색종이 비닐에 넣고, 비닐 모서리 부분을 잘라준 후, 케이크 데코
레이션 하는 식으로 땅바닥에 그림을 그리도록 한다.

■ 비닐 구멍을 빠져나오는 흙의 모습이 어떤 것 같으니?

■ ○○이는 어떤 그림을 그렸니?

■ 친구들이 그린 그림을 감상해 보자.

■ 우리가 평소에 그리던 그림과 무엇이 어떻게 다르니?

〈 체로 흙을 걸러요 〉

〈 걸러진 흙으로 그림을 그려요 〉

▶ **참고 사항**

　걸러진 흙으로 그림을 그릴 때, 흙바닥에 물을 뿌린 후 그려보도록 하면 접착력도
생기며, 그린 그림이 두드러져 보이는 효과를 얻을 수 있습니다. 또한 흙바닥뿐만
아니라, 나뭇잎, 돌, 받아 놓은 물 위에 그림을 그려보도록 하면 흙 알갱이의 속성
을 더 심층적으로 느껴 볼 수 있습니다.

 # 우리 동네 흙 지도를 그려요

▶ **활동 목표** 생활 터전으로서의 우리 동네와 흙의 관계에 관심을 갖는다.

▶ **활동 자료** 동네 전경을 표시한 약도, 수집한 흙, 필기도구, 본드, 풀, 가위, 흙 수집할 때 찍었던 사진들

▶ **활동 방법** ① 동네 전경 약도를 보며 이야기 나눈다.

- 너희들은 지도를 본 적이 있니?

  집에 있어요.

  해님반에서 보았어요.

  우리 아빠 차에 있는데.

- 어떻게 생겼니? 혹시 이것과 비슷하게 생겼을까?

  (전지에 동네 건물 붙인 것을 제시한다.)

- 여기 있는 이 건물이 무엇 같으니?

  우리 언니 다니는 학교예요.

- 이곳은 어디인 것 같니?

  바깥 놀이터에요.

  성북동산이요.

- (◇◇이가 흙을 퍼 온 곳 사진을 제시하며) 이곳은 어디였는지 기억나니?

  (사진 속에서 정확히 손가락으로 짚으면서) 내가 여기서 흙 폈었는데..

② 흙 지도를 그려 본다.

- 너희들이 담아온 흙이 어디에 있었는지 이 지도에 표시해 보자.

- □□이는 흙을 어디서 퍼 왔었지?

  나무 있는 데요.

- 그래, 그럼 흙 있는 곳을 표시하고, 표시한 곳에 흙을 본드로도 붙여 보자.

- ○○이네 집은 어디에 있었지? 어느 문으로 나가야 하니?

  테이프 필요할 때 사는 곳을 지나서 쭉 올라가면 경찰 아저씨 있는 곳에서 큰 길로 가도 되고, 작은 길로 가도 돼요.

- 그럼, △△이네 집이 어디쯤 되는지 그려 볼 수 있겠니?

  선생님, 건너가는 길도 있어요. 우리 집 가는 길에요. 여기 경찰 아저씨가 '호' 불고 있

어요.'

마을을 그리고 싶은데 종이가 필요해요.

※ 자신이 퍼 온 흙을 유치원과 자신의 동네 위치에 본드로 붙이며 흙 지도를 완성한다.

③ 완성된 지도를 보며 함께 이야기 나눈다.

■ 유치원과 동네 흙 지도를 그려 보았는데, 어떤 점이 가장 즐거웠는지 이야기해
보자.

성북동산 의자 사진이랑 흙 붙이는 게…

■ 그랬구나. 그런데 지도를 보니 어느 곳에 흙이 가장 많았니?

놀이터요.

■ 완성된 흙 지도를 보니 어떤 기분이 드니?

기분이 좋아요.

이게 너무 돌멩이가 있어서 모래인지 모르겠어요.

〈 흙이 있는 우리 동네 지도를 그려요 〉

〈 완성된 흙 지도 〉

▶ **참고 사항**

　3차원 입체를 2차원 평면으로 옮기는 작업은 어린 아이들에게는 쉬운 일이 아닙
니다. 그러므로 가능한 상황 단서(사진, 시설물 그림)를 많이 제시하고 활동을 하는
것이 좋습니다. 동네 지도 그리는 것에 몰입하기보다 흙이 종이에 붙는 것에 더 관
심을 갖게 될 수 있습니다. 따라서 사전에 모래 그림 또는 흙 콜라주와 같은 활동을
경험한 후에 흙 지도 활동을 하는 것이 지도 그리기에 몰입하는데 도움이 될 수 있
습니다.

흙으로 구성해 보아요

▶ **활동 목표**   흙과 자연물이 만들어내는 조화로운 풍경에 관심을 갖는다.

▶ **활동 자료**   흙, 물, 나뭇잎, 꽃잎, 투명 그릇, 돌멩이 등 기타 자연물, 디지탈 카메라, 모래 작품집

▶ **활동 방법**   ① 작품집을 보며 감상한다.

■ 우리는 흙을 가지고 여러 가지 놀이를 했었는데, 책 속에 있는 사람들은 흙을
가지고 무엇을 한 것 같니?

바닷가 만든 거 아니에요?

어! 그거 연못.

애벌레 기어가는 거 같아요.

■ 흙 위에 꾸민 모양을 보니 어떠니?

멋져요.

종이로 한 거보다 예뻐요.

우리도 만들어 봐요.

② 자연물을 이용해 이미지를 꾸며 본다.

■ 책 속에 있는 작품처럼 멋진 것을 꾸미려면 어떤 것들이 필요할까?

우리가 돌멩이 구해 올게요.

얘들아, 비닐하고 나무 박스가 필요해.

나뭇잎도.

꽃 떨어진 것도 많은데, 그거랑 나뭇잎이랑 섞어서 해 봐요.

여기다 꽃 그런 걸루요 다 뿌려서 길을 만들어 봐요.

■ 꾸미기에 필요한 것들을 모아 보자.

※아이들과 필요한 자연물을 수집한다.

〈 흙으로 만들어요 〉

■ 무엇을 꾸미고 싶으니? 먼저 생각해 보고 꾸며 보자.

여긴 물고기가 사는 곳이요.

막으려구요. 물이 못 나가게요.

돌멩이를 보고 물고기 집이라고 그럴까?

아니, 물고기 튀어나올까 봐 이렇게 막아 놔야 돼.

야, 민들레 홀씨! (민들레 홀씨도 돌 곁에 심음.)

(돌을 물웅덩이 주위에 박으며)이게 시멘트 가루라고 생각하자.

〈 흙과 자연물로 여러 가지를 구성해 보아요 〉

■ 더 필요한 것은 없니?

종원이랑 같이 만들었어요.

새끼 물고기한테 상어가 들어올까 봐 이렇게 막아 놓는 거예요.

성이구요(돌) 사람들이 밖으로 나가지 않게 하는 거예요.

선생님, 저는 물고기 먹이를 만들고 있어요.

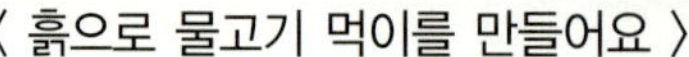

〈 흙으로 물고기 먹이를 만들어요 〉　　　　　〈 흙으로 물길을 만들어요 〉

■ ○○이는 흙을 연결해서 다리를 만들고, □□이는 무엇을 만들고 있니?

폭포요.(판을 돌 뒤에 수조를 의지하여 세워서 비스듬한 경사판을 만듦.)

■ 물은 어디서 내려오는 거니?

여기다 물을 부으면 돼요.(수돗가에 가서 물을 떠서 비스듬한 판 위에 부음.)

■ 그런 방법으로도 폭포를 만들 수 있구나.

※아이들이 구성한 것을 사진 찍어 둔다.)

③ 아이들의 작품을 감상한다.

■ 흙과 자연물로 무엇을 만들었니?

폭포요.

다리요.

연못이랑 나무요.

녀희들이 만든 작품을 함께 감상해 보자.(사진 찍은 것을 보며 이야기한다.)

저거 진짜 폭포 같지?

다리도 튼튼해.

돌로 만든 성 봐봐!

■ 흙과 자연물로 무언가를 만들어 보니 어떤 기분이 드니?

진짜 돌로 성을 만드는 느낌이에요.

집 지을 때 땅 파고 짓는 것 같았어요.

나무랑 흙이랑 잘 어울려요.

성에 들어가고 싶다.

▶ **참고 사항**　　처음부터 다양한 재료를 제시하고 규모가 큰 구성을 시도하기 보다는 개별적이고 간단한 구성 활동부터 실시하고, 이후에 협동 작품을 만드는 것이 좋습니다. 이미지를 구성하는 활동은 갑작스럽게 이루어졌을 때 보다는 평소에 다양한 작품을 감상하는 경험을 충분히 해서 자연에 대한 심미감을 느낀 후에 실시하는 것이 좋습니다. 그러므로 다양한 자연물을 소재로 한 작품을 충분히 감상하는 사전 활동이 필요합니다.

흙으로 소리를 만들어요

▶ **활동 목표** 다른 물건과 흙이 만들어 내는 소리에 관심을 갖고 청각을 사용하여 흙의 소리를 느껴 본다.

▶ **활동 자료** 다양한 종류의 상자(깡통, 비닐봉지, 종이 상자, 플라스틱 통, 갈대 바구니 등), 흙, 녹음기, 공테이프

▶ **활동 방법**

① 아이들의 이야기를 회상한다.

- ○○이는 이 흙을 우유 통에 담아서 흔들어 보자고 했었지?
- 오늘은 ○○이가 이야기했듯이, 흙을 통에 담아서 흔들어 보자.
- 통 속에 들어간 흙이 어떤 소리를 낼 것 같니?
  소리는 '스르륵' 소리,
  '부시럭',
- 움직이지 못하는 흙이 어떻게 소리를 낼 수 있을까?
- 흙이 소리를 내게 할 수 있는 방법은 무엇이 있을까?
  바람을 불게 해요,
  그냥, 우리가 막 바깥놀이에서 뛰어갈 때, 모래가 움직여서 소리를 내요,
  강아지가 앞발로 발을 이렇게 하면 흔들흔들 소리가 날 것 같아요,
- 흙이 어디에 부딪혀서 소리를 낸다면 어디에 부딪혀서 소리를 내면 재미있을것 같니?
  나무,

② 다양한 통에 흙을 넣어 소리를 감상한다.

- 여러 가지 상자와 통에 흙을 넣어 소리를 들어 보자. 이것은 무엇으로 만든 통이니?
  유리병, 플라스틱, 빈 상자
- (갈대 바구니를 꺼내며) 너희들 이것은 어디에서 보았니?
  우리 집에서요,
  해님반에서요, 우리 쑥버무리 해 먹을 때 봤어요,
- 여기에 흙을 담아서 흔들면 어떤 소리가 날까?
  자동차 소리, 그리고 바람 소리,

흔든다, 티티티티 소리 내는 것 같아요.
쿵쿵.

■ 흙을 조금 담는 것과 많이 담는 것이 소리가 다를 것 같니? 같을 것 같니?
다를 것 같아요.
많은 건 소리가 더 클 것 같아요.
무거워서 소리가 안 날지도 몰라.

■ 이제 너희들이 흙을 담고 싶은 병을 골라 보자.

■ 그릇마다 만들어 내는 소리가 어떻게 다를까?
(자신이 원하는 통을 가져가 흙을 담는다.)
유리에 있는 건 더 찰찰거려.
상자에서는 그르릉.
바구니에서는 파도 소리가 나요.
(아이들이 만든 소리를 녹음해 둔다.)

〈 흙 소리를 탐색해요 〉

③ 아이들이 만들어 낸 흙 소리를 감상한다.

■ 흙으로 소리 만들어 보는 것 중 어떤 것이 가장 기억에 남니?
(녹음된 소리를 들어 본다.)
유리병 소리가 좋아요.
난 바구니 소리... 시원해~
상자 소리가 제일 커.

■ 제일 맑은 소리를 만들어 낸 것은 무엇을 사용했을 때였니?

　유리병.

■ 가장 어두운 소리를 냈을 때는 어떻게 했을 때였니?

　흙 많이 넣으면 소리 안 나요, 꽉 채우면….

■ 너희들이 만들어 낸 흙 소리에 가장 어울리는 노래는 무엇이 있을까?

　작은 동물원.

■ 동물마다 어울리는 소리가 있니?

※아이들이 동물과 어울린다고 생각하는 흙의 소리를 정하고, 함께 노래 불러 본다.

▶ **참고 사항**

　흙으로 소리를 만들어 내는 활동을 좀 더 지속적으로 실시하기 위해서는 녹음기를 활용하는 방법이 있습니다. 아이들이 만들어 낸 소리를 녹음한 후 무엇으로 만들어 낸 소리인지 맞혀 보는 활동으로 연결할 수 있습니다. 또한 녹음된 흙 소리를 듣고 실외 놀이터에서 흙 바닥에 연상되는 그림을 그리는 활동으로도 확장할 수도 있습니다.

흙을 느껴요

▶ **활동 목표** 감각을 통해 흙을 느껴 봄으로써 흙과의 다양한 상호 작용으로 친밀감을 갖는다.

▶ **활동 자료** 흙, 비밀 주머니, 디지탈 카메라, 물

▶ **활동 방법** ① 흙을 만져 보며 이야기한다.

- 비밀 주머니 속에 무엇이 있는지 주머니를 만져 보고 알 수 있을까?
   모르겠어요.
   흙 같다.
- 어떻게 흙인줄 알았니?
   따끔따끔한 것 같아요.
   부들부들한 느낌이요.
- 손으로 흙을 만져 보면 그런 느낌이 드는구나.
- 우리 몸의 다른 부분으로 흙을 만져 보면 또 어떤 기분일까?

② 다양한 방법으로 흙을 느껴 본다.

- 몸의 어느 부분으로 느낌을 느껴 보면 좋을 것 같니?
   발로 밟아 본다.
   팔꿈치로 눌러 본다.
   손가락 사이로 흘려 본다.
- 맨발로 흙을 밟으면 기분이 어떨까?
- 맨 발로 흙을 밟아 보자.
- 눈을 감고 발끝에 닿는 흙을 느껴 보자.
- 발가락으로 흙을 눌러 보자.
- 발등 위에 흙을 덮어 보자.
- 어떤 기분이 드니?
   부드러워요.
   간지러워요.
- 어떻게 했을 때 흙의 느낌이 제일 잘 느껴지니?
- 발로 흙을 비벼 보자.

- 뒤꿈치를 붙이고 빙글 돌아 보자.

- 두 발 모아 높이 뛰어 보자.

- 우리 이번에 엉금엉금 걸어 보자.

- 발 도장을 따라 가 보자 아주 천천히 / 빨리 따라 가 보자.

- 이제 멈춰서 우리가 나무가 된 것처럼 우리 발을 흙 속에 묻어 보자. 어떤 느낌이 드니?

  따뜻해요.

  해님 때문에요.

- 나무는 흙 속에 뿌리를 두고 무슨 생각을 할 거 같니?

  뭐 만들어 달라구요.

  꿈꾸는 생각을 할 것 같아요.

〈 흙에 발을 묻고 나무가 되어 보아요 〉

- 흙을 쓰다듬어 보자. 흙이 우리에게 뭐라고 하는 거 같니?

  사랑해.

  흙들이 발꼬락 냄새 나서요 어, 저리 가라고 하는 거 같아요.(웃음)

- 너희들이 밟고 있는 흙 위에 물을 뿌리면 어떻게 될까?

  달라요. (마른 흙과 젖은 흙을 각각 손에 들고 와서는 계속 흙을 만진다.)

- 물을 넣었는데 느낌이 어떠니? 우리 이제 젖은 흙에 발을 심어 보자.

  여기다가 시냇물을 만들까요?

  선생님 물을 더 넣었으면 좋겠어요.

  (젖은 흙을 계속 관찰함.)

  너무 시원해요.

  산 만들고 있는데.

③ 교실로 돌아와 사진을 보며 흙과의 경험을 회상한다.

- 발로 흙을 느껴 본 기분이 어떠니?

  모래 위에서 발로 빙글빙글 도는 것이 재밌었어요.

  선생님이랑 함께 노는 것이 재밌었어요.

- 어떤 방법으로 느껴 보았을 때 가장 좋았니?

  나무가 되어 보는 것이 재밌었어요.

  흙 위에서 달리는 것이 좋았어요.

  흙에 물을 섞어서 발이 시원했어요.

- ○○이는 왜 이런 표정이 되었니?

- 흙을 느껴 보기 전의 생각과 만져 본 후의 생각이 달라진 점이 있니?

▶ **참고 사항**

　연령이 어린 아이들일수록 느낌을 언어로 표현하는 것에 어려움을 느낍니다. 언어로 표현하는 것뿐만 아니라 표정, 몸짓을 잘 포착하여 기록화하는 것이 무엇보다 중요합니다. 나중에 그 사진을 보며 언어화하는 것이 더 효과적입니다. 자유롭게 발로 흙을 느껴 보기 위해서는 무엇보다 안전한 환경이 마련되어야 하므로, 사전에 밟을 흙에 대한 안전 점검이 중요합니다.

비 오는 날 흙냄새를 맡아 보아요

▶ **활동 목표** 흙의 독특한 향기에 관심을 갖고 비에 젖은 흙냄새의 특징에 관심을 갖는다.

▶ **활동 자료** 비밀 상자, 흙, 물, 필기도구, 종이

▶ **활동 방법**

1️⃣ 비밀 상자를 보며 이야기 나눈다.

- (흙을 넣어 둔 상자를 보며 이야기한다.) 상자 속에 있는 것을 냄새만 맡아 보고 무엇인지 알 수 있을까?
  지난번 흙 풀 때 나던 냄새 같다.

- 흙냄새를 맡아 보니 어떤 기분이 드니?
  꽃이 생각나요.
  흙 밟았던 것.

- 흙 밟기를 하다가 물을 넣었을 때 어떤 점들이 달라졌었니?
  발에 막 붙었어요.
  색깔이 진해졌어요.

- 그 흙의 냄새도 맡아 보았니?

- 물에 젖은 흙은 어떤 냄새가 날까?

2️⃣ 비에 젖은 흙을 탐색한다.

- 어제 날씨가 어땠었니?
  비 왔어요.
  흙도 다 젖었어요.

- 빗물에 젖은 흙의 향기를 맡아 보았니?

- 어떤 향기가 날 것 같으니?

- 함께 나가서 맡아 보자!

- 어디에 가면 흙의 향기를 잘 맡을 수 있을까?
  흙 많은 데로 가야죠.
  놀이터.

- 눈을 감고 흙냄새를 맡아 보자.
  뭔가 올라오는 거 같아요.

축축해요,

시큼하다,

■ 흙에서 조금 멀리 떨어져서 맡아 보자.

냄새가 사라진다,

■ 아주 가까이 가서도 맡아 보자.

■ 무엇이 떠오르니?

땅속 벌레,

씨앗,

물 흘러가는 거,

■ 교실에서 마른 흙냄새를 맡았을 때와 무엇이 다르니?

시원한 것 같아요,

냄새가 더 많이 나요,

■ 왜 젖은 흙에서는 이런 향기가 날까?

〈 비온 뒤 흙냄새를 맡아 보아요 〉

③ 교실로 돌아와 젖은 흙냄새를 맡은 경험을 동시로 지어 본다.

■ 빗물에 젖은 흙을 만나고 온 느낌이 어떠니?

■ 그때 떠오른 생각들을 모아서 동시를 지어 보자.

▶ 참고 사항　　흙냄새를 맡기는 비가 온 후 진행하는 것이 가장 자연스럽습니다. 그러나 상황이 여의치 않을 경우에는 흙이 있는 곳에 가서 물을 뿌리고 냄새를 맡아 보는 활동으로 진행하는 것도 좋습니다.

흙을 반죽해요

▶ **활동 목표**   촉감으로 흙을 느껴 보고 흙과 물이 만들어 내는 새로운 상태의 특성에 관심을 갖는다.

▶ **활동 자료**   여러 가지 흙(모래, 진흙, 굵은 흙), 물, 그릇, 투명 비닐봉지, 밀가루 반죽, 밀가루

▶ **활동 방법**   ① 밀가루와 흙을 만져 보며 비교한다.

- 밀가루를 만져 본 적이 있니?
  부드러워요,
  진짜 눈 오는 것 같다,
  양털 느낌이 나요,

- 밀가루 반죽은 또 어떤 느낌일까?
  차가워요,
  진득진득해요,
  떡 같아요,

- 밀가루에 어떤 일이 일어났길래 이렇게 진득진득해졌을까?
  물,
  우유,
  풀 넣었어요,

- 그럴 수도 있겠구나. 흙도 밀가루처럼 반죽을 만들 수 있을까?
  네, 지난번에 물 넣었을 때,,,

- 그럼 오늘은 밀가루 반죽처럼 흙으로도 반죽을 만들어 보자.

② 흙 반죽 놀이를 해 본다.

- 반죽을 하려면 무엇이 필요할까?

※아이들이 선택한 흙을 그릇에 담고 물을 넣어 본다.

- 흙 반죽이 잘 되려면 물을 얼마만큼 넣으면 좋을까?
  많이
  조금 많이 넣어요,

- 물을 더 넣어야 될 것 같니?
  네, 물이 없어요,
  어! 뭉쳐진다,

우리 꽃 모양 만들자.

(주전자에 컵으로 흙을 담으며) 많~이 넣고 있어요.

선생님, 그런데 모양이 잘 안 나와요.

■ 어떻게 하면 흙으로 모양을 잘 만들 수 있을까?

물을 조금 짜야 되겠다(판에 있는 물을 따라 붓는다).

선생님, 모양 나왔어요. 동그라미 모양.

야, 동그라미다.

〈 흙을 반죽해요 〉

■ 물을 조금 덜어 내니 잘 되니?

■ 물을 넣으니 흙의 색이 어떻게 됐니?

물 넣으니까 진흙 색깔이 됐다.

선생님, 이것 좀 보세요, 여기 진흙 색깔이 됐어요.

진흙 색깔이요.

선생님, 저두요.

■ 흙과 물이 섞여진 것을 만져 보니 어떻니?

흙이 부드러워졌어요.

물 또 가지고 올게.

흙이 부드러워지게 싹싹 하자.

③ 흙 반죽한 경험을 이야기한다.

■ 흙으로 반죽을 만들어 본 기분이 어땠니?

흙 놀이가 좋았어요.

저는 진흙 색깔 만드는 것이 재밌었어요.

오늘 선생님이랑 같이 이렇게 노는 게 재밌었어.

■ 반죽한 흙을 가지고 무슨 놀이를 할 수 있었니?
부침개 만드는 게 재밌었어요.
별 모양 찍기요.

■ 흙처럼 물을 넣으면 반죽이 되는 자연물이 또 있을까?
나뭇잎을 떼어서 그 위에 흙을 뿌려 봐요.
밤풀이랑 돌멩이랑 부서진 크레파스랑 흙에 넣고 하얀 반죽도 넣고 해서 그렇게 해서
섞어 봐요.
물감하고 흙하고 섞어서 냄비에 넣어요.
음료수랑 반죽하고 싶어요.
나무 막대기 조금 부러진 거 주워서 그거 우리 물이랑 흙이랑 섞어서 해 봤으면 좋겠
어요.

▶ **참고 사항**   흙 반죽에 대한 탐색을 지속적으로 한 후 확장 활동으로 수로 만들기 놀이로 연결
할 수 있습니다. 만 5세의 경우 협동 작품으로 주제를 정해 여럿이 함께 조형물을
만들어 볼 수도 있습니다. 물의 양에 따른 흙 반죽의 차이를 알아보기 위해서는 양
을 측정할 수 있는 비이커를 함께 내주는 것도 좋습니다.

흙에도 색물이 들까?

"노란색 물감하구요, 흙아구요 섞어 봤으면 좋겠어요. 어, 나 오늘 하고 싶다", "물이 들 것도 같고, 안 들 것도 같고..." 흙과 물을 섞어 보면서 아이들은 예전에 소금을 물들인 경험과 연관되어 흙에 물들이는 것에 가장 관심이 많았다. 과연 소금과 같이 흙에도 물이 들 수 있을까? 또한 물과 흙이 섞이면서 만들어 낼 다양한 상태의 변화 속에서 아이들이 지속적으로 흥미를 가지고 다양한 것들을 탐구할 것이라 기대하며 활동에 접어들었다.

▶ **활동 목표** 흙과 물, 물감의 관계에 관심을 갖고, 물이 잘 드는 흙의 특징을 탐구한다.

▶ **활동 자료** 모래, 색 물감, 투명 수조, 스푼 등

▶ **활동 방법** ① **흙과의 놀이를 회상한다.**

■ 지금까지 우리는 흙으로 무슨 놀이를 했었니?
어 반죽해 봤어요,
부침개 만들어 봤어요,
흙장난,
그 밑에 밭.(두 손으로 심는 시늉을 함.)

■ 흙으로 할 수 있는 것들이 참 많구나. 더 해 보고 싶은 것이 있니?
노란색 물감하구요, 흙하구요 섞어 봤으면 좋겠어요,
물하구요, 모래하구요, 섞어 서요, 거기 초록색 물감을 조금 발라요,

■ 너희들은 흙에다 섞어 보고 싶은 것들이 많구나. 오늘 한번 해 보자.

② **흙과 물감을 섞어 본다.**

■ 너희들 생각대로 빨강, 노랑, 초록, 파랑 물감을 섞어 볼 거야.

■ 물감과 물과 흙을 섞으면 어떻게 될 것 같니?
주황색이 될 것 같아요,

■ 과연 흙은 물감 색깔대로 물이 들을까?
아니요,
물이 들을 것 같아요,
초록색으로 하면 초록색이 될 것 같아요,
빨간색이랑 노란색이랑 파란색이랑 초록색이랑 섞으면 무지개 색깔이 될 것 같아요,

■ 섞었을 때 만져 본 느낌도 한 번 생각해 보자.

딱딱한 느낌 같아요.

부드러운 느낌 같아요.

주물주물하면서요 느낌이 되게 부드러울 것 같아요.

■ 물감을 섞은 물을 많이 넣었을 때와 물감을 섞은 물을 조금 넣었을 때 느낌이
어떨 것 같니?

물을 많이 넣을 때 물감을 조금 넣어서 섞어 보면 부드러울 것 같아요.

음 물하고 흙하고 물감하고 섞으면,. 음... 음,. 안 찐할 것 같아요.

두 번 해 봐야 돼요, 이 초록색을.

■ 왜 초록색을 두 번 해야 된다고 생각했니?

10번 해 보면요, 더 찐한 색깔이 나올 것 같아요.

■ 물감을 더 많이 많이 넣으면 어떻게 될까?

찐득찐득할 것 같아요.

■ (제일 물을 적게 넣은 빨간 물통에 흙을 부음.)먼저 물이 적은 데다 넣어 볼까?

물들었어요. (숟가락으로 빨간 물감과 섞인 흙을 한 숟가락 떠 보이며)

■ 자, 이번에는 파란색에 모래를 넣어 볼까?

달라졌어요, 색깔이.

나도 주무르고 있다.

내 손도 노란색으로 변했다.

〈 흙 물들이기 〉

③ 물든 흙을 이용해 콜라주 한다.

- ■ 물든 흙을 보니 어떤 느낌이 드니?

  크레파스 가루 같아요.

  그림 그리고 뿌리면 예쁠 것 같아요.

- ■ 물든 흙으로 무엇을 할 수 있을까?

- ■ 물든 흙을 이용해서 재미있는 것들을 만들어 보자.

〈 흙으로 콜라주를 해요 〉

▶ **참고 사항** 흙에 색물이 잘 들게 하기 위해서는 일반 검은 흙보다, 모래류의 흙을 사용하는
것이 좋습니다.

과일 껍질 흙거름을 만들려면?

"어! 여기 흙은 왜 까매?", "그거 흙 아니야? 까만 흙", "이런 거 우리 할아버지가 그러셨는데 거름이란 거래", "거름이 뭐야?", "나무 잘 자라라고 주는 거" ○○이가 성북동산에서 검정색 거름이 나무 밑에 뿌려져 있는 것을 발견하여, 아이들이 거름을 만들어 보는 활동으로 확장되었다.

▶ **활동 목표**　흙의 생명력에 관심을 갖고, 과일 흙거름의 생성 과정을 앎으로써, 좋은 거름을 만들 수 있는 조건을 탐구해 본다.

▶ **활동 자료**　다양한 과일 껍질, 흙, 투명 통, 플라스틱 칼, 기록지, 필기도구

▶ **활동 방법**　① 흙거름에 대해 이야기 나눈다.

- 흙에서 잘 자라는 식물들은 무엇이니?
  우리 토마토 심었잖아요... 토마토!
  꽃.
  우리 집에서 잔디 키웠는데 정말 쑥쑥 커요.

- 그 식물들은 어떻게 그렇게 잘 자랄 수 있는 것일까?

- 흙 속에 무엇이 들었기에 식물이 잘 자랄까?

- 흙거름이란 말을 들어본 적이 있니?
  알아요. 우리 성북동산에서 본 거...
  까만 거요.

- 어떤 것이 흙거름을 만드는 재료가 될 수 있을까?
  인터넷으로 하면 알아.

- 그럴 수도 있겠구나. 그럼 흙거름 만드는 방법을 조사해 보자.

○○ : 거기 플라스틱 통에 다가요, 음식찌꺼기나 집에서 나오는 찌꺼기를 담은 다음에.. 어.. 플라스틱 통에다가 구멍을 뚫어놓은 다음에 거기에서 물이 나오면 그걸 거름으로 써요.
□□ : 수박 껍질, 참외 껍질, 섞은 쓰레기로..
◇◇ : 고구마 껍질도 되는데! 밥도...
△△ : 참외, 사과....

결국 먹고 남은 과일 껍질을 모아서 흙거름을 만들기로 함.

〈 과일 껍질 거름을 만들어요 〉

② 과일 껍질 흙거름을 만드는 과정을 탐구한다.

■ 과일 껍질로 흙거름을 만들면 어떤 점이 좋으니?
　과일 향기가 나지 않을까요?
　맛있잖아요,
　식물이 잘 자라요,

■ 흙거름을 만들 때 필요한 것은 무엇이니?

■ 과일 껍질로 흙 거름을 만들 때 흙은 어떻게 달라질까?

■ 색깔은 어떻게 될까? 냄새는 어떻게 될까?
　색이 까매져요, 거름은 원래 그래요,
　사과 껍질은 사과 냄새 나고, 수박은 수박 냄새나고,...

■ 흙의 높이가 달라지지는 않을까?
　더 높아져요, 과일을 묻었으니까,

■ 만져 본 느낌은 처음과 나중이 똑같을까?

다를 거 같아요.

더 부드러워 질 거야.

■ 어떤 과일 껍질이 가장 빨리 흙거름이 될까?

사과 껍질... 얇잖아요.

수박 껍질.. 까만 줄이 있잖아요.

■ 과일 껍질을 잘라서 넣는 것이 더 빠를까? 그냥 넣는 것이 더 빠를까?

잘라서 넣으면 빨라요, 원래 거름되면 흙하고 섞이잖아요.

■ 어떤 과일 껍질이 흙을 어떻게 변화시키는지 잘 관찰하려면 어떻게 하는 것이
좋을까?

※6개의 투명 그릇에 각각 흙을 담는다. 수박, 참외, 사과 껍질을 각각 잘게 자른
것과 자르지 않은 것으로 나누어 6개의 흙 통에 넣고 며칠간 변화를 관찰하며
기록한다.

③ 탐구 결과를 함께 나눈다.

■ 과일 껍질로 흙거름을 만들어 본 느낌이 어떠니?

■ 흙거름이 되었다는 것을 무엇을 보고 알 수 있었니?

■ 어떤 과일 껍질이 가장 빨리 흙을 변화시켰니?

■ 잘게 자른 것이 더 빨리 바뀌었니? 통째로 넣은 것이 더 빨리 바뀌었니?

■ 왜 그럴까?

작게 자르니까 빨리 흙이랑 섞인 거 아녜요?

■ 각각의 통에서 나는 냄새는 어땠니?

■ 흙의 색깔과 만져 본 느낌은 어떻게 달라졌니?

진짜 색깔이 조금 달라졌어요.

만지면 미끌미끌하고...

■ 과일마다 관찰 기록해 둔 것을 비교하며 살펴보자.

■ 우리가 만든 흙거름을 어디에 뿌려 주면 좋을까?

고추 더 크게 열리라구 그 옆에 묻으면 되겠다.

방울토마토한테도 주자.

〈 과일 껍질 거름 주기 〉

▶ **참고 사항**　　흙거름을 만드는 조건은 얼마든지 다양해 질 수 있습니다. 거름 만드는 통의 온도를 달리해 주고 차이를 관찰할 수도 있고, 공기의 유무, 벌레의 유무, 흙의 종류를 다르게 하였을 때의 차이 등, 여러 가지 변인으로 탐구 계획을 할 수 있습니다.

물에 가라앉는 흙과 뜨는 흙의 차이는?

왕토물을 들이는 과정에서 자연스럽게 물속에 들어간 흙의 특성을 살펴보게 되었고, 단순이 무겁고 가벼운 것에 의해서 흙이 층으로 분리된다는 것뿐만 아니라, 오랜 시간이 지난 후 층으로 분리된 흙의 특성을 비교하면서 단단하기와 무르기를 탐구해 볼 수 있을 것 같아 활동을 전개하게 되었다.

▶ **활동 목표** 흙의 부피와 무게 차이와 물 속 흙의 층 형성 원리를 탐구한다.

▶ **활동 자료** 밭에서 얻을 수 있는 토양, 비커, 물, 유성팬, 자, 저울

▶ **활동 방법**

① 흙을 만져 본다.

■ 흙 알갱이들을 만져 보자. 알갱이마다 느낌이 어떠니?
까끌까끌한 것도 있어요.
부드러워.
단단해요.

■ 이 흙을 모두 물에 넣으면 어떻게 될까?
흙 색이 진해져요.
물에 뜰 것 같아요... 아니 가라앉는다.

■ 알아볼 수 있는 방법은 무엇이 있을까?

② 흙을 물에 넣고 흔들어 본다.

■ 흙을 물에 넣기 전에 잘 관찰해 보자.

■ 색깔, 모양, 단단하기, 냄새는 어떠니?

■ 흙을 물에 넣고 흔들어 보면 무슨 일이 일어날까?
색깔이 미워질 것 같아요.
흙탕물.

■ 왜 그렇게 될 것 같니?

■ 흔들고 가만히 놔두면 어떻게 될까?
처음처럼 돼요.
흙이 어지러워서 빙글빙글 돌다가 멈춰요.

■ 어떻게 달라졌니?

줄도 생겼어.

위에 뭔가 떠 있는데...

■ 색깔, 모양, 단단하기, 냄새는 어떻게 되었니?

모양이 좀 나뉜 것 같아요.

냄새도 진해졌고.

■ 흙이 만든 층마다 표시를 해 보자.

■ 가장 밑에 있는 흙을 만져 보자. 어떤 느낌이 드니?

■ 물의 가장 위에는 무엇이 있니?

■ 위와 아래에 있는 두 가지 흙은 어떤 차이가 있니?

■ 왜 이런 일이 일어난 것 같니?

무거워서 그런 거 같아요.

이거(위에 것)는 가볍고.

■ 흙의 무게를 무엇으로 재어 볼 수 있을까?

※층별로 나뉘어진 흙을 같은 부피만큼 담아서 무게를 재어 비교해 본다.

■ 어느 것이 얼만큼 더 무거우니?

③ 나뉘어진 흙의 종류와 무게를 그래프로 만들어 정리한다.

■ 몇 개의 층으로 나뉘어졌니?

■ 층마다 어떤 특징이 있었니?

■ 너희들이 알아낸 것을 그래프로 그려 보자.

〈 흙을 물에 넣어 보아요 〉

▶ **참고 사항** 물속에 넣은 흙을 며칠 동안 둬서 물을 증발시키면서 변화를 살펴보는 활동으로 확장할 수 있으며, 물의 유무에 따른 흙의 단단함과 무름을 비교해 볼 수 있습니다.

하 늘

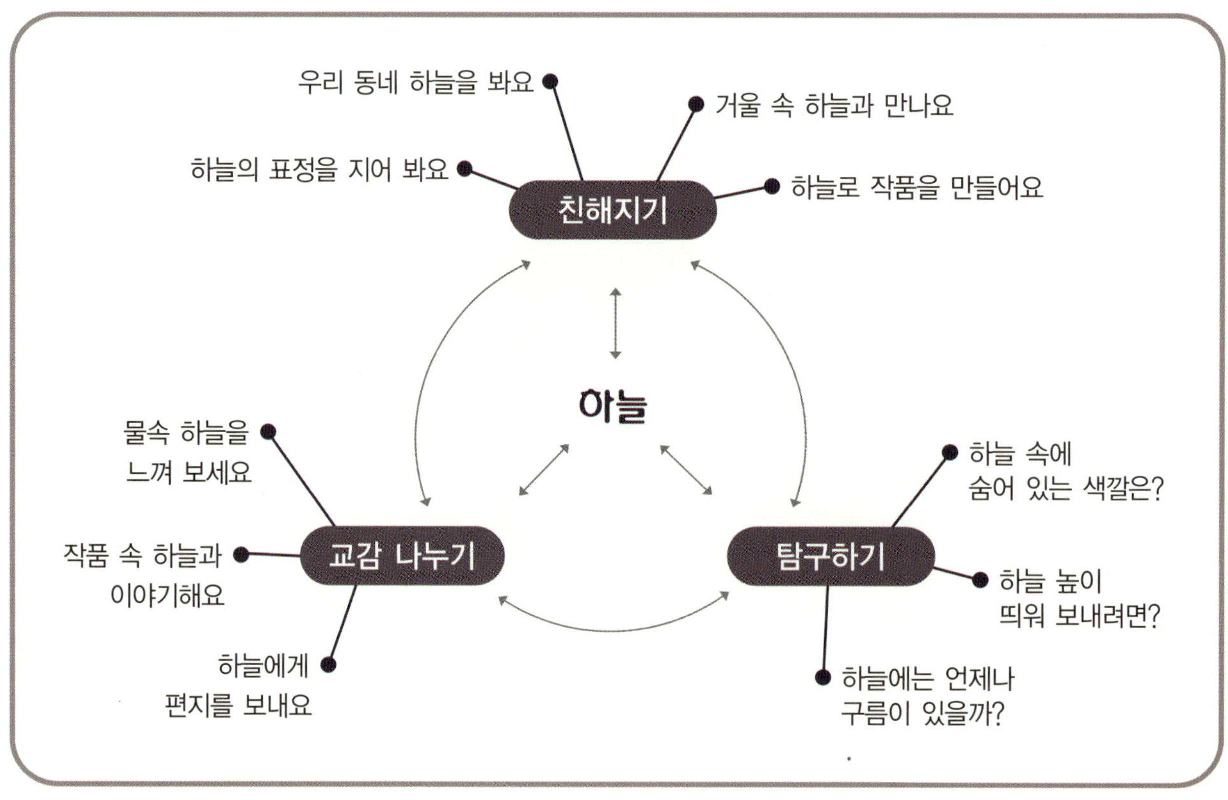

우리 동네 하늘을 봐요
거울 속 하늘과 만나요
하늘의 표정을 지어 봐요
친해지기
하늘로 작품을 만들어요
물속 하늘을 느껴 보세요
하늘 속에 숨어 있는 색깔은?
작품 속 하늘과 이야기해요
교감 나누기
탐구하기
하늘 높이 띄워 보내려면?
하늘에게 편지를 보내요
하늘에는 언제나 구름이 있을까?
하늘

'하늘'을 주제로 한 활동 계획

특별한 의도 없이 일상적으로 나가게 되는 바깥놀이 시간, 문득 올려다본 하늘엔 하얀 구름과 쪽빛 하늘이 빚어낸 한 폭의 그림과 같은 자연의 아름다움이 담겨 있습니다. 우리 아이들의 마음에 하늘과 같은 자연의 아름다움이 담겨진다면 아름다울 것입니다. 하늘이란 소재 자체가 아이들이 직접 만져보거나 다루어 볼 수 없는 추상적인 매체이지만 무엇보다 하늘의 여유를 닮고 싶은 바램을 가지고 있다면 하늘에 보다 더 다가갈 수 있을 것입니다.

하늘을 계절별로 나누어 보면 봄의 하늘의 특징은 매우 건조하여 먼지가 많고 태양의 고도가 높아지는 시기라서 지표면 부근 공기가 쉽게 가열되고, 가열된 공기는 부피의 팽창으로 밀도가 적어지므로 위로 올라가기 쉬워집니다. 따라서 대기가 불안정한 상태에서 바람이 불고 먼지가 많이 생겨 하늘은 그다지 맑지 않습니다.

더운 여름의 하늘은 더운 날이 계속되면 지면은 더욱 가열되어 상승기류도 더욱 강해지고, 먼지도 하늘로 더 높이 올라가 구름 위쪽까지 올라가게 됩니다. 비가 와서 대기 중의 먼지를 씻어 내도 구름 위의 먼지가 제거되지 못하면 맑은 하늘 보기는 어렵습니다.

가을에는 강수량이 줄어들고, 습도도 낮아집니다. 또한 태양고도가 점점 낮아지고, 지표면은 열을 방출하여 차가워지게 되는데, 이때 상공에서는 아직도 기온이 높은 상태입니다. 이런 대기층은 대류가 잘 일어나지 않아 안정된 상태이므로 지표면 부근에서는 강한 바람이 생기지 않고, 상공의 먼지는 낙하해서 하늘은 맑아지게 됩니다.

겨울철은 대기의 온도가 매우 낮습니다. 대기의 포화 수증기압은 기온에 비례하므로 온도가 낮으면 대기 중의 수증기가 포화되어 물방울로 응결되는 경우가 많아집니다. 따라서 지표면보다 기온이 더 낮은 상공에서는 이슬, 빙정 등이 많이 만들어지므로 하늘은 가을보다 덜 맑고 높아 보이지도 않게 되는 것입니다.

하늘의 표정을 지어 봐요

▶ **활동 목표** 하늘이 만들어 내는 다양한 경관에 관심을 갖는다.

▶ **활동 자료** 다양한 하늘 사진, 도화지, 필기도구, 디지탈 카메라

▶ **활동 방법** ① 수수께끼를 낸다.

> **나는 무엇일까요?**
>
> ㉠ 항상 같은 곳에 있어요.
> ㉡ 그런데 만질 수도 없고 잡을 수도 없어요.
> ㉢ 그렇지만 세계 어느 곳에서도 나를 볼 수 있어요.
> ㉣ 어쩌면 오늘 아침에 유치원에 오면서 봤을지도 몰라요.
> ㉤ 나는 아주 크고 높은 곳에 있죠.

- 무엇일까요?
- 해님, 달님, 별님이 있는 곳.
  아~ 하늘.

- 하늘을 본 적이 있니?
  슈퍼마켓에 뭐 사러 갈 때 하늘을 보며 간 적이 있어요.
  유치원 올 때 운동장 지나올 때 봤어요.
  교회에서 언니랑 그네 탈 때요.

- 어떤 모습의 하늘을 보았었니?
  구름 있고 그런 거요.

- 선생님도 하늘의 모습을 사진에 담아 왔는데, 너희들이 본 하늘과 같을까, 다를까?

② 하늘 사진을 보며 표정을 지어 본다.

- (맑은 하늘의 사진을 보여 준다.)
  하늘이다!

- 어떤 하늘의 모습인 것 같니? 지금 하늘이 어떤 기분인 것 같니?

- 너희 얼굴로 하늘의 표정을 지어 볼 수 있을까?
  기쁜 표정인 것 같아요.(환하게 웃는다.)

- (흐린 가을 하늘의 사진을 보여 주며) 이 하늘은 어떤 모습이니?

  으림, 으림!

  비 오려고 하는 것 같아요.

  깜깜한 밤 같아요.

- 얼굴로 하늘의 표정을 지어 본다면 어떻게 할 수 있을까?

  화난 모습!

  눈은 뭐 흘겨볼까요? (한쪽을 흘겨보며 표정을 지어 보임.)

  친구가 놀릴 때.(입을 뾰루퉁 내밀고 눈살을 찌푸림.)

- (불꽃놀이 하는 밤하늘의 사진을 보며)어떤 하늘의 모습일까?

  불꽃 같아요, 저거

  터질 때 펑! 펑! 터진다!!

  근데 난 해님 같아요.

- 사진 속 하늘을 닮은 표정을 지어 보자.

  나 폭죽하고 싶어요.(입을 벌리며 기뻐하는 모습.)

  즐거운 표정.(어깨에 힘을 빼며 웃어 보임.)

- (구름이 있는 사진)이 하늘은 어떤 모습이니?

  조금 파랗고 조금 하얘요.

  저게 얼굴이고 조금 볼록 나온 거 그게 코고요 튀어나온 게 저게 다리구 그 위에 있는

  게 날개 같아요.

- 색깔이 어떤 것 같니?

- 이 하늘의 기분도 표정으로 지어 볼 수 있을까?

  아이, 내가 좋아하는 건데.

  엄마한테 사랑한다고 이렇게 해요.(손으로 하트를 그린다.)

  아이! ○○야, 저 뒤에 좀 봐봐, 우리하고 똑같은 하늘이잖아.

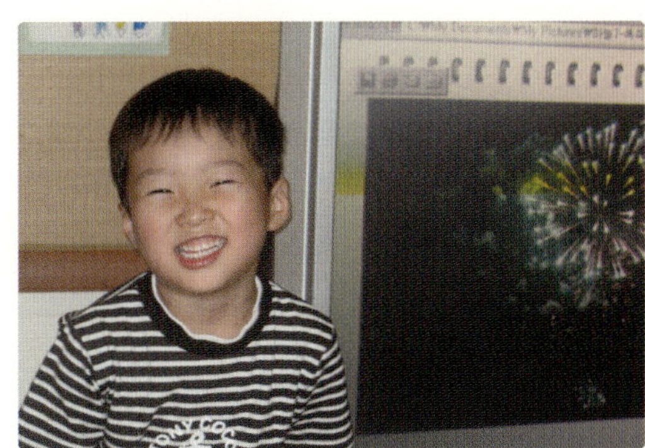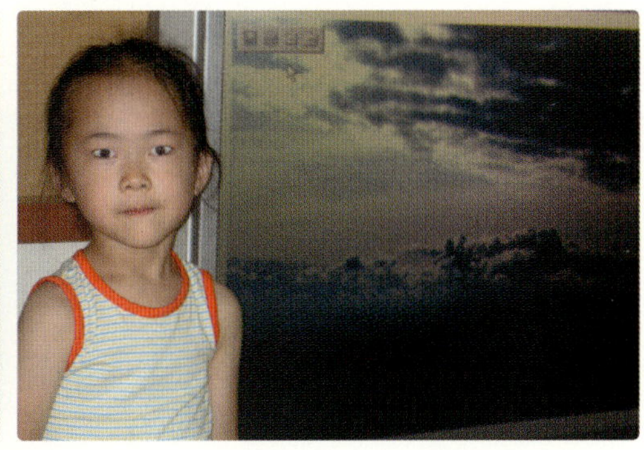

〈 하늘 닮은 표정을 지어요 〉

③ 인터넷으로 더 다양한 하늘의 표정을 찾아본다.

- 우리가 여러 가지 하늘의 모습을 보았는데, 평소에 가장 많이 볼 수 있는 하늘은 어떤 하늘인 것 같니?

  저런 하늘.(손가락으로 창문 밖을 가리키며)

- 가장 마음에 들었던 하늘은 어떤 하늘이었니?

  또 하늘 없어요?

- 또 다른 하늘 모습을 더 찾아보고 싶으니? 어디에 가면 하늘의 모습을 찾을 수 있을까?

※ 인터넷을 활용해 다양한 하늘의 표정을 찾아보고 느낌을 그림으로 그려 본다.

▶ **참고 사항**

활동 당시의 기상 상태에 따라 실제 아이들이 직접 볼 수 있는 하늘 풍경과 가장 유사한 사진을 마지막으로 제시하면 자연스럽게 하늘 보기 활동과 연결될 수 있습니다. 아이들이 지은 표정을 디지털 카메라로 찍어 두었다가 확장 활동에서 사진을 보고 어떤 하늘의 표정인지를 맞혀 보는 놀이를 할 수도 있습니다. 놀이 후 '우리가 지어 본 하늘의 표정'이란 제목의 소책자를 만들어 게시할 수 있고, 활동 자료로 사용했던 다양한 모습의 하늘 사진을 프린트해서 코팅한 후, 하늘 이야기 꾸미기 자료로 활용할 수 있습니다.

우리 동네 하늘을 봐요

▶ **활동 목표**   하늘을 볼 수 있는 다양한 방법에 관심을 갖고, 여러 가지 방법으로 하늘을 보면서 친근감을 갖는다.

▶ **활동 자료**   가운데가 뚫린 모양 틀(삼각형, 사각형, 동그라미, 별, 반원, 십자형 등), 색깔 비닐, 선 글라스

▶ **활동 방법**   ① 아이들이 하늘 표정을 지었던 사진을 보며 이야기한다.

- ○○는 어떤 표정인 것 같으니?

- 어떤 모습의 하늘을 보았을 때 이런 표정이 되었니?

- 우리 유치원에서 보는 하늘도 그것과 같을까?

- 유치원의 어느 곳에 가면 하늘을 잘 볼 수 있을까?
  나가면 다 보여요.
  (창문에서 바라보며) 여기서도 보이는데...

- 오늘은 한번 밖에 나가서 하늘을 바라보자.

- 어떻게 하면 하늘을 재미있게 볼 수 있을까?
  눈 뜨고요 이렇게 망원경 하면서 봐요.(손을 눈에 대며 망원경 보듯이 한다.)

- 손을 동그랗게 했구나. 동그란 모양으로도 보고, 세모, 네모, 반달 모양으로 보는 것은 또 어떨까? (모양틀, 비닐, 선그라스를 소개한다.)

② 여러 가지 방법으로 하늘을 본다.
  (잔디밭 등 한적한 곳에서 충분히 하늘을 감상할 수 있도록 계획한다.)

- 천천히 고개를 들어 하늘을 바라보자.

- 하늘의 표정이 어떤 것 같으니?
  햇빛 때문에 못 보겠어요.
  이런 나무에도 하늘이 보여요.
  비행기가 지나간 길.
  하늘에 분수가 올라가는 거 같아요.

- 잠깐 동안 눈을 감고 마음속으로 10까지 세며 지금 보았던 하늘 표정을 떠올려 보자.

■ 손가락으로 삼각형(네모, 동그라미, V)을 만들어 그 사이로 하늘을 보자.

■ 손가락 모양 사이로 본 하늘은 어떤 느낌이 드니?

　햇빛이 없어질 것 같아요.

■ 여기 여러 가지 모양 틀로 보면 또 어떨까?

　이렇게 하니까 더 잘 보이는 것 같아요.

■ 모양틀로 보니 떠오르는 그림이 있니?

　하늘이 동그랗게 보이네! 빵 같다.

〈 여러 가지 방법으로 하늘을 보아요 〉

■ 이번에는 하늘을 바라보며 한번 빙글 돌아 보자.(부딪히거나 넘어지지 않도록 주의한다.)

　하늘이 빙글빙글 도는 것 같아요.

　꼭 움직이는 것 같아요.

■ 하늘 높이 뛰어 보자.

　느낌이 잡아지는 것 같아요.

　저기 올라가면 좋겠다.

　하늘은 원래 되게 높은 데 있어요.., 지구보다 더 떨어져 있어요.

■ 머리를 숙여서 거꾸로 하늘을 보면 어떨까?

■ 잔디에 누워서 보면 또 어떤 느낌이 들까?

　여기에서 한밤 자고 가고 싶다.

■ 한손으로 햇볕을 가리고 보면 기분이 어떨 것 같으니?

■ 하늘의 표정이나 느낌이 다르게 보이기도 하니?

■ 지금 해 본 방법 말고 하늘을 재미있게 볼 수 있는 방법이나 장소가 있을까?

　성북동산에 가서 봐요.., 하늘과 가까워요.

유치원 옥상!!

우리 아파트 꼭대기가 더 높아.

③ 하늘을 본 느낌을 함께 나누고, 다른 곳(집, 공원 등)에서도 하늘을 관찰하기로
한다.

- 하늘을 본 느낌이 어떠니?

  하늘로 날아가고 싶어요.

  하늘이 내 마음에 들어온 것 같아요.

- 다른 날에도 하늘을 관찰해 본 적이 있니?

- 하늘의 모습은 늘 오늘과 같을까?

- 하늘의 모습은 언제 바뀌는 것일까?

- 저녁 때 본 하늘도 같은 표정일까?

  깜깜하고 별도 있어요.

- 어느 곳에서 보아도 하늘은 같은 모습일까?

- 너희들 집에서 본 하늘도 같은 모양일까?

▶ **참고 사항**

가정과 연계하여 시간과 장소를 달리해 하늘을 감상해 보는 활동으로 확장시킬
수 있습니다. '우리 동네 하늘 만나기', 또는 '가족과 함께 본 밤하늘'이라는 관찰
지를 가정으로 보내어 가족과 함께 하늘을 감상하고 느낌을 정리해 보도록 할 수 있
습니다.

거울 속 하늘과 만나요

▶ **활동 목표** 거울을 사용해 시각적으로 하늘을 좀 더 가까이 느껴 본다.

▶ **활동 자료** 여러 가지 모양(손거울, 전신 거울, 동그란 거울, 네모난 거울, 오목거울, 볼록거울 등)의 거울, 데코글라스 물감, 디지탈 카메라, 모니터

▶ **활동 방법** ① 거울 놀이를 한다.

- 거울을 사용해 놀이해 본 적이 있니?

- 거울을 가지고 놀이를 한다면 어떤 놀이를 할 수 있을까?
  보라구., 보는 놀이.

- 거울로 무엇을 보면 좋을까?

- 거울 속에 너희들의 모습을 비추어 보자. 어떤 느낌이 드니?
  종원이하고 솔비 보인다.
  우리 눈이 있잖아요, 그런데 자기 눈을 볼 수 없잖아요, 그러니까 거울이 필요해요,
  넌 얼굴만 나오지? 난 다 나온다.
  이렇게 거울을 흔들면요 자기 모습이 흔들리는 모습으로 보여요,

- 거울로 사물을 보면 어떤 점이 다른 것 같니?
  그런데, 이게 더 커 보여요,
  제가 이렇게 보니까 저기 모습이 거꾸로 보여요,

- 거울을 이용해 다양한 사물을 멀리, 가까이서 보며 놀이한다.
  (의자 위에 올라서서, 바닥을 거울에 비추어 본다.)바깥 보인다, 바닥 보여,
  (거울을 하늘 위로 향하게 하고 비추어 본다.) 이렇게 하니까 위도 보여요,
  (거울이 각도의 기울기를 달리 하니까 뒤의 창밖이 보이는 것을 보고)이렇게 해 보니
  까 바깥이 보이는 것 같아요,
  요쪽(가까이)에 있는 거 같아요,
  어디?(거울의 각도를 조절하며) 나도 보인다.

- 만약 거울을 가지고 바깥 놀이터에 나가면 어떤 것을 비춰 보고 싶니?

- 거울로 감상하고 싶은 것을 정하고 실외 놀이터로 나가자.

② 바깥에서 거울을 사용해 하늘의 모습을 감상한다.

■ 거울로 어떤 것을 보고 싶니?

(돌 위에 올라가서 나뭇잎을 비추어 봄.)

나뭇잎이 요쪽(반대쪽)에 있는 것 같아요.

저기 놀이터 보여요.

벌, 개미도 비춰 봐요.

■ 만약 하늘을 거울로 본다면 어떨 것 같으니?

■ 거울을 어떻게 하면 하늘을 잘 볼 수 있을까?

■ 거울에 비춰진 하늘의 모습이 어떠니?

우리가 다 하늘에 있는 것 같아요.

선생님이 거꾸로 보여요.

햇빛도 보여요, 야~ ○○ 너 좀 비켜봐! 햇빛도 보인단 말야.

〈 거울 속 하늘 만지기 〉

■ 여러 가지 모양의 거울(동그란 것, 네모난 것, 큰 것, 작은 것, 오목거울, 볼록 거울 등)을 비춰 하늘을 보도록 한다.

■ 거울 속의 하늘을 만져 보자. 어떤 느낌이 드는 것 같으니?

하늘 만져 봐,, 시원한 것 같아.

바다 같아요.

하늘색 도화지

■ 거울 속에 비춰진 하늘을 본 느낌을 우리 몸으로 표현할 수 있을까?

■ 거울 속에 비춰진 하늘이 배경이 되도록 전신 거울을 비스듬히 놓는다.

※ 아이들이 하늘 배경이 비춰진 거울을 보며 몸과 얼굴로 기분을 표현해 보도록 한다.

■ 표현하는 모습을 사진 찍어 둔다.

■ 왜 그런 모습을 만들었니?

③ 하늘을 도화지라 생각하고 그리고 싶은 그림을 그려 본다.

■ 거울 속 하늘을 본 느낌이 어떠니?

■ 여러 가지 모양의 거울로 하늘을 보았을 때는 어땠니?

■ 거울로 하늘을 만나 보아서 좋았던 점은 무엇이었니?

■ 아이들과 함께 찍은 사진을 보며 이야기한다.

■ 거울 속의 하늘을 배경으로 너희들이 기분을 표현한 모습을 보니 어떠니?

■ 거울 속에 비춰진 하늘을 도화지라 생각하고 어울리는 그림을 그린다면 무엇을
그리고 싶으니?
크리스마스에 하늘에서 눈이 오는 거요.

하늘을 나는 사람이랑 해.

로케트.

하늘을 날아다니는 나비.

■ 거울 위에 비닐을 깔고, 데코글라스 물감을 이용해 그림을 그릴 수 있도록 한다.

▶ **참고 사항**

처음에는 거울의 특성에 더 관심이 많으므로, 거울 놀이를 충분히 한 후에 하늘 감상하기를 하는 것이 좋습니다. 실외 놀이터에 지속적으로 거울을 놓아두고 분필, 물감으로 하늘이 비춰진 거울 위에 그림을 그려 보도록 확장할 수 있습니다. 전신 거울의 경우 각도를 자유자재로 바꿀 수 있는 회전식 형태가 좋습니다.

하늘로 작품을 만들어요

▶ **활동 목표** 하늘을 다양한 방법으로 살펴보며 그 차이를 느껴 보고, 여러 가지 자연물을 이용하여 하늘에 대한 느낌을 표현해 본다.

▶ **활동 자료** 거울, 여러 가지 자연물

▶ **활동 방법**

① 하늘을 관찰한다.

- 하늘을 관찰하는 방법에는 어떤 것이 있을까?
- 무엇을 이용하면 하늘을 보다 더 자세히 볼 수 있을까?
  망원경으로 봐요.
  열기구 타고 가까이 가서 봐요.

② 거울로 하늘을 보며 그 차이에 대해 이야기 나눈다.

- 거울로 하늘을 보니까 어떤 느낌이 드니?
  더 예뻐요.
  하늘이 작아진 것 같아요.
  하늘이 자세히 보여요.
- 우리 눈으로 볼 때와 무엇이 다르니?
  하늘이 밑에 있어서 신기해요.
  구름이 손에 잡힐 것 같아요.
  하늘이 가까이에서 느껴져요.
- 하늘을 어떻게 꾸밀 수 있을까?
  거울 위에 그림을 그려요.
  거울 주위에 나뭇잎으로 꾸며요.
- 무엇으로 거울에 그림을 그릴 수 있을까?
  물감이요.
  크레파스요.
  색종이요.

③ 아이들과 함께 거울 속 하늘을 배경으로 작품을 완성한다.

- 거울 속 하늘을 배경으로 무엇을 꾸미고 싶니?

  하늘에 배를 띄울래요,

  하늘 속에 천사가 있는 것 같아요,

  하늘이 내 얼굴 뒤에 있어요,

④ 하늘을 꾸민 작품을 서로 소개하고 감상한다.

- 어떤 작품을 만들었니?

- 작품에 어울리는 제목은 뭐라고 생각하니?

〈 아이가 꾸민 거울에 비친 하늘 모습 〉

▶ **참고 사항**

이 활동은 날씨가 맑은 날, 구름이 많은 날 하는 것이 적합하며 아이가 다양한 방법으로 하늘을 충분히 감상할 수 있도록 하고 여러 가지 도구를 활용하여 작품을 구상할 수 있도록 돕습니다. 활동 후, 아이들의 작품에 제목을 붙이고 전시회를 열어 친구들의 작품을 감상하는 활동으로 확장할 수 있습니다.

물속 하늘을 느껴 보세요

▶ **활동 목표** 하늘과 여러 가지 자연물을 이용하여 하늘 표정을 다양하게 구성하며 시각적인 교감을 나눈다.

▶ **활동 자료** 투명 그릇, 다양한 색상의 스카프, 물, 스포이드, 나뭇가지, 나뭇잎, 돌, 꽃잎, 조개껍질 등의 자연물

▶ **활동 방법**

① 투명 그릇에 담긴 물을 관찰한다.

- 투명 그릇에 담겨 있는 물을 보면 어떤 느낌이 드니?

- 물속에 손을 집어넣어 만져 보자.

- 물속에 무언가를 넣어 보자.
  가벼운 거나 무거운 거 그거 가지고 여기다 넣어 봐요.

- 물 위에 얼굴이나 손을 비춰 보자.
  안 비춰져요.
  여기 물 안에 보니까 무지개가 보여요.
  뭐가 보여요 잠깐만요 이리 와 봐요.(반대편에 보이는 종이를 발견)

- 거울로 하늘 보기 했을 때와 비슷한 점이 있니?
  밖에 나가야 하늘이 보이지.

- 물이 담긴 그릇 속에도 하늘을 담을 수 있을까?

- 어느 곳에 가서 어떻게 하면 물속에 하늘을 담을 수 있을 것 같니?

② 물속에 하늘을 담고 자연물을 사용해 하늘의 이미지를 구성 · 감상한다.

- 어느 곳에서 물속에 하늘을 잘 담을 수 있을까?

- 어떻게 하면 하늘이 물에 잘 비춰질까? 스카프를 한번 넣어 보자.
  (진한색 스카프를 아래쪽에 깔아 본다.)
  와~ 하늘 보여요.

- 물속에 담겨진 하늘을 보니 어떤 기분이 드니?

- 물속에 담겨진 하늘을 만져 보자. 어떤 기분이 드니?

- 물 위를 살짝만 만져 보자.
  (물 표면을 두 손으로 어루만지며) 이게 다 하늘이에요.

시원한데,,

하늘에 있는 구름처럼 부드러워요,

■ 우리 손이 물에 들어가면서 물이 흔들릴 때 하늘의 모습은 어떤 것 같니?

■ 물 위에 비친 하늘에 물방울을 떨어뜨리면 어떨까?
(스포이드로 물방울을 떨어뜨려 본다.)
울렁 울렁~
와~ 빗방울 같다,
하늘 모양이 이상해져,

■ 어떤 자연물을 넣으면 하늘과 더 잘 어울릴 것 같니? 왜 그렇게 생각하니?
열매! 풀,
꽃.. 찢어서 한번 넣어 봐야지,
여기 돌맹이,,, 나뭇잎,
나 나비 잡아서 여기에다 넣고 싶다.. 날아가는 것처럼

■ 너희들 말대로 하늘에 꽃잎(나뭇잎)을 수놓으면 어떤 느낌이 들까?

■ 돌하고도 잘 어울릴까?
별하고 달도 있는데,
(검정돌을 물 가운데 넣는다,) 이게 여기 있었으면 좋겠어요, 햇빛,

■ 조개껍질을 놓으면 하늘은 또 어떤 느낌이 들까?

■ 여러 가지 자연물을 물 위에 띄워 하늘과 만들어 내는 어울림을 감상한다.

■ 아이들이 꾸민 이미지를 사진으로 찍는다.

〈 물속 하늘에 나는 나비예요 〉

③ 아이들이 만들어 낸 하늘과 자연물의 이미지를 함께 보며 이야기한다.

- 물속에 비추인 하늘을 느껴 본 기분이 어떠니?

  밑에 뭐 넣으니까 잘 보여요.

- 어떤 자연물과 하늘이 가장 잘 어울렸다고 생각하니?

- 왜 그렇게 생각하니?

  꽃잎, 하늘 위에 꽃비가 내려요.

  나비풀, 나비가 하늘 나는 거 같잖아요.

  물방울이요, 하늘에서 비 오잖아요.

- 친구들이 만든 작품을 함께 감상해 보자.

- 어떤 느낌이 드는 작품이니?

- 작품의 이름을 짓는다면 뭐라고 하면 좋을까?

▶ **참고 사항**

본 활동은 물 위에 하늘이 잘 안 비춰질 수가 있으므로 날씨가 쾌청한 날 실시하는 것이 좋습니다. 또한 그릇의 바닥 부분은 어둡게 하는 것이 효과적입니다. 아이들이 본 활동에 흥미를 많이 갖는다면 고정적으로 놀이터 한쪽 구석에 물웅덩이를 만들어두고 지속적으로 활동할 수 있습니다.

작품 속 하늘과 이야기해요

▶ **활동 목표** 작품 속에 나타난 하늘의 이미지에 관심을 갖고, 작품으로 표현된 하늘과 교감을 나눈다.

▶ **활동 자료** 아이들이 그린 하늘 그림, 하늘 그림 작품(하늘-그림 그리는 아이 12 : 바움부쉬 저, 강운의 '하늘천 땅지', J. M. William Turner의 '하늘', 고흐의 '별이 빛나는 밤') (http://www.skybluefiona.x-y.net/, http://members.nate.com/pampe/frame2.htm)

▶ **활동 방법** ① 아이가 그린 하늘 그림을 소개한다.

- 이 그림은 누가 무엇을 그린 것이니?

- ○○이는 무슨 생각을 하면서 이 그림을 그렸니?
  하늘을 날고 싶어서.. 생각하면서 구름이랑 그렸어요.

- 그림을 그려 보니 무엇이 좋았니?
  큰 하늘이 작아 졌어요.

- 우리들 말고 다른 사람들은 하늘을 어떻게 그렸을까?

- 다른 사람들이 그린 하늘 그림을 본 적이 있니?
  거기... 그림 많이 있는데 가서 봤어요.
  우리 엄마 그림책 많은데..

② 작품을 감상한다.

- (J. M. William Turner의 '하늘' 작품을 보여 준다.) 작품 속 하늘을 보니 어떤 기분이 드니?
  맑은 하늘.
  소풍 가는 데 같아요.
  하늘이 파래요.

- 그림 속 하늘은 표정이 어떤 것 같으니?

- 그림 속 하늘을 만져 보면 기분이 어떨까?

- 이 그림을 그린 화가는 그림을 그리면서 어떤 생각을 했을까?
  예쁜 하늘을 그리고 싶다.

- 너희들이 그림 속 하늘(화가)이라면 화가(하늘)에게 뭐라고 했을 것 같니?
  나 멋있게 그려 줘.

덮지? 바람 불어 줄까?
녀 그림 그리는 거 다 보인다!

〈 터너의 '하늘' 〉

〈 강운의 '하늘천 땅지' 〉

〈 고흐의 '별이 빛나는 밤에' 〉

■ 그냥 눈으로 하늘을 볼 때와 그림으로 그려진 하늘을 볼 때 어떤 점이 다른 것 같니?
　느낌이 좀 달라요,

■ 그림으로 하늘을 나타냈을 때 좋은 점이 있을까?
　그림을 만져 볼 수 있어요,
　비와도 괜찮아요,

■ (강운의 '하늘천 땅지' 그림을 보여준다.) 이 그림 속의 하늘은 또 어떤 기분이 드니?
　비올 것 같아,

■ 우리가 본 어떤 하늘과 닮았니?
　흐린 하늘이요,
　먹구름 하늘,

■ 터너의 그림과는 무엇이 다른 것 같으니? 왜 그렇게 생각했니?
　이건(강온의 '하늘천 땅지') 우리나라 같아요.

■ 너희들이 이 그림 속 하늘이라면 지금 뭐라고 이야기할 것 같으니?
　곧 비를 내릴 거니까 얼른 집에 가라~~

■ 그림 속 하늘에게 하고 싶은 이야기가 있니?
　비 너무 많이 내리지마.

■ (고흐의 '별이 빛나는 밤' 그림을 보여 준다.) 이 그림은 어떤 느낌이 드니?
　와~ 밤이다.
　별 같은 것도 있어.

■ 그림 속 하늘에 있는 달, 별은 무슨 생각을 하고 있을까?
　누가 잠 안 자나 봐요.
　어두운 길 가는 사람 있나 없나...

■ 너희들이 그림 속 달, 별에게 묻고 싶은 이야기가 있니?
　왜 밤에만 나와?

■ (그림 보는 아이 책 속의 하늘을 감상한다.) 그림 속 하늘은 어떤 점이 독특하다
고 생각하니?

■ 왜 화가는 하늘에 새를 그려 넣었을까?
　하늘에 새가 많이 날아다니잖아요.
　하늘하고 새하고 닮아서.

■ 만약 너희들이 화가라면 새말고 어떤 것을 그려 넣고 싶으니?
　비행기.
　나비.
　하트 모양 구름.

③ 작품을 감상한 느낌을 함께 나누고, 글로 적어 책으로 엮는다.

■ 그림 속에 나타난 하늘을 본 기분이 어떠니?

■ 어떤 그림의 하늘이 가장 맘에 들었니?

■ 왜 화가들은 하늘 그림을 그렸을까?
　하늘이 좋아서.
　오래오래 기억할라고.
　하늘... 멋있게 하고 싶어서.

■ 그림 말고 또 어떤 방법으로 하늘을 느낀 마음을 표현할 수 있을까?

※기타 하늘 작품을 감상한 후 느낌을 글, 그림으로 표현해 보고 책으로 엮어 볼 수 있다.

▶ **참고 사항**

구체적인 하늘 그림에서부터 점차 추상적인 그림 순으로 소개하는 것이 활동 진행 하기에 수월합니다. 다른 활동과 마찬가지로 지속적으로 그림을 비치해 두고 감상할 수 있도록 하고, 감상하면서 느낀 것들을 글이나 그림으로 기록해서 함께 나누는 것이 무엇보다 중요합니다. 좀 더 재미있게 활동을 진행하기 위해서는 역할 놀이 영역을 하늘 그림 전시관으로 꾸미고 관람자, 큐레이터(curator), 화가 등의 역할을 나누어 극놀이 형식으로 이야기를 주고받을 수 있도록 할 수 있습니다.

하늘에게 편지를 써요

▶ **활동 목표**　하늘에 대한 마음을 글로 표현하며 교감을 나눈다.

▶ **활동 자료**　하늘 배경 편지지, 필기도구, 수소 풍선, 실, 비닐 봉투

▶ **활동 방법**

① **하늘 배경 편지지를 보며 이야기한다.**

- 하늘 배경을 보니 어떤 마음이 드니?

- 하늘은 높은 곳에서 우리를 보며 어떤 생각을 하고 있을 것 같니?
  하늘에 있으니까 나를 안아 주려고 하는 것 같아요.

- 하늘이 우리의 생각을 들으면 어떤 기분이 될 것 같니?

- 우리의 생각을 높은 곳에 있는 하늘과 구름에게 어떻게 전할 수 있을까?

② **하늘에게 편지를 쓴다.**

- 하늘에게 하고 싶은 말은 무엇이니?
  하늘아, 너 몇 살이야?
  하늘아, 너 원래 되게 멋있구, 예뻐.
  넌 원래 정말 착한 하늘이야.
  하늘아, 고마워 우리한테 바람 불게 안 해줘서.
  나비가 목마를 때 물 줘서 고마워.

- 하늘에게 주고 싶은 선물이 있니?
  하늘아, 내가 쵸코하구, 사탕 줄게.
  내가 너한테 편지 주고 싶은데 너무 높이 있어서 못 주겠어~

- 그림이나 글로 하늘에게 편지를 써 보자.

- 편지에 어떤 내용을 쓰고 싶으니?

- 하늘에게 부탁하고 싶은 것도 있을까?
  하늘아, 비 내리게 하지마... 비가 오면 힘드니까, 피곤하고 그러니까.
  구름아 너 하늘 힘들게 하지 마.

〈 하늘에게 편지를 써요 〉

③ 아이들이 쓴 편지를 교실 한 영역에 게시하여 일정 기간 공유하도록 한다.

> **하늘에게 쓴 편지**
>
> 하늘아, 고마워!
> 네가 검정색이면 조금 화가 나 보이지만,
> 생물들을 키 크게 해 주어서 고마워!
> 참! 바깥놀이 할 때, 비를 내려 주어서 젖은 모래를 만들어 주어서 고마워.
> 내가 흙과 물을 섞으려고 했었는데 말이야.
> 그리고, 나비가 목마를 때, 물을 주어서 고마워.
> 너 원래 정말 좋아. 넌 원래 착한 하늘이야!

▶ **참고 사항** 편지를 쓴 이후로 지속적으로 하늘의 상태를 살펴보며, 하늘이 보낸 답장에 대해 상상해 보는 활동으로 연결할 수 있습니다.

하늘 속에 숨어 있는 색깔은?

"오늘은 하늘이 검은 것 같아요" 어떻게 파랗던 하늘이 검어지는 것일까? 하늘은 어디에서 그런 색을 만들어내는 것일까? 여러 가지 하늘의 표정을 보았던 아이들은 다양하게 변하는 하늘의 색깔에 궁금증을 가졌다. 빛의 산란이라는 다소 어려운 개념이지만 프리즘을 이용한다면 실제적으로 쉽게 다가갈 수 있을 거란 기대로, 하늘 속에 숨어 있는 색깔 찾기 활동을 시작하였다.

▶ **활동 목표**　하늘의 색깔이 변하는 원리를 탐구해 보고, 프리즘을 이용하여 하늘에 숨어 있는 빛의 존재를 찾아본다.

▶ **활동 자료**　프리즘, 분무기, 종이, 물, 선글라스, 색깔 비닐

▶ **활동 방법**　① 선글라스와 색깔 비닐을 통해 하늘을 감상한다.

- 선글라스를 쓰고 하늘을 본 적이 있니?

  여름에 더울 때 썼어요.

  그거 쓰면 햇빛도 볼 수 있어요.

- 검은 색 선글라스를 쓰면 하늘이 어떻게 보이니?

- 색깔 비닐을 통해 하늘을 보면 또 어떨까?

- 그냥 맨 눈으로 볼 때와 무엇이 다른 것 같니?

  하늘 색이 달라 보여요.

- 색깔 비닐을 여러 개 합쳐서 보면 어떻게 될까?

  무지개가 되는 거 아니야?

- 선글라스나 색깔 비닐을 이용해서 하늘을 보는 것도 아닌데 하늘의 색깔이 달라지는 것을 본 적이 있니?

- 하늘의 색이 어땠니?

  비 올 때 하늘이 까매져요.

  어제 저녁에 빨갰는데…

  그냥 하늘은 파란색!

- 왜 하늘의 색이 변하는 것일까?

- 하늘 어디에 그런 색이 숨어 있는 것일까?

  구름이 색을 가지고 있다가 뿌려 주는 거 아닐까?

하늘엔 해님도 있잖아.

② 프리즘을 사용해 숨어 있는 하늘의 색을 찾아본다.

- (프리즘을 소개한다.) 프리즘을 본 적이 있니?
- 무엇 할 때 사용하는 물건일까?
- 하얀 종이 위에 프리즘을 비춰 보자. 어떻게 되었니?
- 무슨 무슨 색깔이 나타났니?

  와! 무지개 색깔 나타났다.

- 이 무지개 색깔은 어디에 숨어 있다가 나온 것일까?

  이거(프리즘) 속에 있었나?

- 다른 곳에서 프리즘을 비춰 보아도 같은 색깔이 나올까? (장소를 바꿔가며 프리즘을 비춰 본다.)
- 장소마다 나타난 색깔은 어땠니?

  그런데.. 저기 (그늘)에선 안 보여요.

- 프리즘을 통해서 나타난 무지개는 언제 많이 볼 수 있는 것이니?
- (햇빛을 등지고 서서 하늘을 향해 분무기의 물을 뿌린 후 하늘을 본다.) 하늘에 뭐가 보이니?

  어! 무지개 색깔이 또 나타나요.

  살짝 보인다.

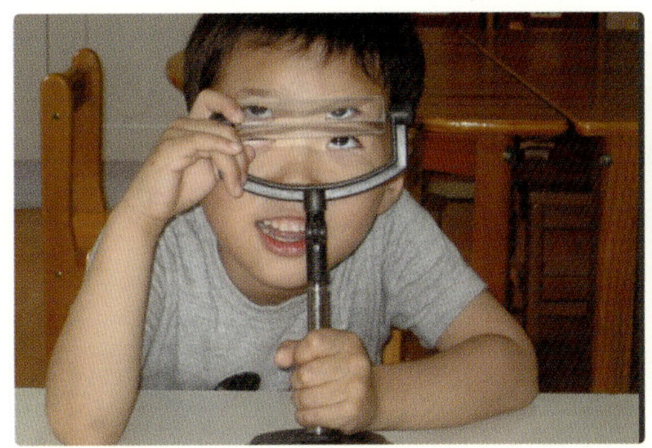

〈 하늘에 숨겨진 색깔 찾기 〉

- (햇빛을 등지지 않고 분무기의 물을 뿌린 후 하늘을 본다.) 지금은 하늘에 무엇이 보이니?
- 프리즘으로 볼 때와 물을 뿌려서 볼 때 차이가 있었니?

저거(프리즘)는 다 보였는데... 물을 뿌릴 때는 언제는 보이고 언제는 안 보이고 그래요.

■ 왜 무지개빛이 보였다 안 보였다 하는 것일까?

　숨어 있어서요.

■ 어떤 색들이 하늘에 숨어 있는 것 같으니?

■ 숨어 있는 색은 언제 나타나는 것일까?

■ 색깔들은 무지개처럼 꼭 함께 나타날까?

■ 한 가지 색만 나타나는 날은 없을까?

　있어요... 저녁 때..하늘 빨갛잖아.

　비 올 때는 까맣고,

　녹색 하늘은 못 봤는데..

③ 빛의 산란에 의해 하늘의 색이 변한다는 사실에 대해 조사하며 이야기 나눈다.

■ 하늘에 숨어 있는 색깔을 찾아본 기분이 어떠니?

■ 프리즘이나 물을 사용하지 않고, 언제, 어떻게 하늘의 색깔이 바뀌는지를 알아
　볼 수 있는 방법은 무엇이 있을까? (책과 인터넷을 이용해 찾아본다.)

● 하늘이 푸른 이유 ●

산란 현상은 산란되는 빛의 파장과, 산란을 일으키는 입자의 크기와 관계가 있
다. 산란은 입자가 작을수록, 빛의 진동수는 높을수록 잘 일어난다. 태양광 중
자외선은 대부분 오존층에 의해 흡수되고 일부는 대기 입자나 분자들에 의해
산란된다. 자외선이 가장 많이 산란되고 그 다음이 가시광선 중 푸른색·녹
색·노란색·주황색·빨간색 순이다. 그러나 자외선은 보이지 않음으로 상대
적으로 푸른색이 많이 산란되어 하늘이 푸르게 보인다. 푸른 하늘은 공기가 건
조할수록 더 푸르고, 수증기가 많으면 하늘은 회색을 띠게 된다.

● 일몰이 붉은 이유 ●

정오에는 태양빛이 엷은 대기를 통과하므로 높은 진동수 빛이 적게 산란되므
로 태양이 노랗게 보인다. 태양의 고도가 낮아지면 태양빛이 대기를 통과하는
경로가 길어지고 공기 입자와 많이 충돌하여 가시광선 중 높은 진동수의 빛은
대부분 산란되고, 진동수가 작은 붉은색만 지표면에 도달하게 된다. 즉, 일몰
때 태양의 고도가 매우 낮으면 경로가 매우 길어져 높은 진동수는 모두 산란
되고 붉은 빛만 지표에 도달한다.

구름은 다양한 크기의 물 분자가 모여 있다. 가장 작은 입자는 파란색을, 조금 큰 입자는 녹색을, 더 큰 입자는 붉은 색을 산란시킨다. 따라서 구름에 의해서는 모든 색이 산란되므로 흰색으로 보인다. 구름 분자들이 밀집되어 있으면 충돌에 의해 더 많은 전자들이 진동하게 되고 더 많은 빛을 산란시켜 밝게 보인다. 물 입자가 더 커진 경우는 빛은 흡수되고 산란된 양은 적어지므로 어두운 구름이 된다.

▶ **참고 사항**

　맑은 날 실시하는 것이 좋으나 직사광선 아래 너무 오래 활동하는 것은 좋지 않으므로, 하루에 본 활동을 다하지 않고 2~3일로 나누어서 하는 것이 효과적일 수 있습니다.

하늘 높이 띄워 보내려면?

"하늘로 편지를 어떻게 보내지?", "하늘을 날 수 있는 것을 달아서 보내자", "그런데 왜 안 올라가는 거야?" 아이들에게 하늘은 넓고 자유로운 그 무엇이며, 신비한 힘을 가진 대상으로 여겨지는 듯 했다. 그런데 하늘에게 편지를 보내는 활동을 하면서 하늘의 새로운 특성을 발견하게 되었다. 하늘은 무엇이든 다 받아주는 것이 아니었다. 종이로 만든 비행기, 공, 초콜릿 과자, 아이들이 하늘에게 주고 싶어 했던 물건들은 하늘로 던져진 이후 여지없이 다시 땅으로 떨어지고 말았다. 이러한 연상은 자연스레 원리에 대한 궁금증으로 이어졌고, 탐구 활동으로 확장되었다.

▶ **활동 목표** 하늘을 이루고 있는 대기의 특성에 관심을 갖고, 실험을 통해 하늘에 물건을 띄울 수 있는 방법을 탐구한다.

▶ **활동 자료** 풍선(일반 풍선, 헬륨가스 풍선), 양팔 저울, 아이들이 하늘에게 주고 싶어 한 선물(편지, 초콜릿 과자, 플라스틱 장난감, 고무공)

▶ **활동 방법** ① 일반 풍선과 헬륨가스 풍선을 비교해 본다.

- 풍선을 가지고 놀이해 본 적이 있니?

- 어떤 놀이를 해 보았니?

- 어떻게 하면 풍선을 크게 만들 수 있을까?
  입으로 후하고 바람 불면 돼요.

- 바람이 들어간 풍선을 하늘에 던지면 어떻게 될까?
  둥둥 떠가요.
  다시 땅에 내려와요.

- 하늘에 던져진 풍선은 모두 다시 땅으로 내려오는 것일까?

- (헬륨가스 풍선을 소개한다.) 이 풍선을 하늘로 던지면 어떻게 될까?

- 왜 어떤 풍선은 하늘높이 올라가고, 어떤 풍선은 하늘 높이 안 올라갈까?

- (헬륨가스의 특성을 이야기한다.) 풍선 속에 들어간 헬륨 가스는 눈에 보이지는 않지만 하늘에 있는 공기보다 가벼워서 하늘 높이 날아갈 수 있단다.

② 헬륨 풍선을 이용해 물건을 띄워 본다.

- 헬륨가스처럼 공기보다 가벼운 것 말고 무거운 것을 하늘 높이 띄우려면 어떻게 할 수 있을까?

  세게 던져 봐요.

  비행기에 태워요.

  센 바람이 불 때 던지면 될 같아요.

- 헬륨 풍선을 이용해서 물건을 띄우려면 어떻게 해야 할까?

  풍선을 물건에 묶으면 따라 올라가요.

- 띄워 보고 싶은 물건이 있니? 어떤 물건을 띄워 볼까?

  편지,

  초콜릿 과자,

  공 선물,

  장난감.

- 물건마다 얼마만큼의 헬륨 풍선이 필요할 것 같니? 왜 그렇게 생각했니?

- 어느 물건이 얼마나 무거운지를 알아보려면 어떻게 할까? (양팔 저울로 서로의 무게를 비교해 본다.)

〈 몇 개의 풍선으로 물건을 띄울 수 있을지 예측해요 〉

- 물건의 무게를 살펴보고 필요한 헬륨 풍선의 개수를 빼거나 더할까?

  편지는 가볍잖아... 하나면 돼!

  공하고 장난감은 무거우니까 5개 해 볼까?

  공하고 장난감이 얼마나 무거운데?

  공보다는 장난감이 더 무거우니까 장난감에 풍선 하나 더 달아보자.

- 예상한 대로 실험해 보면 어떻게 될 것 같니?

  모두 다 뜰 거예요.

난 장난감이 잘 안뜰 것 같아,

편지도 안 될지 몰라,

(예측한 풍선이 개수대로 실험하고 뜨지 않을 경우 풍선의 개수를 더 첨가한다.)

③ 실험 결과를 함께 나누고, 하늘로 물건을 띄울 수 있는 다른 방법도 모색한다.

	편지	초콜릿 과자	고무공	플라스틱 장난감
무 게	가장 가볍다	조금 무겁다	무겁다	가장 무겁다
헬륨 풍선	1개	3개	6개	10개
이 유	편지는 제일 가벼우니까	편지보다 무거우니까	무겁다	많이 무거우니까 헬륨 풍선도 많아야 한다.
결 론	물건의 무게가 무거울수록 필요한 헬륨 풍선의 수도 많아진다.			

- 결과가 어떻게 되었니?

  무거운 건 풍선이 많이 필요해요,

- 너희들이 예측한 풍선의 개수가 잘 맞았니?

- 이제 우리가 쓴 편지를 헬륨 풍선에 달아 날려 보자.

〈 하늘로 편지를 띄워요 〉

▶ **참고 사항**

　　아이들의 관심이 물건의 무게와 헬륨 풍선의 개수를 정확히 비교하는 것으로 갈 경우 정확한 측정 도구를 사용하여 물건이 떠오르는 정도를 정확히 재어 볼 수도 있습니다. 또한 헬륨가스를 이용한 실험 이외에 하늘로 쏘아 올리는 로켓 만들기 활동으로 확장할 수 있습니다.

하늘에는 언제나 구름이 있을까?

> "하늘에는 아무 것도 없어", "왜 없냐? 구름이 있잖아", "오늘 쩌 구름은 담요 같다", 아이들이 하늘에 관심을 갖게 되면서 다양안 장소에서 여러 모습의 하늘을 관찰하게 되었다. 이 과정에서 아이들은 정적인 파란 하늘 풍경보다는 떠 있는 구름의 모습에 관심을 많이 보였다. 특이나 며칠간 흐린 날씨가 계속 되면서 어떻게 먹구름이 생기고 비가 내리는지에 관심이 집중되어 하늘에 구름이 생기는 원리와 구름 모양의 차이를 탐구하게 되었다.

▶ **활동 목표** 실험을 통해 구름이 만들어지는 원리와 구름 모양의 차이와 하늘과의 관계를 탐구한다.

▶ **활동 자료** 투명한 병, 철판, 손전등, 얼음, 뜨거운 물, 기록지, 필기도구, 망원경

▶ **활동 방법**

① **구름 사진을 보며 이야기 나눈다.**

- 사진 속의 하늘은 어떤 모습이니?

- 구름의 모양은 무엇을 닮았니?

- 오늘 하늘에는 어떤 모양의 구름이 있을까?
  조금 흐렸어요,
  먹구름이요,

- 구름을 만지면 어떤 느낌이 들 것 같니?

- 구름은 무엇으로 어떻게 만들어지는 것일까?
  비가 모여서요,
  비는 위에서 내리구요, 그런데 왜 비가 오냐 하면 비가 올 때 무거우니까 그냥 내려요,

② **구름 만드는 실험을 소개하고 실험한다.**

- 우리들이 직접 구름을 만들어 볼 수 있을까?

- 구름은 밑에서 올라올 때 뜨거운 공기와 하늘에 있는 차가운 공기가 만나서 생기는 거란다.

- 이 책에서 소개해 주는 방법으로 구름을 만들어 보자.

- 어떤 것들이 필요한지 살펴보자.

- 얼음은 왜 필요할까? 어떤 일을 할까?

얼음을 녹여서 차갑게 할려구.

> **● '구름 만들기' 실험 방법 ●**
>
> ㉠ 커다란 그릇에 얼음을 1/3 정도 채우고 같은 양 만큼의 소금을 뿌린다.
> ㉡ 커다란 그릇 속에 작은 그릇을 집어넣는다.
> ㉢ 작은 그릇에 입을 갖다 대고 바람을 '후' 불어 본다.

〈 구름 만들기 실험을 해요 〉

③ **실험 후의 생각을 이야기 나누고, 구름 모양의 차이를 조사한다.**

- 우리가 직접 구름을 만들어 보니 어땠니?

  신기해요.

  물방울이 아주 작아요.

- 실험을 통해서 어떤 것을 알게 되었니?

- 구름에 대해 더 궁금한 것이 있니?

- 왜 구름의 모양은 다 다른 것일까?

- 어떤 방법으로 궁금한 것을 알아볼 수 있을까?

※ 인터넷 자료를 통해 구름 모양이 차이 나는 원리를 조사한다.

④ **일정 기간 동안 구름을 볼 수 있는 날과 위치, 구름의 모양을 탐구한다.**

- 오늘 하늘에는 우리가 찾아본 구름 모양 중에 어떤 구름이 있을까?

- 언제나 하늘에는 구름이 있는 것일까?

  없는 날도 있어… 비 안 오는 날.

  바람이 세게 불어도 없을지도 몰라.

■ 10일 동안 구름을 볼 수 있는 날은 얼마나 될까?

■ 매일 구름이 있는 곳과 모양이 똑같을까? 다를까?

■ 어떻게 알아볼 수 있을까?

■ 하늘의 구름을 가장 잘 볼 수 있는 곳은 어디일까?

■ 언제 보는 것이 좋을까?

■ 어디에 무엇을 기록하는 것이 필요할까?

※ 관찰 장소, 시기, 방법을 정해서 지속적으로 관찰·기록한 후 결과를 공유한다.

▶ **참고 사항**

상층운: 상층운은 높이 6,000m 이상에서 만들어지는 구름으로 구름을 이루는 구름 방울들이 얼음으로 만들어져 있습니다. 그러므로 햇빛이 비칠 경우 투과되어 그림자가 생기지 않고 밤에도 별빛이나 달빛을 볼 수 있습니다.

중층운: 높이 2,000m 이상에서 6,000m 미만의 사이에서 형성되는 구름으로 빙정과 물방울이 같이 존재하는 곳으로 햇빛이 투과 굴절하기도 하고 구름을 이루고 있는 물방울의 양이 많아질 경우 빛이 반사되어 반대편에 그림자가 생기기도 합니다. 그러므로 구름의 상부는 햇빛을 받아 하얗지만 구름의 아랫부분(하부 또는 기저라 한다)은 어두운 색을 나타내기도 합니다. 중층운에는 두 가지가 있는데 고적운과 고층운입니다.

하층운: 하층운은 지상에서 높이 2,000m 이내에서 운저(구름의 아랫부분, 구름의 기저)를 두고 있는 물방울로 구성된 구름 때문입니다. 공기의 수직운동이 강할 경우는 구름의 키가 커 아주 높은 고도에까지 올라갈 수 있습니다. 이 경우 구름의 높이가 중층운과 상층운의 높이까지 올라가지만 구름의 기저가 2,000m 이내에 있기 때문에 하층운으로 분류되어집니다.

비

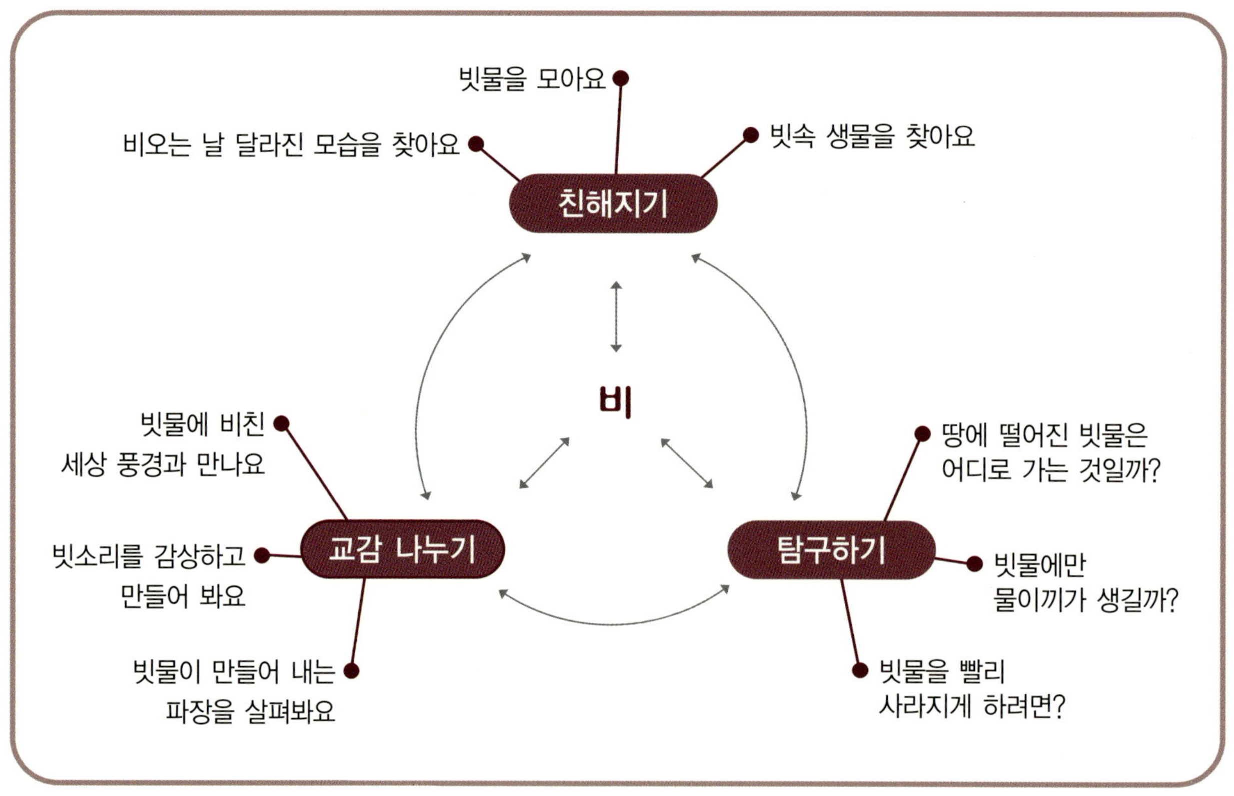

빗물을 모아요
비오는 날 달라진 모습을 찾아요
빗속 생물을 찾아요
친해지기
빗물에 비친 세상 풍경과 만나요
빗소리를 감상하고 만들어 봐요
빗물이 만들어 내는 파장을 살펴봐요
교감 나누기
비
땅에 떨어진 빗물은 어디로 가는 것일까?
빗물에만 물이끼가 생길까?
빗물을 빨리 사라지게 하려면?
탐구하기

'비'를 주제로 한 활동 계획

어느 여름, 한바탕 소나기가 지나간 거리를 걸으면 새로운 느낌을 받을 것입니다. 초록의 싱그러움이 묻어나는 독특한 향기며, 사방에 흩어져 영롱이 빛나는 빗방울들이며, 늘 걷던 익숙한 거리임에도 불구하고 무척이나 새롭게 느껴지는 모습에 감탄하게 됩니다. 비는 우리의 삶에서는 꼭 필요한 귀중한 자연현상이며, 순환이라는 자연의 원리를 시각적으로 느낄 수 있어 중요합니다. 비는 물과 같이 중립적인 매체의 성향을 지니고 있기 때문에 아이들에게 더욱 친근하며, 탐구하기에 매력적인 소재가 될 것입니다. 봄에는 봄비가 와서 대지를 적십니다. 생명이 자랄 수 있는 흙에 물을 뿌려 주는 자연적인 비는 새싹을 돋게 하는 일을 가지고 있습니다.

여름철 내리는 비는 말라붙은 논에 기운을 북돋우며 단비를 통해 더운 대지를 식여줍니다. 가을철 비는 추운 겨울을 알리는 신호가 되며, 겨울철 비는 건조한 산에 활력을 불어넣어 주기도 합니다. 비란 무엇일까요? 비는 대기 중의 수증기가 물방울이 되어 지상에 떨어지는 현상입니다. 즉 구름 속의 크고 작은 물방울이 한데 뭉쳐 점점 크고 무거워져서 공중에 떠 있을 수 없어 떨어지는 것이 바로 비인 것입니다.

비가 내리는 이유는 두 가지가 있는데 그 하나는 '빙정설'입니다. 이는 −40°C 정도까지 냉각된 구름 꼭대기 부근에 생긴 빙정이 더 아래층으로 떨어져 내려와서 0°C이상의 기층에 들어오면 녹아서 큰 빗방울이 된다는 것이고, '병합설'은 구름 내부의 상승기류가 존재하게 되고 이 과정에서 구름입자가 충돌하여 크게 성장하여 무거워지면 떨어져 비가 내린다는 원리입니다.

비의 종류에는 약한 이슬비, 보통 이슬비, 강한 이슬비, 약안비, 보통비, 강한비로 나뉘며, 이슬비는 0.5mm 이하의 지름을 가진 물방울이 빽빽이 내리는 것이고, 보통 빗방울은 지름 1mm의 물방울이 내리는 것을 말한다고 합니다.

비가 오는 날 달라진 모습을 찾아요

▶ **활동 목표** 비 내리는 날의 자연과 생활 주변의 상태 변화에 관심을 갖는다.

▶ **활동 자료** 디지털 카메라, 모니터

▶ **활동 방법** ① 유치원 주변을 산책한다.

- 우리 유치원에서 가장 아름다운 곳은 어디라고 생각하니?
  놀이터요,
  화단 같아요,
  문 있는 곳이요,

- 유치원 건물 안과 밖에 있는 곳 중에 특별히 좋아하는 곳은 어디니?
  놀이터에서 미끄럼틀 밑에 구석이요,
  수돗가가 좋아요,
  유치원 뒤에 담 있는 곳이요,

- 왜 그렇게 생각했니?
  친구랑 놀 수 있어요,
  마당에서 주운 것들을 볼 수 있어요,
  손도 씻고 물놀이도 할 수 있어요,

- 만약 그곳에 보슬보슬 안개비(소나기, 이슬비, 장대비)가 내린다면 어떻게 될까?
  거긴 비를 안 맞을 수 있어서 숨으면 돼요,
  기분이 좋아질 것 같아요,

- 비가 내리기 전과 비가 내린 후 무엇이 달라질 것 같니?
  땅이 물에 젖어요,
  추워질 것 같아요,

- 비 내리기 전에 너희들이 좋아하는 곳의 모습을 잘 기억하려면 어떻게 하는 것이 좋을까?
  (아이들과 산책하며 주위 전경을 사진으로 찍어 두고 감상한 것을 그림으로도 그려 본다.)

- 언제 쯤 비가 올지 어떻게 알 수 있을까?
  (기상예보를 찾아보고 달력에 표시를 해 둔다.)

② 비오는 날 주변 전경을 감상한다.

- 오늘 날씨가 어떠니?
  비가 와요.
  아침부터 왔어요.

- 비 내리는 오늘 같은 날 기분이 어떠니?
  기분이 안 좋아요.
  나는 기분이 좋은데.

- 비가 내려서 유치원 건물 안에서 달라진 점이 있니?
  (빛의 밝기, 향기, 촉각적 · 청각적 느낌의 차이를 비교해 본다.)

- 지금 비가 내리고 있는 바깥 세상은 어떻게 되었을까?
  꽃들이 좋아해요.
  나무도 목말랐는데 지금은 안 그래요.

- 전에 산책했을 때 보았던 것과 어떻게 달라졌을까?
  (맑은 날 찍어 두었던 장소 사진을 보며 회상한다.)

- 같은 장소에 가서 한번 달라진 모습을 찾아보자.

- 전에 가 보았던 장소를 재방문해 다양한 방법으로 탐색하고, 사진을 찍는다.
  (꽃잎, 나무, 잔디, 흙바닥, 열매 등의 밝기, 향기, 촉각적 · 청각적 느낌의 차이
  를 비교해 본다.)

- 전에 왔을 때는 없었는데 새롭게 생긴 것이 있니?
  깨끗해 진 것 같아요.
  어떤 데는 비에 젖어 있고, 어떤 데는 안 젖어 있기도 해요.

- 모습이 바뀐 것도 있을까?

- 느낌이 달라진 것은 무엇이 있을까?

③ 활동 느낌을 이야기 나눈다.

- 같은 곳을 비 내리기 전과 비 내린 후에 가 본 기분은 어떠니?

- 비 내리는 세상에서 가장 아름다웠던 것은 무엇이었니?

- (찍어온 사진을 보면서 이야기한다.) 비 내리기 전과 비 내린 후에 가장 많이 달
  라진 것은 무엇이니?

- '__________에 비가 와서 ___________ 달라졌어요.' 로 말해 볼까?

- 비가 내려서 좋은 점은 무엇이라고 생각하니?

〈 비 내리는 풍경을 느껴요 〉

미리 일기예보를 참조하여 최대한 비 내리기 2~3일 전에 산책 활동을 하는 것이 좋으며, 아이들이 비오기 전에 그렸던 풍경 그림 위에 물방울을 표현한 OHP 필름을 덧씌워 비 내리는 전경 느낌이 들게 한 후, 달라진 자신의 그림 풍경에 대한 느낌을 이야기하고, 제목을 지어 보는 활동으로 확장할 수 있습니다.

빗물을 모아요

▶ **활동 목표**   자연 빗물의 존재를 느끼고 모여진 빗물의 특징에 관심을 갖는다.

▶ **활동 자료**   비닐, 돌, 삽, 다양한 통, 기상 자료(http://www.kma.go.kr)

▶ **활동 방법**

1 한 주 동안의 날씨에 대하여 이야기 나눈다.

- 이번 주 일기 예보를 보았니?
- 언제 비가 올 거라고 예보되어 있니?
- 얼마나 많은 비가 올까?
- 내리는 빗물을 모아 볼 수도 있을까?
  그릇을 두면 돼요.
  PET병을 놓아두어요.
- 많은 빗물을 모으면 무엇을 할 수 있을까?

2 빗물을 모을 수 있는 다양한 방법을 찾고 준비한다.

- 어떻게 해야 빗물을 잘 모을 수 있을까?
  커다란 그릇을 준비해요.
  비 오기 전날부터 밖에다 두어요.
- 어디에서 모으는 것이 좋을까?
- 무엇을 사용해서 모을 수 있을까?
- 그릇에 모은다면 어떤 그릇이 가장 많이 모일까?
  큰 그릇이요.
  병이요.
- 땅에서 직접 모을 수 있는 방법은 무엇이 있을까?
- 왜 그런 방법이 가장 좋다고 생각했니?

※땅을 파고 비닐을 덮은 다음 돌로 눌러 놓아 빗물 모을 장소를 만들거나, 다양한 그릇을 이용해 빗물 모으기, 또는 아이들이 생각해 낸 방법으로 빗물 모으기를 계획한다.

- 그럼 너희들이 계획한대로 준비해서 빗물을 모아 보자.
- 언제 준비를 끝내는 것이 좋을까?

※ 대략 일기예보에 맞추어 준비해 두고 빗물을 모은다.

③ 빗물을 모은 후 모아진 빗물을 보며 이야기 나눈다.

- 모아진 빗물을 보니 어떤 느낌이 드니?

  많아요.

  많이 모은 것 같아요.

- 빗물이 생각대로 잘 모아졌니? 얼마나 많이 모아졌니?

- 모아진 빗물의 색은 어떠니?

  물하고 색이 같아요.

  밑에는 흙이 조금 있어요.

- 빗물 속에 보이는 것이 있니?

- 한번 만져 보자. 느낌은 어떠니?

  차가워요.

- 손을 넣어서 휘저어 보자.

  뿌옇게 되었어요.

- 빗물의 냄새는 어떨까? 내리는 비의 냄새와 다른 점이 있을까?

〈 빗물을 손으로 만져 보아요 〉

④ 모여진 빗물과의 경험을 글로 정리해 본다.

- 빗물을 모으고 놀이해 본 기분이 어떠니?

- 어떤 점이 재미있었니?

  비를 모으니까 좋았어요.

  비를 모아서 만지니까 신기했어요.

- 빗물을 모으면서 어려운 점은 없었니?

■ 그냥 내릴 때의 비하고 모아진 빗물과 다른 점이 있니?

■ 너희들이 빗물과 놀이한 느낌을 글로 적어 보자.

■ 모아진 빗물을 며칠 놔두면 어떤 일이 일어날 것 같니?

■ 며칠 동안 달라지는 모습을 관찰하고 기록해 보자.

▶ **참고 사항**

빗물을 모으는 장소에 따라서 모여진 빗물의 특성에 차이가 있을 수 있습니다. 가정과 연계하여 다양한 장소에서 빗물을 모으고 차이를 비교해 보는 것으로 확장할 수 있습니다.

빗속 생물을 찾아요

▶ **활동 목표**   비로 인해 나타나게 된 생물의 종류와 특성에 관심 갖는다.

▶ **활동 자료**   달팽이 사진, 디지털 카메라, 모니터, 돋보기

▶ **활동 방법**

1️⃣ 달팽이 사진을 보며 이야기한다.

- 달팽이를 본 적이 있니?
- 어디에서 보았니?
  텔레비전에서요.
  책에서 봤어요. 과학책이요.
- 달팽이는 어떤 곳에 잘 나타날까?
- 달팽이처럼 비 내리는 날씨를 좋아하는 동물이 또 있을까?
  청개구리요.
  지렁이요.
- 우리 유치원 어디에 가면 달팽이, 지렁이, 개구리들을 발견할 수 있을까?
- 비가 내린 후 함께 나가서 우리 주변에 새롭게 나타난 생물을 찾아보자.

2️⃣ 아이들이 예측했던 장소에 가서 나타난 생물을 찾아본다.

- 비가 온 후 장소가 어떻게 변한 것 같으니?
  땅이 진흙이 되었어요.
  물웅덩이도 생겼어요.
- 달팽이(지렁이)는 어느 곳에서 발견할 수 있을 거라 예상했었니?
- 어떻게 하면 생물을 더 잘 볼 수 있을까?
- 혹 발견한 생물이 있을 때는 어떻게 하면 좋을까?

  ※ 카메라로 사진을 찍고 발견 장소와 이름을 메모해 둔다.

3️⃣ 발견한 생물들의 사진을 보며 상황에 대해 언어로 정의해 본다.

- 빗속 생물을 찾아본 느낌이 어떠니?
  지렁이가 많아요.
  꿈틀거리는 걸 봤어요.

■ 어떤 생물들을 발견할 수 있었니?

■ 어디에서 발견할 수 있었니?

■ 생물들의 모습은 어떠했니?

■ 사진 속의 생물을 보고 떠오르는 생각을 한마디로 이야기한다면 뭐라고 하고 싶니?

■ 왜 비가 온 후에 그런(지렁이, 달팽이, 소금쟁이) 생물들이 나타나게 되었을까?

▶ **참고 사항** 지렁이들은 축축하고 어두운 흙에서 많이 발견됩니다. 사전에 교사가 지렁이가 많이 나타나는 곳을 알아두면 찾기 활동이 수월합니다.

〈 빗속 생물을 찾아요 〉

빗물에 비친 세상 풍경과 만나요

▶ **활동 목표** 빗물의 특징에 관심을 갖고, 수면의 반사 성질을 안다.

▶ **활동 자료** 돌, 흙, 나뭇잎, 도화지, 필기도구, 거울

▶ **활동 방법**

1 '빗물 모으기' 관찰 기록지를 소개한다.

- 너희들이 그동안 관찰한 빗물 웅덩이에서 무슨 일이 일어났을까?
  물이 다 말랐을 것 같아요.
  바닥의 흙이 보일 것 같아요.

- 기록한 내용을 보며 살펴보자.

- 새롭게 생겨난 것이 있니?

- 사라진 것도 있니?
  물이 없어졌어요.
  나뭇잎도 있었는데 없어졌어요.

- 계속 변화하지 않고 그대로인 것도 있을까?

- 오늘은 햇볕이 있는 날인데, 모아 둔 빗물이 어떻게 되었나 살펴보자.

2 모아 놓은 빗물을 다양한 방법으로 느껴 본다.

- 빗물의 겉면을 잘 살펴보자.

- 무엇이 보이니? 물 바로 위에서 보자. 이번엔 몸을 낮게 해서 바라보자.

- 햇빛을 등지고(바라보고) 서서 웅덩이를 바라보자. 어떤 점이 다르니?

- 빗물 웅덩이에 비친 너희들의 모습이 어떤 느낌이 드니?
  재미있어요.
  얼굴이 잘 안 보여요.

- 무슨 표정을 지어 볼까?

- 거울로 본 모습과 웅덩이에 비친 모습이 다르니? 같으니?

- 빗물 웅덩이에 나뭇잎을 띄우면 너희들의 모습이 어떻게 될 것 같니?

- 나뭇잎으로 머리카락(수염, 귀걸이, 안경)처럼 표현해 볼까?

- 또 나뭇잎으로 어떤 것을 꾸밀 수 있을까?

■ 돌(흙)을 넣으면 또 어떻게 달라질까?

■ 빗물 웅덩이를 좀 더 멀리서 바라보자.

■ 빗물 웅덩이 속에 비추인 세상 풍경은 어떤 느낌이니?

■ 거울을 빗물 웅덩이에 비추면 어떤 일이 일어날까?

■ 거울과 빗물 거울이 다른 점은 무엇이라고 생각하니?

③ 빗물 웅덩이 거울을 이용해 자신의 모습을 그림으로 그려 본다.

■ 빗물 웅덩이에서 너희들의 모습을 본 기분이 어떠니?

■ 빗물 웅덩이의 좋은 점은 무엇이라고 생각하니?

■ 빗물 웅덩이처럼 우리 모습을 비춰 줄 수 있는 다른 자연물이 있을까?

■ 빗물 웅덩이를 통해 본 너희들의 모습을 그려 보고 느낌을 함께 써 보자.

■ 완성된 그림에 작품명을 지어 본다.

〈 빗물 웅덩이를 느껴요 〉

빗소리를 감상하고 만들어 봐요

▶ **활동 목표** 여러 가지 형태의 비와 비가 내는 소리를 감상하고 다양한 방법으로 빗소리를 만들어 본다.

▶ **활동 자료** 철판, 천, 플라스틱 통, 종이 상자, 유리병, 카세트 테이프, 녹음기, 곡식(콩, 조, 쌀), 키, 북, 빗소리(www.rainnara.com)

▶ **활동 방법**

1 빗소리를 감상한다.

- (자연의 빗소리를 들려준다.) 무슨 소리인 것 같니?
- 어떤 느낌이 나는 소리니?
- 소나기, 창문에 부딪혀 내는 소리, 폭풍우, 천둥소리 등 여러 가지 비 소리를 감상한다.
- 비가 내는 여러 가지 소리를 들어 보니 느낌이 어떠니?
- 가장 맘에 드는 소리는 무엇이었니?
- 우울한 느낌이 드는 소리도 있었니?
- 진짜 비 내리는 날은 어떤 소리가 들릴까?
- 비가 땅(나무, 돌, 지붕, 풀잎, 꽃잎)에 부딪히면 어떤 소리가 날 것 같니?
- 어떻게 하면 너희들이 궁금해 하는 빗소리를 들을 수 있을까?

2 비오는 날 빗소리를 감상한다.

- 어떤 빗소리를 듣고 싶었니?
- 종이(유리, 나무, 플라스틱)에 부딪혀 나는 소리는 어떨까?
- 한번 나가서 직접 소리를 들어 보자.
- 그냥 그대로 눈을 감고 비 소리를 감상해 보자.
- 멀리서(가까이서) 나는 비 소리에 귀 기울여 보자.
- 비가 어디에 부딪혀서 내는 소리일까?
- 어떤 느낌이 드니?
- 무언가에 부딪히는 빗소리를 들어 보자.○○

※ 아이들이 고른 물건들과 비가 부딪혀 내는 소리를 들어본다.

■ 느낌이 모두 같으니?

■ 우리 몸에 부딪혀 나는 소리는 어떤 것 같니?

③ 빗소리 감상 느낌을 나누고 다양한 재료로 소리를 만들어 본다.

■ 직접 나가서 빗소리를 들었을 때 가장 인상 깊었던 것은 무엇이니?

■ 그것과 비슷한 소리를 우리가 만들어 볼 수 있을까?

■ 키에 콩(조, 쌀)을 넣고 흔들면 어떤 소리와 비슷할까?

■ 북에 콩을 튀기면 어떤 느낌의 소리가 될까?

■ 여러 가지 방법으로 너희들이 느낀 빗소리를 만들어보자.

※ 아이들이 만든 비 소리를 녹음하고 함께 감상한다.

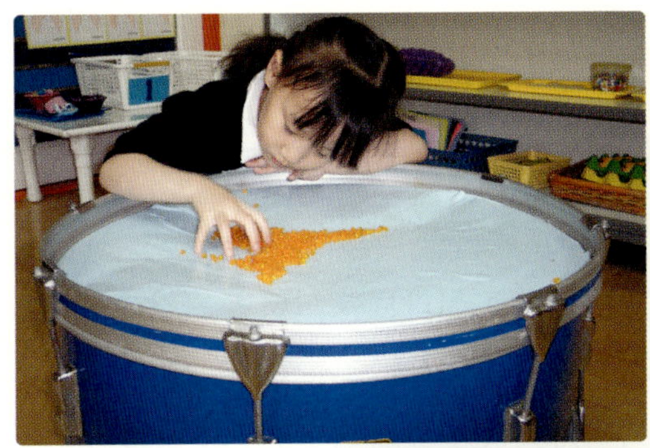

〈 빗소리를 만들어요 〉

▶ **참고 사항**

한꺼번에 너무 다양한 재료를 주면 아이들이 혼란을 겪을 수 있으므로, 처음에는 3~4가지의 곡식과 키 정도를 소개하고, 이후 더 많은 곡식으로 늘려 가는 것이 좋습니다. 또한 같은 곡식이라도 양에 따라 다른 느낌의 소리를 내므로 양에 따른 차이를 느껴 보는 활동으로 전개할 수도 있습니다.

빗물이 만들어 내는 파장을 살펴봐요

▶ **활동 목표** 빗물과 진동에 의해 생기는 파장의 특징에 관심을 갖고, 파장이 생기면서 내는 소리의 차이를 느낀다.

▶ **활동 자료** 빗물, 수조, 돌, 모래, 꽃잎, 스포이드, 비닐, 빗방울 파장 사진 (www.rainnara.com)

▶ **활동 방법**

① 빗방울이 만들어 낸 파장 사진을 보며 이야기한다.

- 어떤 사진인 것 같니?
- 빗방울이 떨어진 모습이 무엇을 닮았니?
- 만약 이 사진에서 소리가 난다면 어떤 소리가 날 것 같니?
- 빗방울이 무언가에 부딪혀 만들어 내는 모습은 모두 같을까?

② 비 오는 날 실외에 나가 빗방울이 만들어 내는 파장을 찾아본다.

- 어디에서 빗방울의 모습을 보고 싶니?
- 비가 내리는 하늘을 그대로 쳐다보면 어떤 모습일까?

※두 명의 친구가 비닐을 수평으로 들어 주고 다른 한 명의 아이가 비닐 밑으로 들어가 위에서 떨어지는 빗방울을 관찰하도록 한다.

- 떨어지는 빗방울을 아래에서 본 느낌이 어떠니?
- 이런 빗방울이 땅에 떨어진다면 어떤 모습일까?
- 지붕(나뭇잎, 꽃잎, 물)에 떨어진 빗방울의 모습은 어떨까?
- 우리 우산 위로 떨어진 빗방울은 또 어떤 모습일까?

③ 수조에 담겨진 빗물이 만들어 내는 파장을 살펴본다.

- 비 오는 날 빗물이 만들어 낸 모습을 잘 보았니?
- 어떤 모양이 가장 기억에 남니?
- 수조 속에 있는 빗물에도 멋진 파장을 만들려면 어떻게 하면 좋을까?
- 손가락을 사용해서 물 위에서 움직여 보자. 어떤 무늬가 생겼니?
- 손 전체를 사용하면 어떻게 될까?
- 팔꿈치(발가락, 머리카락)를 넣으면 어떤 모양이 생길까?

■ 몸을 빨리 움직였을 때와 천천히 움직였을 때 차이점이 있을까?

■ 손을 사용하지 않고도 움직일 수 있을까?(바람을 불어 본다.)

■ 다른 물건을 넣어서 파장을 만들어 볼 수도 있을까?

■ 넣는 물건에 따라 무엇이 어떻게 달라지니?

■ 가장 멋진 물결 모습을 그림으로 그려 보자.

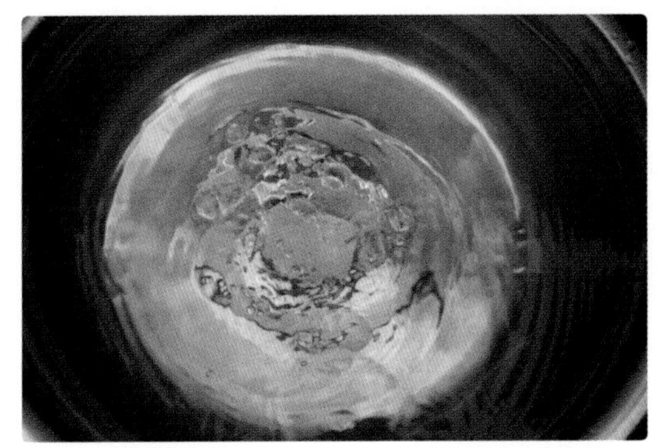

〈 빗물이 만들어 내는 모양이에요 〉

▶ **참고 사항**

　수조는 투명하고 넓은 것이 좋으며, 낮은 위치에 비치해서 아이들이 자유롭게 탐색하고, 움직임을 관찰할 수 있도록 하는 것이 좋습니다.

땅에 떨어진 빗물은 어디로 가는 것일까?

"어제 비 왔지?", " 어, 조금 왔어", "그런데 그 빗물은 다 어디로 간 거야?" 비 온 뒤 달라진 모습에 대해 이야기 나누면서 사라진 빗물에 관심을 갖게 되었고, 다양안 추측을 하면서 빗물의 증발에 대해 탐구하게 되었다.

▶ **활동 목표**   빗물과 땅의 흡수력의 관계에 관심을 갖고 탐구함으로써, 자연의 순환 원리를 안다.

▶ **활동 자료**   유치원 약도, 필기도구, 사진

▶ **활동 방법**

① 비 내리는 날의 경험에 대해 이야기 나눈다.

- 비 오는 날 내리는 비를 보면 어떤 기분이 드니?

- 아주 적은 비가 보슬보슬 내리면 어떠니?

- 한꺼번에 많은 비가 내린다면 어떨까?
  물이 막 넘쳐요,
  파도처럼 흘러가요,

- 비 내릴 때 땅의 모습과 색깔은 어떠니? 며칠 후는 어떻게 달라지니?
  빗물이 다 없어져요,

- 땅으로 내려온 비는 어디로 가는 것일까? 본 적이 있니?
  길 따라 흘러가죠,
  구멍이 뻥뻥 뚫린 곳이 있거든요, 그리로 들어가요,

- 우리 유치원 근처에서 내려온 빗물이 어디로 가는지 찾아볼 수 있을까?

② 유치원을 둘러보며 빗물이 어디로 갈지 예측해 본다.

- (유치원 약도를 본다.) 유치원 주변을 그린 지도란다. 이 중에서 어느 곳으로 빗물이 갈 것 같은지 밖에 나가서 살펴보고 지도에 표시해 보자.

- 유치원 땅에 있는 흙 중에서 어떤 흙이 가장 빨리 빗물을 스며들게 할 것 같니?

- 왜 그렇게 생각하니?

- 어느 곳의 흙이 빗물을 가장 빨리 스며들게 하는지 알아볼 수 있는 방법은 무엇이 있을까?

※ 유치원 땅에 있는 한두 가지 흙을 수조에 담아 두고 빗물을 넣어 본다. 흙의 표

면을 비교해 보며 차이점을 살펴본다.

■ 왜 흙마다 빗물이 스며드는 속도가 다를까?

■ 흙이 아닌 알갱이 크기가 다른 것으로 해도 마찬가지 결과가 나올까?

■ 흙이 아닌 단단한 땅에서는 빗물이 어떻게 될까?

■ 흙 속으로 들어가지 않고 다른 곳으로 가는 길도 찾을 수 있을까?

※ 길가에 있는 수로나 낮은 지대라 물이 고이는 곳을 찾아 지도에 표시한다.

③ **지도를 보며 이야기한 후 빗물이 지나가는 길을 그려 본다.**

■ 땅에 내려온 빗물을 어떻게 되었니?

■ 땅속으로 들어가지 못하는 빗물들은 어디로 가게 되었니?
　아래로 아래로 계속 흘러가요.

■ 유치원 주변에 수로가 얼마나 많이 있었니?

■ 수로로 들어간 물들은 어떻게 되는 것일까?

■ 수로의 끝은 어디에 연결되어 있을까?

■ 땅속 빗물이 지나가는 길을 그림으로 그려 보자.

〈 빗물은 하수구로 사라진 걸까? 〉

▶ **참고 사항**　　수도국과 연결하여 구체적인 수로에 대한 자료를 얻거나 현장 학습 또는 전문가
를 초빙해서 이야기를 들어볼 수 있습니다.

빗물에만 물이끼가 생길까?

"여기 봐봐, 빗물이 모여 있는데 이상한 게 있다!", "뭔데?", "까만 거야", "누가 빗물에 넣은 거 아니야?" 모여진 빗물을 며칠 동안 두었을 때 자연스럽게 발생된 변화를 발견안 아이들은 그 원인에 대해 궁금해 하였고, 물의 종류에 따라 변화의 차이가 다를지를 탐구하게 되었다.

▶ **활동 목표** 빗물에 살고 있는 생물의 존재와 물의 종류에 따라 이끼의 성장에 미치는 영향을 탐구한다.

▶ **활동 자료** 끓인 물, 빗물, 수돗물, 물이끼, 수조 6개, 관찰 기록지, 필기도구

▶ **활동 방법** ① 물이끼를 탐색한다.

- 며칠 동안 모아 둔 빗물 웅덩이 주변에 생긴 물이끼를 보았니?
- 물이끼를 만져 보자. 느낌이 어떠니?

  미끈 미끈~

  부드러워요.
- 색깔과 모양은 어떻게 생겼니?

  검은색.

  초록 같기도 해.
- 웅덩이의 어느 부분에 생겼니?

  가장자리에 있어요. 쭉~
- 언제 어떻게 물이끼가 생긴 것일까?
- 빗물에만 물이끼가 생기는 것일까?
- 오래 두기만 하면 모든 물에는 물이끼가 생기는 것일까?

② 실험을 구성한다.

- 어떤 물에 이끼가 생기는지 알아볼까? (끓인 물, 수돗물, 빗물)
- 빗물, 수돗물, 끓인 물 각각에 물이끼가 생길까?
- 밖에 두는 것과 유치원 안에 두는 것은 차이가 있을까, 없을까?
- 어느 곳에 있는 물에 물이끼가 더 많이(적게) 생길 것 같니?

■ 왜 그렇게 생각하니?

■ 얼마나 오래 두고 봐야 할까?

■ 조금씩 달라지는 것을 어떻게 기록하면 좋을까?

〈 어떤 물에 이끼가 가장 빨리 생길까? 〉

③ 사진을 찍고 관찰 일지를 쓰며 결과를 살펴본다.

■ 관찰하는 동안 발견한 것은 무엇이니?
  물이 점점 변해요.

■ 물의 색깔과 냄새는 어땠니?

■ 어느 수조에 이끼가 가장 먼저 생겼니?
  빗물.

■ 밖에 둔 것과 안에 둔 것에 어떤 차이가 있었니?
  밖에 있는 것이 먼저 생겼어요.

■ 왜 이런 결과가 나왔을까?
  밖은 넓고 바람도 부니까 잘 자란 것 같아요.

▶ **참고 사항**　　만 5세의 경우 실험 변인을 하나 더 첨가할 수도 있으며, 뚜껑을 덮은 것과 뚜껑을 덮지 않은 것에 의해서도 물이끼 생성에서 차이를 가져올 수 있습니다.

빗물을 빨리 사라지게 하려면?

"바람이 많이 불면 물이 빨리 사라지는거 아니야?", "동화책에 보면 햇빛이 더 세잖아. 햇빛을 비추면 물이 빨리 사라지는거 아닐까?" 빗물의 증발 원리를 탐구하던 아이들은 햇빛과 바람, 물의 증발 관계에 관심을 갖고 실험하게 되었다.

▶ **활동 목표**　빗물을 증발시킬 수 있는 다양한 방법을 모색해 봄으로써, 빗물의 증발 원리에 관심을 갖고 탐구한다.

▶ **활동 자료**　살레, 빗물, 선풍기, 검은 천, 랩, 기록지, 필기도구

▶ **활동 방법**　① 달라진 빗물 웅덩이에 대해 이야기 한다.

- 빗물이 모여 있는 웅덩이를 며칠 놔두었더니 어떤 일이 일어났니?
  물이 다 없어졌어요.

- 빗물은 어디로 갔을까?

- 빗물을 먹어 버리는 생물도 있을까?

- 먹어 버리는 생물이 아니라면 빗물은 어떻게 사라진 것일까?

- 빗물을 사라지게 한 것은 무엇일까?

② 빗물이 사라진 원인을 유추하고 실험한다.

- 만약 햇빛을 안 보여 준다면 어떤 일이 일어날까?
  빗물이 그대로 있을 것 같아요.

- 만약 바람이 안 부는 곳에 둔다면 어떨까?

- 바람과 햇빛 중에 어느 것이 더 빗물을 빨리 사라지게 하는 것일까?
  햇빛이 이겨요.

  바람이 더 세!

- 바람과 햇빛 외에 빗물을 사라지게 할 수 있는 방법이 더 있을까?

㉠ 동일한 양의 물을 6개의 샬레에 붓는다.
㉡ 랩으로 씌운 것(바람 차단), 검은 천을 씌운 것(햇빛 차단), 아무 것도 안 한 것을 각각 두개씩 만든다.
㉢ 한 세트는 실외 햇빛이 잘 비추는 곳에, 다른 한 세트는 실내 선풍기 앞에 두고 바람을 쐰다.
㉣ 일정한 시간이 흐른 뒤에 샬레의 빗물을 비교해 본다.

③ 결과를 함께 나눈다.

■ 어떤 샬레의 물이 가장 빨리 사라졌니?

■ 아직도 많은 빗물이 남아 있는 샬레는 어떤 것이니?

■ 왜 이런 결과가 나오게 되었을까?

■ 자연 속에서 많은 빗물은 햇빛과 바람을 타고 어디로 간 것일까?

▶ **참고 사항**   만 5세의 경우, 본 실험을 다 진행한 후 변인을 더 세분화하여 햇빛의 양, 바람의 세기를 달리해서 사라지는 속도를 측정해 볼 수 있습니다.

참고 문헌

김대희(2001). 흙의 마음(도록). 서울 : 글로 만든 집

오오노 마사오(2001). 땅속 생물 이야기. 서울 : 진선 출판사.

김해심(2003). **예술가와 함께 하는 자연미술 여행**. 서울 : 보림.

데이비드 멕컬레이(2004). 땅속 세상(데이비드 멕컬레이 건축시리즈). 서울 : 한길사

데이비드 W 울프(2004). **흙 한 자밤의 우주**. 서울 : 뿌리와 이파리

앙드리엔 수테르 페로(1988). **흙**. 서울 : 보림

신종수(1999). 대안학교에서의 생태주의 교육에 관한 비판적 분석- 풀무학교와 간디 학교를 중심으로. 한양대학교 석사학위논문

엄기영(1999). 아동과학교육의 발전 방향과 실천적 과제: 아동과학교육의 내용체계 측면에서. 1999년도 미래유아교육학회 춘계전국 학술대회 자료집.

이도원(2004). **흙에서 흙으로** -서울대 이도원 교수의 생태 에세이- 사이언스북스.

조셉 젠킨스(2004). 똥살리기 땅살리기. 서울 : 녹색평론사.

이현배(2000). **흙으로 빚는 자유**. 서울 : 사계절.

황의명, 조형숙(2001). **탐구능력 신장을 위한 유아과학교육**. 정민사.

김복영 (1998). 에코페미니즘과 홀리스틱 교육, **홀리스틱 교육 실천 연구**, 제 2집 제 2호, 한국 홀리스틱 교육 실천 학회, 23-30.

김현재(1997). 열린교육의 현대화를 위한 홀리스틱 교육의 탐색. **한국홀리스틱교육 실천연구**, 한국홀리스틱 교육실천연구회, 창간호, pp.3~21.

남효창(2004). 유아를 위한 체험환경교육. 유아교육 교원 직무 연수 교재.

라정숙(2003). 개념변화 교수법에 기초한 과학교사교육이 유아교사의 과학교수능력 증진에 미치는 효과. **유아교육연구**. 23(1), 79-103.

명지원(2000). 홀리스틱 교육에 의한 통합교육과정 구성. 동국대학교 박사학위논문

민성길(2001). 어린이 발달과 자연. 한국어린이 육영회 창립 20주년 기념 학술대회 자료집.

오복희(2000). 자연친화적 보육 프로그램이 유아의 사회·정서발달에 미치는 효과 분석. 우석대학교 석사학위논문.

이 영(2001). 홀리스틱 교육방법을 적용한 '채소가꾸기' 단원의 교수·학습 지도안 개발. 춘천교육대학교 교육대학원 석사학위논문.

이영환(2003). 자연친화적 보육프로그램에 관한 부모와 교사의 인식 연구. 성산효도 대학 석사학위논문.

조형숙, 김현주, 홍은주(2003). 유치원 교사들의 환경친화적태도연구. 유아교육학
　　　논집, 8(1), 33-50.
최미현(2000). 생태중심적 유아환경교육에 관한 기초연구. 미래유아교육학회지,
　　　7(1), 161-186.
한정숙(2002). 유치원 자연체험활동의 교육적 의의. 인천대학교 교육대학원 석사
　　　학위논문.
홍은주(2003). 자연환경구성활동의 교육적 의미 탐색. 중앙대 박사학위논문.

Bowers, C. A. (1995). *Educating for an ecologically sustainable
　　　culture; rethinking moral education, creativity, intelligence and
　　　other modern orthodoxies.* State University of New York Press.
　　　Albany.
Caduto, M. J. (1998). *Ecological education*: A system rooted in
　　　diversity. *The Journal of Environmental Education*, Madison:
　　　Summer.
Capra, F. (1993). *What is the ecological literacy? Guide to ecological
　　　literacy.* Berkley: The Elmwood Institute.
Cobb, E. (1975). *The ecology of imagination in childhood.* New York:
　　　Columbia University Press.
Cornell, J. S. (1996). 양선하 옮김, 자연놀이. 현암사.
Dey, I. (1993). *Qualitative Data Analysis.* Thousand Oaks, CA: Sage.
Fjortoft, I. & Sageie, J. (2000). The Natural environment as a play-
　　　ground for children. Landscape description and analysis of a
　　　natural playscape. *Landscape and Urban Planning, 48*, 83-97.
Fjortoft, I. (2001). The natural environment as a playground for
　　　children: The impact of outdoor play activities in pre-primary
　　　school children. *Early Childhood Education Journal, Vol. 29(2)*,
　　　111-117.
Hansen-Moller, J. & Taylor, G. (1991). Creative nature interpretation

for children. *Children's Environments Quarterly, 8(2)*, 30-37.

Henniger, M. (1993). Enriching nature with outdoor play experience. *Childhood Education, 70(2)*, 81-90.

Hickling, A. K., & Gelman, S. A. (1995). How does your garden grow? Early conceptualization of seeds and their place in the plant growth cycle. *Child Development, 66*, 850-876.

Hutt, S., Tyler, S., Hutt, C., & Christopherson, H. (1989). *Play, exploration and learning: A natural history of the preschool.* London: Poutledge.

Janssen (1988). *The Epigenesis of mind-essay on biology and cognition.* Hillsdale, NJ: Eribaum.

Jones, E. (1989). *Inviting children into the fun: Providing enough activity choices outdoors*, Exchange, December.

Miller, P. L. (1972). *Creative outdoor play areas.* New Jersey, Englewood Cliffs: Pranctice Hall.

Moore. R. C. (1986). *Childhood's domain. Play and space in child development.* London: Croom, Helm.

Moore, R.C., Wong, H. H. (1997). *Natural learning: The life of an environmental schoolyard. Creating environments for rediscovering nature's way of teaching.* Boston: Beacon Press.

Orr, D. W. (1992). *Ecological literacy: Education and the transition to a post-modern world.* State University of New York Press. Albany.

Titman, W. (1994). *Special places, special people. The hidden curriculum of school grounds.* London: WWF UK (World Wide Fund for Nature)/ Learning through Landscapes.

Wu, Z. (2002). Green schools in China. *The Journal of Environmental Education, Vol.34(1)*, 21-25.

Wilson, R. A. (1995). Environmental appropriate practices, *Early Childhood Education Journal, Vol.23(2)*.

___________________ (1999). At the early childhood level. Environmental education. *Day Care & Early Education, 22(2)*, 23-25.

Wohlwill, J. F., & Heft, H. (1987). The physical environment and the development of the child. *In D. Stokols & I. Altman(Eds.),*

Handbook of Environmental Psychology, Vol.1. New York: John Wiley.

Gauthier, S.A. (1994). *Attitudes toward science and science teaching as reflected in the science autogiographies of preservice elementary teachers.* Unpublished doctoral dissertation, University of New Hampshire, NH.

Koch, J. (2001). *Science stories: Teacher and children as science learners Boston*, New York. Houhgton Mufflin Company.

NSTA. (1982). *NSTA position statement on science-technology-society: Science education for the 1980s*, Washington, DC: Author.

NSTA. (1990). *Criteria for excellence, revised edition.* Washington, DC: Author.

Robin C. Moore. (2000). 자연 속에서 자라는 아이들. 제8회 국제 학술대회. 어린이와 환경, 안전. 삼성복지재단, 63-73.

Trostle, S. L. (1990). This land is our land. Promoting ecologocal awareness in young children. *Childhood Education, 66(5)*, 304-310.

Association for Science Education (1992). *SATIS 8-14, Book 1-10*, The Lavenham Press.

Yager (1993). *What research says to science teacher, vol. 7: The Science, technology, society movement.* Washington, DC: NSTA

인지
생략

자연과 친해지고 교감하며 탐구하기

초판 2쇄 2010. 2. 15

저 자 조형숙, 이기범, 홍은주, 김현주
발행인 김요섭 | **발행처** 다음세대 | **등 록** 2005. 6. 14 제5-443호

주 소 서울시 동대문구 신설동 89-83 ⓤ130-110
전 화 영업부 02)927-2121~5, 출판부 02)928-3390~1 | **팩 스** 02)928-0698
http://www.boyuksa.co.kr

ⓒ 다음세대
ISBN-89-5723-057-2-93370

값 20,000원

잘못된 제품은 본사나 구입하신 서점에서 교환하여 드립니다.